本书由宁夏农林科学院自主科技专项"一二三产业融合发展科技创新示范项目""宁夏多功能林业分区域研究与示范"子课题"宁夏多功能林业和生态功能分区及评价"专项资助。

本书主要编写人员

魏耀锋　宁夏林业调查规划院

李怀珠　宁夏林业调查规划院

冯仲科　北京林业大学

张学俭　宁夏农林科学院

岳　鹏　宁夏林业调查规划院

高广磊　北京林业大学

张晓娟　宁夏金沙林场

任　佳　宁夏林业调查规划院

余海燕　宁夏林业调查规划院

马文静　宁夏林业调查规划院

李庆波　宁夏林业调查规划院

杨秀峰　红寺堡区自然资源局

马孝仓　西吉县自然资源局

司亮明　红寺堡区自然资源局

吴佳桐　盐池县自然资源局

NINGXIA DUOGONGNENG LINYE
HE SHENGTAI GONGNENG
FENQU JI PINGJIA

宁夏多功能林业
和生态功能
分区及评价

魏耀锋 主编

黄河出版传媒集团
阳光出版社

图书在版编目（CIP）数据

宁夏多功能林业和生态功能分区及评价 / 魏耀锋主
编. -- 银川：阳光出版社, 2020.12
　　ISBN 978-7-5525-6214-9

Ⅰ. ①宁… Ⅱ. ①魏… Ⅲ. ①林业－农业区划－研究
－宁夏 Ⅳ. ①F326.274.3

中国版本图书馆CIP数据核字(2021)第267236号

宁夏多功能林业和生态功能分区及评价

魏耀锋　主编

责任编辑　马　晖
封面设计　赵　倩
责任印制　岳建宁

黄河出版传媒集团
阳光出版社　出版发行

出 版 人　薛文斌
地　　址　宁夏银川市北京东路139号出版大厦（750001）
网　　址　http://www.ygchbs.com
网上书店　http://shop129132959.taobao.com
电子信箱　yangguangchubanshe@163.com
邮购电话　0951-5014139
经　　销　全国新华书店
印刷装订　宁夏凤鸣彩印广告有限公司
印刷委托书号　（宁）0022477
审 图 号　宁S［2021］第023号

开　　本　787mm×1092mm　1/16
印　　张　14.5
字　　数　280千字
版　　次　2021年12月第1版
印　　次　2021年12月第1次印刷
书　　号　ISBN 978-7-5525-6214-9
定　　价　88.00元

前　言

　　宁夏地处西北内陆,位于我国黄土高原、蒙古高原和青藏高原交会带上,属黄河上中游干旱半干旱地带。宁夏全境属黄河流域,有山地、丘陵、平原、沙漠(地)等多种地貌类型,东、西、北三面分别被毛乌素沙地、腾格里沙漠和乌兰布和沙漠包围,生态环境脆弱敏感。宁夏水资源短缺,水土流失严重,全区80%的地域年降水量在300 mm以下,是我国生态环境最脆弱的省区之一。中华人民共和国成立后,尤其是进入新世纪以来,宁夏大力实施退耕还林、三北防护林、天然林保护等重点林业工程,推动林业生态建设取得显著成效,森林覆盖率由1949年初的1.4%增长到2020年底的15.8%,森林面积由109万亩增长到1 231万亩,实现了森林资源的快速增长,有效改善了宁夏缺林少绿、局部区域生态脆弱的现状。但站在建设黄河流域高质量发展先行区新起点上审视宁夏林草建设,仍存在森林总量不足、发展空间小、结构和功能不完善、生态产品供给与需求差距大等问题。

　　为从根本上解决宁夏林业发展的战略问题,从2015年起,宁夏林业调查规划院与宁夏农林科学院、北京林业大学等院校合作,联合开展宁夏多功能林业分区域研究与示范项目,宁夏林业调查规划院主要负责课题子项目"宁夏多功能林业和生态功能分区及评价"的研究工作。项目主要内容是立足宁夏区情和林情,开展多功能林业综合效益评价方法的研究和建立,以气候、地形、土壤等自然因子为基础,结合社会经济发展,开展宁夏林业生态功能分区和多功能区划,林业立地类型划分,依据社会对林业的多样化需求制定多功能林业发展规划。

本书出版得到"宁夏多功能林业和生态功能分区及评价"专项经费支持,为宁夏实施精准造林、碳汇造林等现代林业发展提供重要借鉴。

编　者

2020 年 4 月于银川

目　录

附录

1 宁夏自然及林业资源概况

宁夏位于黄土高原、蒙古高原和青藏高原交会带上,地处西北内陆、黄河上中游地区,北与内蒙古接壤,东临陕西省,东南—南—西南与甘肃省毗邻。宁夏地理坐标为东经 104°17′~107°40′,北纬 35°14′~39°23′。宁夏面积 5.195 万 km²,占全国国土总面积的 0.54%,是中国面积最小的内陆省区之一。宁夏疆域轮廓呈南北长、东西短的特点,南北相距约 456 km(北起惠农区头道坎北 2 km 的黄河河心,南迄泾源县六盘山中嘴梁),东西相距约 250 km(西起沙坡头营盘水车站西南 10 km 的田涝坝,东到盐池县柳树梁东 2 km 处)。全区有平原、山地、丘陵、沙漠(地)等多种地貌类型,生态区位十分重要,是我国生态安全战略格局"两屏三带"中"黄土高原–川滇生态屏障""北方防沙带"的重要组成部分,是我国西部重要的生态屏障,在国家生态安全战略格局中具有特殊地位,保障着黄河上中游及华北、西北地区的生态安全。

1.1 自然概况

1.1.1 气候

宁夏远离海洋,深居内陆,位于我国干旱区与半干旱区、半干旱与半湿润区、季风与非季风区的分界线上,气候变化具有明显的过渡性和不确定性,造就了宁夏物种、生态类型和景观具有多样性,南端(固原南半部)属暖温带半干旱半湿润区,中部(固原北部至盐池、同心一带)属中温带半干旱区,北部(银川平原)为中温带干旱区,南北气候差异较大,是典型的大陆型气候。

宁夏年平均气温在5~9℃之间,呈北高南低分布。全区以麻黄山北缘—罗山南麓—王团—关桥—甘盐池一线为界,气候资源南北差异明显。该线以北的区域,光能丰富,热量适中,降水稀少,为中温带干旱区,年太阳辐射总量5 711~6 096 MHz/m²,年日照时数3 000 h左右,年平均气温8~9℃,>0℃积温3 700℃左右,>6℃积温3 500℃左右,>10℃积温3 200~3 300℃,平均无霜期150~195 d,多年平均年降水量在300 mm以下,年干燥度3。该线以南的区域,年日照时数2 200~2 800 h,年太阳总辐射4 900~5 700 MHz/m²。

1.1.2 降水

受地形、地貌、海拔等因素影响,宁夏水热条件呈纬向变化,呈现半湿润区—半干旱区—干旱区或森林草原—干草原—荒漠草原—荒漠的分布态势,多年平均年降水量为183.4~677.0 mm,降水量由南向北递减,呈纬向变化,在盐池县南部和同心、海原两县中部梯度值最大,呈东北—西南走向、斜贯自治区中部的麻黄山北缘—罗山南麓—王团—关桥—甘盐池一线(大致与黄土丘陵北界和年降水量300 mm等值线吻合),是宁夏境内一条重要的自然地理界线。降水的年际变化很大,多雨年降水量是少雨年降水量的2~6倍。降水变差系数0.20~0.46,由南向北增大,降水越少的地区降水越不稳定。

春季是宁夏全区大风日数最多的季节。北部的惠农和东部的盐池(麻黄山)、西南部的隆德,受地形的影响,使风向、风速发生变化,造成局部风向变化,惠农区是宁夏大风最多的县(区)。宁夏平原的主导风向为北风,与贺兰山南北走向基本一致。

1.1.3 自然灾害

宁夏自然灾害种类多,频率高,危害重。气象灾害有干旱、大风、沙尘暴、暴雨、洪涝、冰雹、霜冻、低温冷害、干热风等。地质灾害有地震、滑坡、泥石流、河岸坍塌等,生物灾害有鼠、虫害等。干旱灾害发生频率最高,涉及范围广,危害程度大。

1.1.4 地形地貌

宁夏地势自南向北倾斜,可分为3个台阶:南部为黄土丘陵和土石山区,地势高,海拔1 500~2 900 m;中部为剥蚀台地及山间缓坡丘陵,地势较高,海拔1 250~2 000 m;北部为黄河冲积平原,地势低,海拔1 100~1 300 m。南部黄土丘陵与中部剥蚀台地缓坡丘陵,高差20~60 m,分界线自盐池县红井子开始,自东向西,经摆宴井、窑山、喊叫水,到海原县兴仁堡。中部剥蚀台地缓坡丘陵与北部黄河冲积平原交界处高差10~50 m,分界线大致为横山、白土岗子、牛首山、白马、古城子、永康和常乐。除了以上三大地形单元外,还有山地及风沙地等地形单元,主要山脉有贺兰山、六盘山、南华山、西华山、月亮山、罗山、香山、云雾山、牛首山等,其中贺兰山、六盘山、罗山是宁夏的三大天然林。贺兰山呈南北走向,绵延200 km,最高峰海拔3 556 m,是我国外流区与内流区的分水岭,也是季风气候与非季风气候的分界线。贺兰山阻止了潮湿东南季风的西进,阻挡了腾格里沙漠的东移,削弱了西北寒流的侵袭,是银川平原的天然屏障。六盘山突起于黄土高原之上,跨越宁、甘、陕三省区,绵延200 km,其主峰在泾源县境内的米缸山,海拔2 942 m。六盘山高寒阴湿,雨水较多,有茂密的森林,是泾河与渭河的分水岭。宁夏主要的沙漠(地)有腾格里沙漠、毛乌素沙地。从地貌看,北部贺兰山地、银川平原、灵

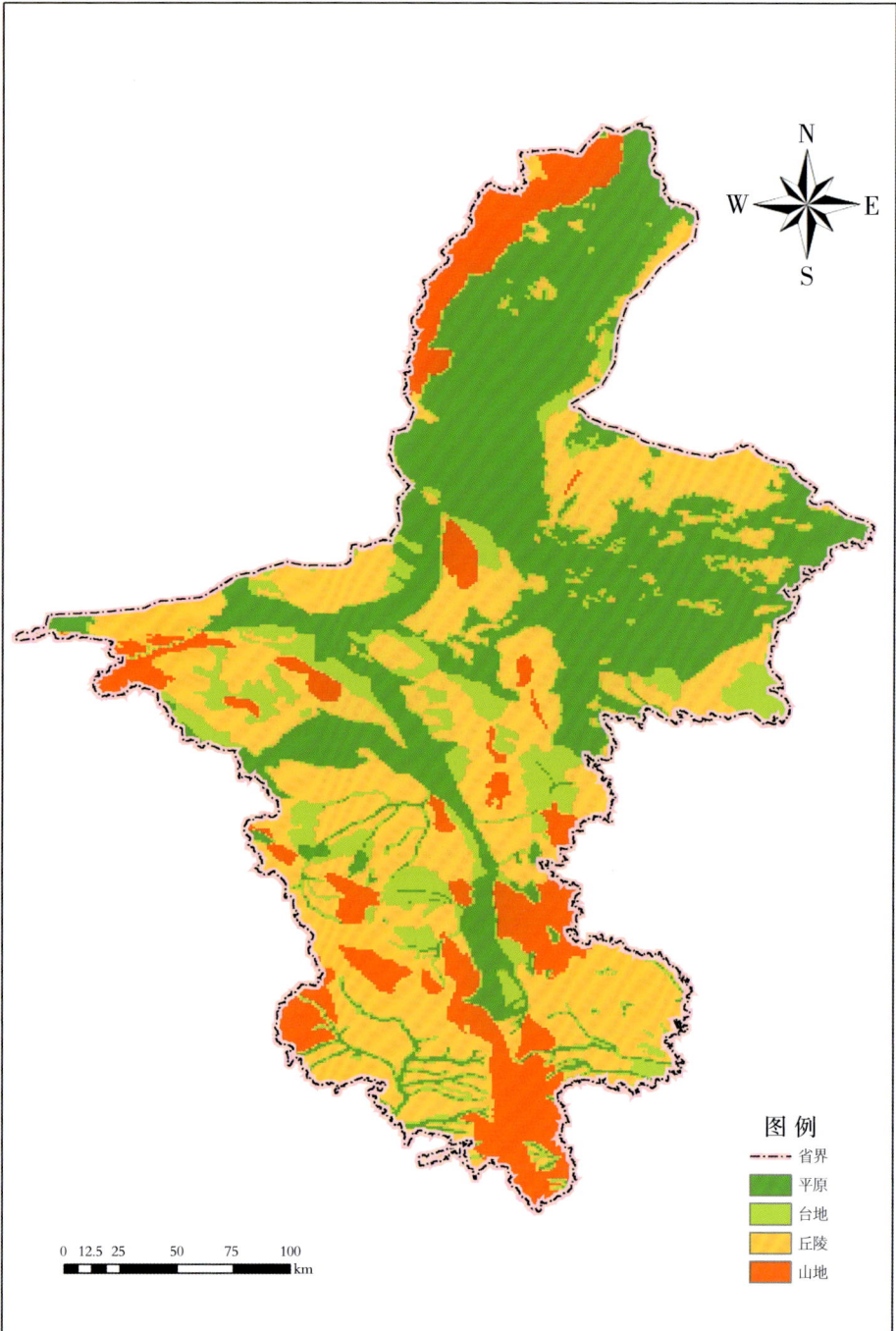

图例

- -·- 省界
- 平原
- 台地
- 丘陵
- 山地

0 12.5 25   50   75   100
km

审图号:宁 S[2021]第 023 号

图 1-1   宁夏地貌类型

盐陶台地平行排列；中部断块山地与断陷盆地交错分布；南部黄土丘陵绵延，丘陵之上山地突起，丘陵之中小型河谷平原穿插。此外，沙丘、沙地广布于中北部；湖泊、沼泽散见于银川平原、卫宁平原和灵盐台地。宁夏主要丘陵、台地、平原、沙漠简况如表1-1所示。

表1-1　宁夏主要丘陵、台地、平原、沙漠简况

名称	面积/km²	一般海拔/m	简要特征
宁南黄土丘陵	19 678.4	1 700~2 100	梁峁发育，沟峁发育，沟壑纵横，水上流失严重
灵盐台地	9 121.2	1 300~1 500	波状起伏，平岗与宽谷相同，沙地，沙丘遍布，多盐湖
银川平原	7 977.7	1 090~1 200	地势平坦，沟渠纵横，湖沼众多，沙丘散布，贺兰山东麓洪积平原宽广，西南部为破碎台地，北部土壤盐渍化严重
卫宁平原	1 719.6	1 155~1 220 南山台子1 250~1 400	冲积平原发育三级阶地，南山台子切割明显
清水河平原	1 849.6	1 300~1 650	狭长带状，分布四级阶地
兴仁平原	451.41	1 670~1 720	南北高，中间低
红寺堡平原	610.2	1 320~1 800	东高西低，罗山西麓洪积扇倾斜大，西北部散布沙丘、沙地
韦州平原	1 288.8	1 350~1 800	东西高，中间低。罗山东麓洪积扇倾斜大
腾格里沙漠	923.6	1 250~1 300	沙丘连绵，多丘间湖沼

资料来源：宁夏暨毗邻省(区)市(盟)经济社会发展地图集，测绘出版社，中国地图出版社，2013。

1.1.5　植被

宁夏自然植被包括针叶林、阔叶林、落叶灌丛、草甸、草原、草原带沙生植被、荒漠、沼泽、水生植被9个植被型，30个亚类，132个群系。自然植被的主体是草原植被，自南而北，分布草甸草原、干草原和荒漠草原，其中荒漠草原面积最大。作为自然植被主体的草原植被，旱生生态学特征显著，主要表

现为：一是植物种群中旱生生活型占明显优势,旱生多年生草本植物占干草原植物总数的63.1%,占荒漠草原植物总数的74.3%,荒漠草原建群植物成分中,还有反映荒漠化特征的旱生和超旱生小灌木和小半灌木;二是群落数量特征值低于我国温带草原平均值,盖度一般为30%~60%,植物12~15种/m²,鲜草产量750~2 250 kg/hm²。

1. 地带性植被

(1)黑垆土植被 黑垆土主要生长干草原植被。其中在半阴湿黄土丘陵的阴坡和半阴坡,分布半灌木草甸草原类型——铁杆蒿草原,盖度一般60%~70%,伴生植物兼有较多的旱生和中生成分。组成群落的主要植物有阿尔泰狗娃花、糙隐子草、糙叶黄芪、星毛委陵菜、蓬子菜、细叶百合、大叶龙胆、花苜蓿、火绒草、紫苞风毛菊等。

在水分条件较好的阴坡、半阴坡的森林草原区,还分布蒿类中生多年生草本植物,以牛尾蒿为主的草甸草原,其群落总盖度常在80%~90%。在黄土高原的半阳坡和荒地上,还分布有甘青针茅、白羊草和杂类草组成的群落。在盐池、同心和海原县以南的黑垆土的北缘,由建群种长芒草组成的草原群落是干草原植被的主体。

(2)灰钙土植被 在灰钙土上形成的地带性植被类型为荒漠草原,主要有丛生小禾草或丛生小禾草和小半灌木共建种组成。在灰钙土(亚类)区,分布由短花针茅为建群种组成的荒漠草原,属于干草原向荒漠草原过渡的类型。宁夏以短花针茅为建群种的草原物种丰富,有113种植物组成,群落盖度一般在35%~45%,生产力较低。

(3)灰漠土植被 石嘴山北部的灰漠土上,分布着超旱生小灌木——四合木荒漠植被,它和优势种红砂形成四合木-红砂群丛,群落总盖度10%~15%,群落中主要伴生植物有无芒隐子草、蝎虎驼蹄瓣、多根葱、松叶猪毛菜、

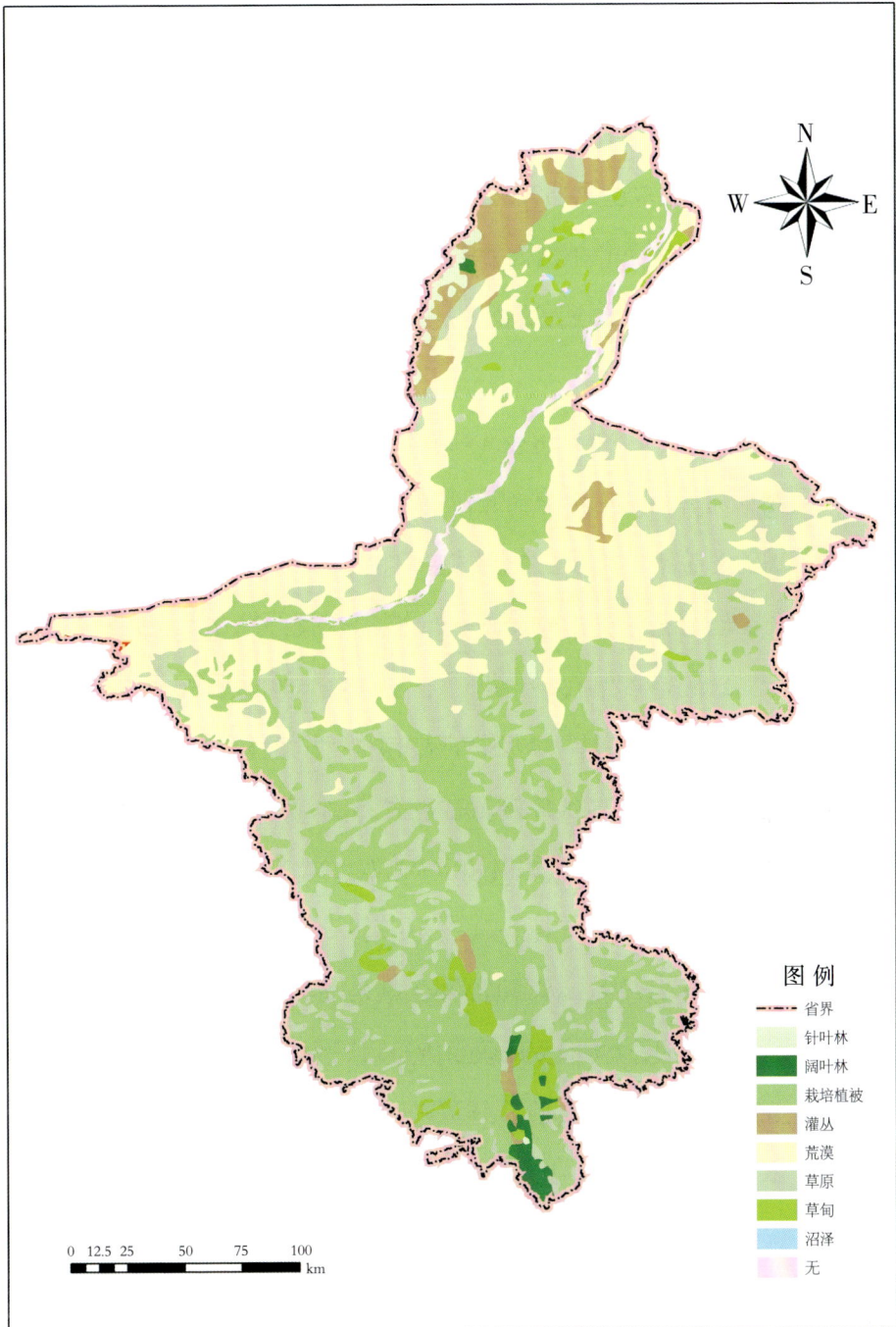

图 例

---·--- 省界
针叶林
阔叶林
栽培植被
灌丛
荒漠
草原
草甸
沼泽
无

0 12.5 25 50 75 100
km

审图号:宁 S[2021]第 023 号

图 1-2 宁夏植被类型

蚓果芥和一年生草本植物,还有极少量的狭叶锦鸡儿散生群落之中。

2. 非地带性植被

(1)风沙土植被　在流动沙丘的背风坡常有沙蓬、刺蓬等一年生草本植物生长;丘间低地有油蒿、白沙蒿、沙竹、芦苇、沙芥及花棒等植物生长。半固定沙丘和固定沙丘生长的植被种类基本相同,只是盖度有差异,一般固定沙丘盖度大于40%,半固定沙丘为10%~40%,主要植被有唐古特白刺、小叶锦鸡儿和油蒿等植物群落。浮沙地上的植被,主要有油蒿群落,其盖度多为35%~50%。

(2)盐土植被　盐土上由于盐分组成或积盐程度不同,生长着不同的盐生植被。白盐土的盐分较轻,其植被以盐地芦苇、碱蓬和花花柴等为主,群落盖度50%~80%,当土壤含盐量高时,植物种类组成简单,多为盐爪爪组成的盐生灌丛,偶见黑果枸杞伴生,盖度在20%~30%之间。

(3)碱土植被　碱土本身不生长高等植物,但有松砂覆盖的地段,生长有唐古特白刺、群落盖度仅5%~10%。此外,还有芨芨草、白茎盐生草和盐地芦苇等多种群落。

1.1.6　土壤

宁夏南部为黑垆土分布区,黑垆土具有比较深厚的有机质层（黑垆土层）,结构面上有较多的假菌丝体,但无斑块状钙积层形成。

宁夏海原县甘盐池、麻春堡、杨坊、李果园(属李旺乡)、同心县窑山、小罗山南端,盐池县草原站及红井子一线以北,土壤为灰钙土。与黑垆土比较,灰钙土有机质积累减少,有机质层变薄,石灰淋溶减弱,淡色表层之下,有斑状钙积层形成。

最北端的石嘴山市落石滩一带,受阿拉善荒漠沿贺兰山缺口东伸影响,可见荒漠景观,地面植被稀疏,以红砂及四合木等荒漠灌木为主。有灰漠土分布,地表为荒漠砾幂,无明显有机质层,钙积层接近地表。

在地带的过渡地区,也出现一些过渡性土壤,例如在黑垆土带北缘,黑垆土层下部有少量碳酸钙淀积的斑块;在灰钙土的南缘,其表层有机质厚度可达 36 mm。黑垆土带与灰钙土带的分界线大体呈东北、西南走向。

1. 黑垆土

黑垆土分布于宁夏南部,是黄土母质上形成的干草原地带性土壤,目前大部分已开垦为农田。黑垆土的北界大体由盐池县的二道沟、狼布掌起,往西南经同心县的田老庄,再沿折死沟至海原县李旺乡的七百户,继续向西经罗川、贾埫、麻春堡至甘盐池。此线以南为广大的黑垆土区。黑垆土区的年平均气温为 5~7℃,年平均降水量 350~550 mm,干燥度 1~2,是宁夏重要的旱作农业区。黑垆土的天然草地,以生长干草原植被为主,植被盖度为 50%~70%。黑垆土的地形相对平坦,主要为塬地和川地,部分为黄土丘陵上的微坡地,一般土壤侵蚀较轻,剖面发育较好。

2. 灰钙土

灰钙土分布广阔,占宁夏国土总面积的 25.4%,分布于盐池县中北部、同心县及海原县北部、宁夏黄河平原两侧高地。南接黑垆土,北联灰漠土。

灰钙土分布于荒漠草原地带,分布区气候温暖干旱,年平均气温 7~9℃,年平均降水量 200~350 mm,干燥度 2~4。植被属荒漠草原,主要生长禾草和小灌木,盖度 15%~45%。

灰钙土分布的地形主要有丘陵、低山、山前洪积扇及黄河平原的高阶地,这些区域排水条件良好,地下水位深度大于 10 m,对灰钙土的形成无明显影响。贺兰山东麓西干渠及跃进渠灌区,受灌溉影响,地下水位上升,埋深仅 2~3 m,部分地区不足 2 m。

3. 潮土

潮土(曾称浅色草甸土)主要分布在引黄灌区,清水河及葫芦河等有流水河道的河滩地,低洼湖滩地边缘有零星分布。

潮土分布区地形平坦,地势较低,地下水位较高,一般深 1~2 m,大部分矿化度小于 3 g/L。六盘山阴湿区的潮土,地下水质好,矿化度小于 1 g/L。向北至原州区彭堡、三营一带,矿化度增至 1~3 g/L。继续向北至清水河下游,矿化度提高到 3 g/L 以上。银川平原内的潮土,上游排水条件较好,矿化度小于 1 g/L。中游(银川一带)矿化度为 1~2 g/L。下游惠农区一带,地下径流滞缓,矿化度达 2 g/L 以上,最高可达 7 g/L。

4. 盐土

盐土主要分布在低洼地,湖泊边缘及河滩地,以银北最为集中,除泾源、隆德和彭阳县外,其他各县均有分布。盐土自然植被以碱蓬、盐爪爪、沙芦草、红砂及珍珠猪毛菜等盐生或耐盐植被为主。

盐土分为草甸盐土、沼泽盐土和残余盐土三个亚类。草甸盐土的形成主要受地下水影响,故盐分的表聚度最明显。沼泽盐土因季节性地面积水,除盐积层外,还有潜育层或腐泥层,表层含盐基较草甸盐土略低,盐分的表聚度较弱。

残余盐土盐积层多受含盐母质影响,部分为草甸盐土脱盐不彻底所致,故表土层含盐量低,而以心土或底土含盐量高。

5. 龟裂碱土

龟裂碱土俗称白僵土,是荒漠草原和荒漠地区的特殊碱化土壤,属碱土中的一个亚类。

龟裂碱土占宁夏国土总面积的 0.3%,主要分布在平罗县(占龟裂碱土总面积的 89.2%)。龟裂碱土分布在古湖洼地、洪积扇与老阶地的交接洼地,母质为冲积物、洪积物或湖积物。龟裂碱土地面光秃,可见到蓝绿藻(Blue-green Algae)的丝状体。常见 1~2 m 高的小型固定沙丘散布,沙丘上生长芨芨草、白刺。

龟裂碱土的地下水埋深一般在 100~150 cm,浅者为 80 cm,深者达 217 cm,矿化度多小于 2 g/L,以重碳酸盐为主。

6. 灌淤土

灌淤土是引黄灌区的主要耕种土壤,主要分布在引黄灌区的银川、石嘴山、吴忠及中卫市。灌淤土的主要特征是有一定厚度的灌淤熟化土层(以下简称灌淤土层)。灌淤土层是引含有大量泥沙的黄河水灌溉,经长期的灌水落淤与人为耕作施肥交叠作用逐渐形成的。其主要特点是全土层均匀,有一定的熟化特征。灌淤土层的均匀性表现在土壤的物理性质和化学性质的缓慢变化。物理性质方面,土壤颜色较均匀,多为灰棕或浅灰棕色。

7. 初育土

初育土包括风沙土、黄绵土、红黏土、粗骨土和石质土、新积土、亚高山草甸土、灰褐土。

(1)风沙土 分布于宁夏中部和北部灰钙土地区。除固原市外,其他各县均有分布。风沙土分布区气候干旱,植被稀疏,加以土壤和成土母质质地沙性,极易起沙而形成。除腾格里沙漠及毛乌素沙地边缘地区的风沙土可能来自两大沙漠(地)外,其余区域风沙土的沙源均为就地起沙,即来自当地或邻近地区的沙质土壤或沙性母质,例如盐池县花马池镇大墩梁及青山乡猫头梁一带,有白垩系橘红色砂岩风化物,附近的风沙土也呈淡红色。黄河沉积的沙质土含有大量云母碎片,受其影响的陶乐东部的风沙土也含有大量云母碎片。大武口段的贺兰山麓,风沙土沙粒中含有较多的黑色矿物,沙源显然是来自附近含多量黑色矿物的洪积物。

风沙土没有明显的成土过程。表土具有 30 cm 或大于 30 cm 的比较松散的沙土层,无结构或初具不稳定的块状结构。风沙土未分亚类,按固定程度分为流动风沙土、半固定风沙土及固定风沙土 3 个土属,现分述如下。

①流动风沙土:主要分布在陶乐镇东部,沙坡头区北部腾格里沙漠边缘,灵武市白芨滩、磁窑堡一带,盐池县高沙窝、苏步井及哈巴湖周围,红寺堡区南川、同心县王团、黄河冲积平原内的西夏区芦草洼和贺兰县洪广营等区域也有分布。

流动风沙土主要以新月形沙丘形态存在,新月形尖角明显,丘顶沙棱线清晰,新月形沙丘多数相连为链状,以格状沙丘和浮沙地形态分布的流动沙丘较少,流动沙丘高度多为 2~10 m,沙丘迎风坡较缓,为 5°~20°,背风坡较陡,为 20°~35°,一般高大沙丘坡度较大,低矮沙丘坡度较缓。沙丘基本上向东南方向移动,但各地风向及地形等条件不同,故移动方向也有差异。沙丘移动速度变化亦大,但年移动距离不超过 10 m。流动沙丘的丘间地多为干燥型的流动浮沙地,生长有稀疏的沙蓬、沙蒿、沙竹及花棒,盖度小于 10%。平罗、盐池和沙坡头等县(区)也有湿润型丘间地,地下水位较高,土层潮润。少部分为盐化潮土,生长小芦苇、冰草和草木犀、黄芪等植被。

②半固定风沙土:大部分是在流动风沙土在固定过程中形成的,部分为固定风沙土的破坏结果。其分布多在流动风沙土外缘,也有较大面积独立分布。其形态多为半固定浮沙地,部分为半固定沙丘,丘高多 1~3 m。主要植被有白刺、沙蒿、锦鸡儿、北沙柳(沙柳)、苦豆子、老瓜头、白草等,盖度 10%~40%。在植被保护下的沙粒已基本稳定。表土具有薄层比较松脆的结皮。裸露部分沙粒松散,遇起沙风(风速≥5 m/s),沙粒可移动。半固定沙丘的丘间地占 20%~50%,多为半固定风沙土,少部分为盐土或潮土。

③固定风沙土:主要分布在盐池、灵武和同心等县(区)。其形态以固定沙丘为主,丘形低矮浑圆,坡度缓。部分为固定浮沙地,地面略有起伏。植被

主要有白刺、沙蒿、线叶柳(毛柳)、北沙柳(沙柳)、中间锦鸡儿(柠条)、披针叶黄花、苦豆子、甘草及白草等,盖度大于 40%,地表已形成 1~2 cm 厚的沙质结皮,容易被破坏。

(2)黄绵土 分布在宁夏境内的黄土高原,与黑垆土及灰钙土插花分布。北到盐池麻黄山、同心窑山、海原高崖与徐套一线止。年平均气温为 6~8℃。年降水量 300~550 mm,由南往北递减。黄绵土成土母质属于第四纪风积黄土,川地、涧地为次生黄土。黄绵土色泽很浅,一般为浅棕色。土体松软深厚,个别有不明显的有机质层,其厚度小于 30 cm。黄绵土的机械组成以粉粒为主,粒径为 0.005~0.050 mm 的颗粒占各级颗粒总数 60%左右;黏粒(<0.001 mm)含量占 1%左右。自北向南,细沙含量减少,黏粒含量有增加的趋势。梁顶与梁坡土壤机械组成没有显著变化。土壤含盐量低于 0.1%。碳酸钙含量较高,为 10%~18%,剖面上下含量均匀。黄绵土土壤水分状况与生产关系密切。黄绵土是被严重侵蚀的土壤之一,是水土保持的主要对象。

(3)红黏土 一般为裸露的第三系红土层,部分为侵蚀搬运土的次生红土。主要分布在宁夏中南部侵蚀特别严重的地区,以海原、隆德、泾源和西吉等县面积分布较为集中。中北部的局部山麓和丘陵地区,也有红黏土分布,面积较小。红黏土的特点是土壤发育不明显,通体呈棕红色,或表土因含较多腐殖质而呈黑红色。质地黏重,多为黏土或重壤土。全剖面为大块状和棱块状结构。红黏土的含盐量变化较大,一般心底土的盐分都有增高的趋势。分布在泾源、隆德等县六盘山山麓的红黏土,由于降水量较大,土壤中易溶盐含量相对较低。盐分含量较高的红黏土,多出现在北部干旱地区。

(4)粗骨土和石质土 都是岩性土,与母岩比较,化学性质无显著变化。粗骨土的厚度超过 10 mm,石质土的厚度则不足 10 mm。一般在石质土的 A 层之下即为基岩层,故石质土属于 AR 土。而粗骨土的 A 层之下为风化碎屑,故粗骨土属于 AC 土。二者都分布在石质山地的阳坡和近山丘陵的陡坡。地形陡峻,植被稀疏,是形成粗骨土和石质土的两个重要条件。粗骨土无明显的发育特征,或仅有初步形成的腐殖质层,厚 5~10 cm,再下为10~20 cm 的半分化状态的岩石碎屑与细土混合物。粗骨土与石质土因土层很薄,难以利用。应加强现有植被的保护。粗骨土生长草本植被,但不宜过牧。在六盘山、月亮山等湿润地区,人工栽植沙棘等灌木,可提高粗骨土的经济效益。

(5)新积土 是在水力与重力迁移堆积或者人为扰动的物质上形成的,剖面中土层变化较大,没有明显的发育特征。主要分布在丘陵间低地,山前洪积扇和河流两侧。

新积土(土属)主要分布于盐池、同心、海原等县丘陵间的低地和贺兰山东麓的高阶地,其次分布在六盘山区的部分川地和沟台地。

(6)亚高山草甸土 也称山地草甸土,仅在贺兰山和六盘山的高峰分水岭分布,是海拔最高的土壤类型。贺兰山分布在海拔 3 100 m 以上,如沙锅洲和大青石湾顶;六盘山分布在海拔 2 500 m 以上,如米缸山和香炉山等地。亚高山草甸土的坡度比较平缓,一般小于 5°,但少数可大至 28°。由于地势高,气温低,年均温小于 1℃,雨雪较多,年降水量 430 mm(贺兰山)至 685 mm(六盘山),土壤比较潮湿,有利于中湿生草甸植被生长,植被以苔草、高山蓼、毛茛和紫羊茅等为主,灌木有刺沙蓬和杯腺柳(贺兰山),植被高度20~80 cm,盖度 90%以上。贺兰山成土母质为紫红色长石砂岩,砂岩和泥岩风化物。六盘山为灰绿色砂质泥岩、页岩和砂岩。

(7)灰褐土 分布于贺兰山、六盘山、南华山、西华山和月亮山等海拔较高的山地。自然植被为森林,灌丛和草本植被。森林以油松、华山松、青海云杉、山杨、山柳、辽东栎和椴、桦等针阔叶林为主;灌丛有榛子、枸子、忍冬、绣

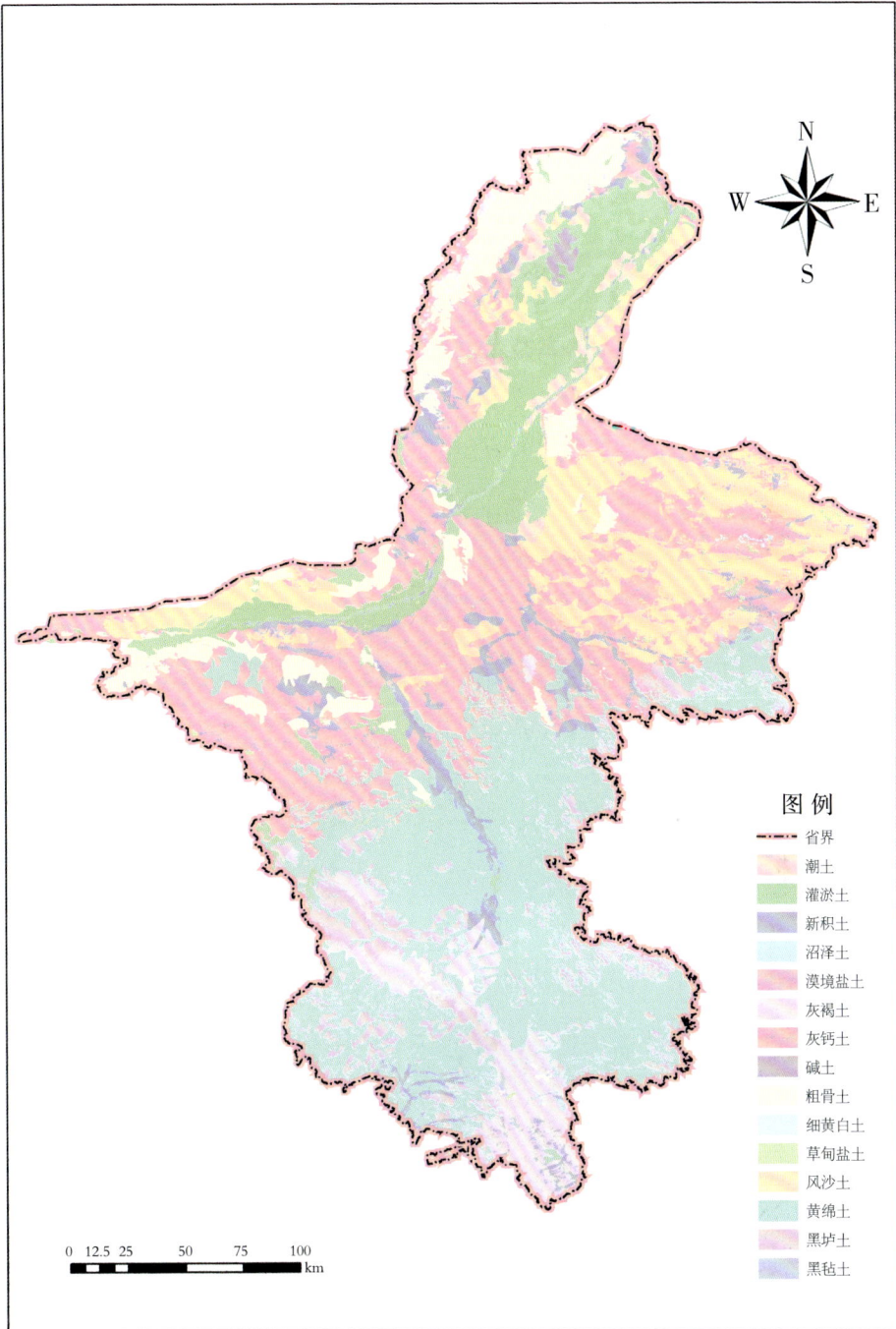

图例

- —— 省界
- 潮土
- 灌淤土
- 新积土
- 沼泽土
- 漠境盐土
- 灰褐土
- 灰钙土
- 碱土
- 粗骨土
- 细黄白土
- 草甸盐土
- 风沙土
- 黄绵土
- 黑垆土
- 黑毡土

审图号:宁 S[2021]第 023 号

图 1-3　宁夏土壤类型分布

线菊、银老梅、紫丁香、峨嵋蔷薇和箭竹等,草本植被为中旱生草甸草原植被和旱生干草原植被。灰褐土区的坡度甚陡,一般在30°左右,高者达40°,海拔

表1-2 宁夏各类土壤面积及特性

名称	面积/万亩	属性
黑垆土	491.7	速效磷含量低,有机质和其他养分含量较高,保肥能力较强,含盐量很低,受侵蚀严重
灰钙土	1 977.2	沙性大,水稳性团聚体少,肥力低,持水保肥性能差
灰漠土	1.0	剖面无明显有机质层,多为砾质沙土或砂壤土、有效土层较薄
黄绵土	1 807.6	机械组成以粉粒为主,土体松软深厚,侵蚀严重,有机质累计很低,一般在1%以下
红黏土	7.7	质地黏重,盐分含量低
新积土	556.3	土层变化较大,没有明显的发育特征
风沙土	896.7	没有明显的成土过程,颗粒松散,无结构,有机质和速效养分含量甚低,唯有钾含量较高
粗骨土	317.8	岩性土,化学性质与母岩相同,无明显发育特征,粗骨土厚度超过10 cm,下面为风化碎屑。石质土厚不足10 cm,下面为基岩层
石质土	105.9	
潮土	196.6	有机质含量较低,速效钾含量较高
沼泽土	7.6	属水成土纲,形成作用包括表层的潜育化及有机质的泥炭化或腐殖质化。沼泽土分为沼泽土和腐泥土两个亚类
泥炭土	3.4	
灌淤土	418.3	有一定厚度灌淤熟化土层,是长期引灌、人为耕种施肥等作用相交叠而成,灌淤土的物理和化学性质良好,土壤肥力高
盐土	205.5	形成地下水位较高地区,土壤盐分含量平均值为5.36%,只能生长盐生或耐盐生植物
碱土	23.8	俗称白僵土,土壤黏体复合体吸收了大量的交换性钠,农作物及高等植物均不能生长
亚高山草甸土	1.5	分布在贺兰山、六盘山的分水岭,海拔为2 500~3 100 m以上,有机质含量高达7.7%
灰褐土	405.6	分布在海拔较高的山地,表层有森林覆被,土壤侵蚀轻微,因坡度较陡,一般土层较薄,有机质含量高,平均为4.24%

高度在 1 800~3 200 m 之间,上接亚高山草甸土(贺兰山和六盘山)下连黑垆土(六盘山)或粗骨灰钙土(贺兰山和大罗山),成土母质主要为砂岩、页岩和灰岩风化的残积物与坡积物,部分山地(南华山和西华山)尚有云母片岩和石英片岩,其成土母质多含云母碎片。

1.1.7 水资源

宁夏是全国地表水资源最贫乏的省区之一。河川年径流量 9.493 亿 m³,年径流深 18.3 mm,是全国平均值(276 mm)的 1/15,黄河流域平均值(87.6 mm)的 1/5。耕地亩均占有水量 48 m³,分别为黄河流域和全国平均值(311 m³,1 344 m³)的 1/6 和 1/28。人均占有水量 171 m³,远低于重度缺水区人均 1 000 m³ 的标准,分别为黄河流域和全国平均值(493 m³,2 146 m³)的 1/3 和 1/12。加之出境水量多,加重了水资源开发利用矛盾。宁夏河流矿化度高、含沙量大。矿化度一般 0.5~7.0 g/L,最高达 19 g/L(苦水河支流小河)。黄土丘陵区河流年平均含沙量 100~380 kg/m³,年输沙模数 2 000~12 000 t·km⁻²·a⁻¹。清水河支流折死沟、苋麻河、双井子沟,泾河支流茹河、蒲河等,年平均含沙量 300 kg/m³,实测最大含沙量 1 580 kg/m³。全区径流深小于 5 mm 的径流分布面积占全区总面积的 32%。年径流深由六盘山东南的 300 mm 向北递减至引黄灌区边缘不足 3 mm。年径流量中,从河流来看,泾河干流与葫芦河共占 37.2%(面积共占全区的 8.4%),清水河占 19.9%(面积占全区的 26.1%),黄河右岸诸沟、苦水河流域、盐池内流区共占 5.0%(面积占全区的 31.0%)。从行政区来看,固原市占 61.1%,吴忠市占 10.6%,中卫市 10.2%,银川市 9.1%,石嘴山市 8.9%。以上数据说明地表水水资源地域差异极大,除六盘山和引黄灌区之外,其余地区地表水资源相当贫乏,中部地区尤为稀缺。

降水和径流的时间分布极不平衡。从年度看,年际间水量变化大,各河流最大年径流量同最小年径流量的比值在 4~17 之间。从年内看,由于受到季风影响,全年的降水量多集中在 6~9 月,并且往往以暴雨形式降落。大部分河流年内 70%~80% 的径流量集中在 6~9 月。这个特点造成了宁夏水旱灾害频繁发生,给水资源开发利用带来很大困难。降水空间分布也不均衡,六盘山及其周边地区年降水量 500 mm 以上,向北逐渐递减,在中部干旱带及银川平原,年降水量 200 mm 左右。

宁夏地下水资源总量多年均值 25.507 亿 m³,其中 86.6%(26.63 亿 m³)集中在面积仅占宁夏总面积 15.4% 的平原区,13.4%(4.103 亿 m³)散布在面积占宁夏总面积 84.6% 的山区和丘陵区。地下水资源模数,平原区 33.4 万 m³·km⁻²·a⁻¹ 是山区和丘陵区 0.94 万 m³·km⁻²·a⁻¹ 的近 35.5 倍。宁中山地与山间盆地、灵盐台地和黄土丘陵区地下水资源极度缺乏,资源模数分别为 0.33 万 m³·km⁻²·a⁻¹,0.37 万 m³·km⁻²·a⁻¹ 和 0.04 万 m³·km⁻²·a⁻¹。

水资源丰富的地区,其水质相对较好;水资源量贫乏的地区,水质反而较差。矿化度<2 g/L 的淡水主要分布在六盘山区、贺兰山区及黄土丘陵区南部的葫芦河河谷、清水河河谷上游、洪河苋河流域,微咸水分布在南部山区的中北部,苦水主要分布在同心县、盐池县。银川平原地下水水质最好,矿化度<1 g/L,卫宁和吴忠灌区地下水<2 g/L,银北灌区地下水水质较差,淡水与微咸水混杂分布。

黄河在宁夏境内流程 397 km,多年平均径流量以 1956—2000 年按 45 年连续计算,下河沿水文站实测入境水量 306.8 亿 m³,石嘴山站出境水量 281.2 亿 m³,入出境相差 25.6 亿 m³。近 10 年进出境相差 28.55 亿 m³,近几年黄河来水偏枯,当地降水减少,加之宁夏用耗水增加,入出境黄河水量差值增大,近五年平均 35.02 亿 m³。国家"八七"分水方案中分配给宁夏可利用黄河水资源量只有 40 亿 m³,加上当地不重复的水资源可利用量 1.5 亿 m³,宁夏水资源可利用总量为 41.5 亿 m³。

1.2　宁夏林草湿荒资源概况

1.2.1　林地资源

2019 年,全区林地总面积 170.78 万 hm²,其中:按权属分,国有林地面积 93.87 万 hm²,集体林地面积 76.91 万 hm²;按地类分,有林地面积 21.61 万 hm²,疏林地面积 1.94 万 hm²,灌木林地面积 60.27 万 hm²(国家特别规定的灌木林面积 57.67 万 hm²),未成林造林地面积 49.26 万 hm²,其他林地面积 37.7 万 hm²。全区森林面积 79.28 万 hm²,森林覆盖率 15.2%,森林蓄积量 963 万 m³。现有国家公益林面积 58.16 万 hm²,其中:按权属分,国有林 35.36 万 hm²,集体林 22.01 万 hm²;按保护等级分,国家一级公益林 20.28 万 hm²,二级的 37.88 万 hm²。乔木林每公顷平均蓄积 48.25 m³,株数 655 株,年均生长量 3.34 m³,平均郁闭度 0.44,平均胸径 13.3 cm。森林各林种中,防护林所占比重最大,占森林面积的 81.04%,占森林蓄积的 41.23%。

1.2.2　草地资源

宁夏草原总面积为 208.8 万 hm²,约占全区国土面积的 32%,其中:天然草原面积为 145.6 万 hm²,人工草原面积为 3.6 万 hm²,其他草原面积为 59.6 万 hm²。2019 年,宁夏草原综合植被盖度达到 56.23%。宁夏草原类型较为丰富,有温性草原、温性草甸草原、温性荒漠草原、温性草原化荒漠和温性荒漠等,其中以温性草原、温性荒漠草原为主体,分别占草原总面积的 26.03% 和 59.06%。

1.2.3　湿地资源

宁夏湿地资源类型多样,有 4 类 14 型,主要分布在黄河、清水河、典农河两侧和腾格里沙漠及毛乌苏沙地边缘,总面积 20.72 万 hm²(不包括水稻面积),占全区国土面积的 4%。其中:河流湿地 9.79 万 hm²、湖泊湿地 3.35 万 hm²、沼泽湿地 3.81 万 hm²、人工湿地 3.77 万 hm²。已建立湿地型自然保护区

4 处,其中国家级 1 处,自治区级 3 处;建设湿地公园 24 处,其中国家级 14 处,自治区级 10 处;建设国家城市湿地公园 1 处。湿地保护率 51.6%。

1.2.4 自然保护地

宁夏有各类自然保护地 125 个,涉及 11 种类型,总面积 60.12 万 hm²,约占国土总面积的 11.6%。含国家级自然保护区 9 个,面积 45.96 万 hm²;自治区级自然保护区 5 个,面积 6.91 万 hm²;风景名胜区、地质公园、矿山公园、森林公园、湿地公园、沙漠公园、沙化土地封禁区、水产种质资源保护区、饮用水水源保护地等各类保护地 111 个。

1.2.5 荒漠化及沙化土地

宁夏荒漠化土地面积 279 万 hm²,占国土总面积的 53.7%。从荒漠化类型来看,风蚀荒漠化土地面积 126 万 hm²,占荒漠化土地总面积的 45.17%;水蚀荒漠化土地面积 147 万 hm²,占 52.57%;盐渍化土地面积 6 万 hm²,占 2.26%。沙化土地 112.5 万 hm²,占国土总面积的 22.8%(2015 年第九次全国荒漠化及沙化土地调查数据)。

1.2.6 野生动植物资源

宁夏有陆生野生动物 428 种,属于国家重点保护珍稀野生动物有 54 种,其中国家 I 级保护野生动物有黑鹳、中华秋沙鸭、金钱豹等 9 种,国家 II 级保护野生动物有马鹿、岩羊、蓝马鸡、红腹锦鸡等 45 种。全区有野生植物 1 900 多种,其中国家重点保护野生植物 9 种。

1.3 分区情况及存在问题

1.3.1 六盘山土石山区

该区域年均降水量大于 400 mm,在中国林业发展一级区划里属于华北暖温带落叶阔叶林保护发展区,在中国林业发展二级区划里属于宁南陇东黄土高原防护林区中的宁夏六盘山土石水源涵养林区，在国家重点生态功能区里属于黄土高原丘陵沟壑水土保持生态功能区。区域范围包括固原市泾源县、隆德县全部和原州区、彭阳县、西吉县的部分区域。

该区域为宁夏水源涵养核心区域，生物多样性保护区域，属于禁止开发区域，自然文化资源的重要保护区域，珍稀动植物基因资源保护地，生态文明的科普教育基地。但区域土层薄，水土流失严重，加之山地造林成本高，管护难度大，林木病虫鼠兔害严重，林业产业集约化经营程度低，经济效益不高。

图 1-4　六盘山土石山区

1.3.2　南部黄土丘陵区

该区域年均降水量 400 mm 左右，在中国林业发展一级区划里属于华北暖温带落叶阔叶林保护发展区，在中国林业发展二级区划里属于宁南陇东黄土高原防护林区里的固原黄土丘陵沟壑水土流失综合治理区，在国家重点生态功能区里属于黄土高原丘陵沟壑水土保持生态功能区。区域范围包括原州区、彭阳县、西吉县、海原县、同心县的大部分区域。

该区域为水土保持重点区域,林业基础薄弱,生态较为脆弱。山地造林种草成本高,成活率和保存率低,林草病虫鼠害严重,林业经济效益不高。

图1-5　南部黄土丘陵区

1.3.3　中部干旱风沙区

该区域年均降水量在200~400 mm之间,在中国林业发展一级区划里属于蒙宁青森林草原治理区,在中国林业发展二级区划里属于青东陇中黄土丘陵防护经济林区中的盐同海中山丘陵山间平原水土流失综合治理区。区域范围包括银川市兴庆区、灵武市;石嘴山市平罗县黄河以东;吴忠市盐池县、同心县、红寺堡区;中卫市沙坡头区、中宁县、海原县部分区域。

该区域为水土保持重点区域,水资源短缺,生态建设难度大。林地草地生产力低,林种、树种、草种结构单一,生态环境脆弱,林地稳定性差。荒漠化、沙化土地面积大。

图1-6　中部干旱风沙区

1.3.4　北部引黄灌区

该区域年均降水量200 mm左右，在中国林业发展一级区划中属于蒙宁青森林草原治理区，在中国林业发展二级区划中属于黄河河套防护经济林区中的宁夏贺兰山山地森林生态恢复保护区。区域范围包括银川兴庆区、金凤区、西夏区、永宁县、贺兰县、灵武市，石嘴山市大武口区、惠农区、平罗县，吴忠市利通区、青铜峡市、中卫市沙坡头区、中宁县的大部分区域。

该区域为重点开发区域和农产品主产区域，生产、生活与生态用水矛盾突出，可以造林种草空间少，枸杞、苹果等林产业发展水平有待提高。现有林草资源结构、种类单一，生态稳定性较差，林草资源碎片化明显，土地沙化问题依然很严峻。

2 研究要点及执行情况概述

2.1 研究背景及意义

林业在我国现代化建设中具有越来越重要的作用，尤其在贯彻可持续发展战略中举足轻重。中华人民共和国成立后尤其是进入新世纪以来，我国林业主要致力于森林面积和森林蓄积的"双增长"，较少考虑林业生态、经济和社会效益在不同区域、不同人群需求上体现的协调性。十八大以后，我国进入了"五位一体"的新时代，极大地推动了生态文明建设，以生态建设为主的林业部门承担的任务由绿起来向融绿、美和提供生态产品多样化的基本现代化目标迈进。体现林业主导功能和效益，兼顾林业其他功能和效益，最终实现综合功能和效益的最大化、最优化，是多功能林业追求的目标和方向。多功能林业以可持续满足国家、人民群众对森林多种功能的需求为最高目标，在保障实现森林主导功能的条件下，通过科学规划和合理经营，持续提升每个森林小班的多种功能，使林业对社会经济发展的整体效益达到持续最优。从林业发展历史来看，多功能林业是未来林业发展的主要方向，多功能林业发展模式可推动我国林业发展迈进现代化的新时代。

在林业多功能建设方面，我国现有的林业发展理念和发展方式还有很大改进空间，需从国家和区域可持续发展的全局出发，开展林业的合理规划和科学经营，调控多种功能间的对立统一关系，使其整体效益最大，走多功能林业发展的道路。针对新形势下宁夏生态修复与林业建设工程中面临的重大科学问题与技术支撑需要,联合区内外林业行业与生态、水保等研究领域的科研力量,依托森林生态水文、荒漠生态修复、森林生态系统管理等领域的长期定位监测站点,开展宁夏国土生态功能分区与其多功能评价、制定(修订)基于水分承载力的区域多功能林业发展规划、提出不同生境条件下的多功能林业技术模式与标准,在不同区域开展多功能林业建设及管理的技术推广示范。本项目结合 3S 技术、测树学等,开展关于生态功能分区、立地质量评价等研究工作。

2.2　研究计划要点

本项目针对林业多功能利用中存在的问题,从以下 4 方面开展项目研究。

(1)针对宁夏六盘山土石山区、宁南黄土丘陵区、宁夏中部干旱风沙区立地条件和现实需求,构建多功能林业综合效益评价方法;

(2)以气候、地形、土壤等自然环境特征和社会经济发展为基础,进行宁夏全区范围的生态功能区划;

(3)按影响植物生长的水分、养分、土壤等条件开展立地类型划分;

(4)依据社会对林业的发展需求,制定基于多功能目标的宁夏林业发展规划。

3 研究工作主要进展及取得的成果

3.1 构建多功能林业综合效益评价方法

森林生态系统服务是指森林生态系统对于人类社会产生的影响与效用。联合国千年生态系统评估计划（Millennium Ecosystem Assessment，MA）将生态系统服务定义为人类从生态系统获得的效益，并将其分为供给服务、调节服务、支持服务和文化服务 4 大类型。目前国外关于森林生态系统服务功能评估研究方法大多依据土地利用/覆盖数据，使用地理信息系统（GIS）、InVEST 模型、Aries 模型、SolVES 模型、GUMBO 模型和 IBIS 模型等。

针对宁夏六盘山土石山区、宁南黄土丘陵区和宁夏中部干旱风沙区的现状，在考虑立地条件和区域现实需求的基础上，调查不同区域林分立地特征及其可实现的生态功能，建立多功能森林评价模型并对不同区域不同林分进行多功能评价，主要选择的评价模型是使用 InVEST 模型、IBIS 模型、CASA 模型和国家《森林生态系统服务功能评价规范》（GB/T 38582—2020，以下简称《规范》），结合精准林业计测方法，依据《规范》，从森林生态系统涵养水源、保育土壤、固碳释氧、林木积累营养物质、净化大气环境、森林防护、森林康养及生物多样性保护等功能对宁夏三个区域的生态服务功能物质量和价值量进行评估。

InVEST（Integrated Valuation of Ecosystem Services and Tradeoffs）是美国

自然资本项目组开发的、用于评估生态系统服务功能量及其经济价值、支持生态系统管理和决策的一套模型系统，它包括陆地、淡水和海洋三类生态系统服务评估模型。目前，自然资本项目组开发的 InVEST 模型已在 20 多个国家和地区的空间规划、生态补偿、风险管理、适应气候变化等环境管理决策中得到广泛应用，截至 2020 年 1 月，InVEST 模型已更新到 3.8.0 版本，在该版本中，生态系统服务功能包含三个大模块：支持性生态系统服务、最终生态服务和城市生态系统。

ARIES 模型（Artificial Intelligence for Ecosystem Services）是由美国佛蒙特大学开发的生态系统服务功能评估模型。通过人工智能和语义建模，Aries 模型集合相关算法和空间数据等信息，可对多种生态系统服务功能（碳储量和碳汇、美学价值、雨洪管理、水土保持、淡水供给、渔业、休闲、养分调控等）进行评估和量化。ARIES 模型可对生态系统服务功能的"源"（服务功能潜在提供者）、"汇"（使生态系统服务流中断的生物物理特性）和"使用者"（受益人）的空间位置和数量进行制图，ARIES 模型是在若干研究案例的基础上建立的。研究案例采用较高分辨率的空间数据，并考虑影响生态系统服务功能供应和使用的一些当地重要的生态和社会经济因子，因此 ARIES 模型对案例研究区内生态系统服务功能的评估精度较高。

SoLVES（Social Values for Ecosystem Services）由美国地质勘探局与美国科罗拉多州立大学合作开发，用于评估生态系统服务功能社会价值。此模型可用来评估和量化美学、生物多样性和休闲等生态系统服务功能社会价值，评估结果以非货币化价值指数表示。SoLVES 模型由生态系统服务功能社会价值模型、价值制图模型、价值转换制图模型 3 个子模型组成，其中调查结果是基于公众的态度和偏好得出生态系统服务功能社会价值，并以非货币化价值指数表示。

CASA（Carnegie-Ames-Stanford Approach）模型是一种光能利用率模型，可以估算全球尺度的植被净初级产力（NPP）。Field（1995）对 CASA 模型进行了扩展。随后，CASA 模型在国内得到了广泛应用和发展，在区域适应性和参数简化上做了很多改进，促进了 CASA 模型的应用。CASA 模型既适用于全国尺度，也适应于区域尺度，模型已被应用于我国青藏高原、长江流域等。模型输入数据的精度会影响到估算结果，数据精度越高则模型估算结果的误差越小。由于模型自身存在的参数问题和精度问题，我国学者对 CASA 模型做了进一步改进，将区域蒸发计算模型引入 CASA 模型，使用不同的最大光能利用率参数等，改进后的模型减少了输入参数。此外，改进后的 CASA 模型也适用于我国干旱区域。根据不同类型研究区域的特殊性对 CASA 模型进行适当改进，可以使模型的估算结果更加准确。CASA 模型、USLE 模型和 InVEST 模型，在校正不同模型参数后，可以模拟某地区每一年的植被盖度、植被净初级产力（NPP）、土壤保持量和水源涵养量，并采用 CV（Coefficient Variation）、MK（Mann-Kendall test）、TS（Theil - Sen Median trend）、Hurst、线性回归等方法对不同生态系统服务功能的变化趋势进行统计分析，采用 Pearson 相关性分析和残差分析法明确气候因子和人类活动对不同生态系统服务功能的影响，旨在科学地表征不同生态系统服务的变化趋势以及天然林保护工程对生态系统服务功能的影响。

集成生物圈模拟器 IBIS（Integrated Biosphere Simulator）由美国威斯康星大学全球环境与可持续发展中心（SAGE）的 Foley 等研究人员于 1996 年开发，是一个综合的陆地生物圈模型，属于新一代动态全球植被模型（DGVM）。IBIS 模型包括陆面过程、冠层生理、植被物候、植被动态和土壤地球生物化学 5 大模块。模型将生态的、物理的及植物生理等发生在不同时间尺度上（1 h 到 1 a）的过程进行有机整合。IBIS 模型能够刻画冠层特征、地表过程、碳循环、水循环等生态系统中一系列生物物理和生物地球化学过程,能够模拟大气—土壤—生物之间的动态过程。自模型建立以来,许多研究人员已先后对其进行了验证和改进,并用于模拟生态系统水热通量、碳氮平衡和植被结构等。有学者将IBIS引入国内研究,用于区域和全国尺度生态系统的模拟,验证了IBIS模型在各种尺度上良好的适用性。

国家标准《森林生态系统服务功能评估规范》(GB/T38582—2020),是基于林业行业标准《森林生态系统服务功能评估规范》(LY/T1721—2008)基础上修改完善,标准规定了森林生态系统服务功能评估的基本要求、数据来源、评估指标体系、分布式测算方法、评估公式等,是符合我国国情的森林生态系统服务评估的主要依据。

3.1.1 宁夏六盘山土石山区

宁夏六盘山土石山区属我国内陆季风区域,年平均降水量在400 mm以上,植被盖度较高,是宁夏最适宜生态建设的地区,生态景观以森林草原、草甸草原为主,是宁夏水源涵养林最集中的分布区。通过生态定位监测和分析,研究六盘山地区不同林分结构在水源涵养、保持水土、固碳释氧、生物多样性、森林康养等方面的功能,选择国家标准《森林生态系统服务功能评估

图3-1 宁夏六盘山土石山区

规范》(GB/T38582—2020),结合精准林业计测方法,对宁夏六盘山土石山区进行多功能林业综合效益评价。以实际市场法和替代市场法为代表的价值转化法,是森林生态系统服务评估的常用方法。分布式测算以此方法和原理为基础,结合生态系统定位研究监测的水文、土壤、气象等多方面的连续数据,具有获取评估参数更快、更准的特点。

3.1.1.1 森林保育土壤功能

森林生态系统保育土壤对林木生长发育和控制水土流失价值有着最直接的积极促进作用。保育土壤物质量评估方法,主要选取森林生态系统在固土价值(减少水土流失)和固肥价值(减少土壤中营养物质流失)两个指标的总和作为森林保育土壤价值。

1. 物质量

物质量主要从森林固土和保肥作用两个方面对森林保育土壤功能进行评价。

森林的固土功能是从地表土壤侵蚀程度表现出来的,可以通过无林地土壤侵蚀程度和有林地土壤侵蚀程度之差来估算森林的保土量。国外也普遍利用有林地与无林地的侵蚀差异来计算森林减少土壤侵蚀总量。

(1)森林固土量　利用无林地和有林地土壤侵蚀程度之差来评估固土功能可以较好地反映森林固土作用机理。采用减少土壤侵蚀程度来估算该指标,森林生态系统每年固土量计算公式为:

$$G_{固土} = A \times (X_2 - X_1) \times F$$

式中,$G_{固土}$ 为林分年固土量,$t \cdot a^{-1}$;A 为林分面积,hm^2;X_1 为实测林分有林地土壤侵蚀模数,$t \cdot hm^{-2} \cdot a^{-1}$;$X_2$ 为无林地土壤侵蚀模数,$t \cdot hm^{-2} \cdot a^{-1}$;$F$ 为森林生态系统服务修正系数。

(2)森林保肥量　同有林地对照,无林地每年随土壤侵蚀不仅会带走大量表土以及表土中的大量营养物质,如 N、P、K(氮、磷、钾)有机质等,而且也会带走下层土壤中的部分可溶解物质。表土和下层土壤中的营养物质的损失,会引起土壤肥力下降,因此,通过计算有林地比无林地每年减少土壤侵蚀量中 N、P、K 有机质的含量,再按市场上相应的化肥量,根据化肥平均价格即可计算森林的保肥价值。此评估方法也比较成熟,而且土壤 N、P、K 有机质的含量也比较容易通过野外试验获得。

通过计算有林地比无林地每年减少土壤侵蚀量中主要营养元素 N、P、K 有机质的含量,来反映森林的保肥能力。计算公式为:

①减少氮流失物质量

$$G_N = A \times N \times (X_2 - X_1) \times F$$

式中,G_N 为评估林分固持土壤而减少的氮流失量,t·a⁻¹;A 为林分面积,hm²;N 为实测林分中土壤含氮量,%;X_2 为无林地土壤侵蚀模数,t·hm⁻²·a⁻¹;X_1 为实测林分有林地土壤侵蚀模数,t·hm⁻²·a⁻¹;F 为森林生态系统服务修正系数。

②减少磷流失物质量

$$G_P = A \times P \times (X_2 - X_1) \times F$$

式中,G_P 为评估林分固持土壤而减少的磷流失量,t·a⁻¹;A 为林分面积,hm²;P 为实测林分中土壤含磷量,%;X_2 为无林地土壤侵蚀模数,t·hm⁻²·a⁻¹;X_1 为实测林分有林地土壤侵蚀模数,t·hm⁻²·a⁻¹;F 为森林生态系统服务修正系数。

③减少钾流失物质量

$$G_K = A \times K \times (X_2 - X_1) \times F$$

式中,G_K 为评估林分固持土壤而减少的钾流失量,t·a⁻¹;A 为林分面积,hm²;K 为实测林分中土壤含钾量,%;X_2 为无林地土壤侵蚀模数,t·hm⁻²·a⁻¹;

X_1 为实测林分有林地土壤侵蚀模数, $t \cdot hm^{-2} \cdot a^{-1}$; F 为森林生态系统服务修正系数。

④减少有机质流失物质量

$$G_{有机质} = A \times M \times (X_2 - X_1) \times F$$

式中, $G_{有机质}$ 为评估林分固持土壤而减少的有机质流失量, $t \cdot a^{-1}$; A 为林分面积, hm^2; M 为实测林分中土壤含有机质量, %; X_2 为无林地土壤侵蚀模数, $t \cdot hm^{-2} \cdot a^{-1}$; X_1 为实测林分有林地土壤侵蚀模数, $t \cdot hm^{-2} \cdot a^{-1}$; F 为森林生态系统服务修正系数。

2. 价值量

(1)森林年固土价值　通过无林地土壤侵蚀程度和有林地土壤侵蚀程度之差来估算森林的保土量,然后,将其转化为其他适当土方工程,再根据相应工程的造价,来计算森林的固持土壤价值。

采用无林地土壤侵蚀模数与森林林地土壤侵蚀模数的差值乘以修建水库的成本来计算森林固土价值。公式为:

$$U_{固土} = G_{固土} \times C_土 / \rho$$

式中, $U_{固土}$ 为评估林分年固土价值, $元 \cdot a^{-1}$; $G_{固土}$ 为评估林分年固土量, $t \cdot a^{-1}$; $C_土$ 为挖取和运输单位体积土方所需费用, $元 \cdot m^{-3}$; ρ 为土壤容重, $t \cdot m^{-3}$。

(2)森林年保肥价值　森林保肥价值采用侵蚀土壤中的主要营养元素 N、P、K(氮、磷、钾)和有机质量折合成磷酸二铵、氯化钾和有机质的价值来体现。公式为:

$$U_{肥} = G_N \times C_1 / R_1 + G_P \times C_1 / R_2 + G_K \times C_2 / R_3 + G_{有机质} \times C_3$$

式中, $U_{肥}$ 为评估林分年保肥价值, $元 \cdot a^{-1}$; G_N 为评估林分固持土壤而减少的氮流失量, $t \cdot a^{-1}$; C_1 为磷酸二铵化肥价格, $元 \cdot t^{-1}$; R_1 为磷酸二铵化肥含氮量, %; G_P 为评估林分固持土壤而减少的磷流失量, $t \cdot a^{-1}$; R_2 为磷酸二铵化肥含磷量,%;G_K为评估林分固持土壤而减少的钾流失量,t·a^{-1};C_2为氯化钾化肥价格,元·t^{-1};R_3为氯化钾化肥含钾量,%;$G_{有机质}$为评估林分固持土壤而减少的有机质流失量,t·a^{-1};C_3为有机质价格,元·t^{-1}。

3.1.1.2　林分养分固持功能

1. 物质量

通过计算植物体内营养元素含量,可以在一定程度上反映不同林木、不同森林群落在不同条件、不同区域提供的服务功能价值状况。目前,对森林生态系统积累营养物质的计量主要是将林木每年从土壤或空气中吸收的大量营养物质(N、P、K)折合成磷酸二铵和氯化钾量来反映。

（1）氮固持物质量

$$G_N = A \times N_{营养} \times B_年 \times F$$

式中,G_N为评估林分年氮固持量,t·a^{-1};A为林分面积,hm^2;$N_{营养}$为实测林木氮元素含量,%;$B_年$为林分净生产力,t·hm^{-2}·a^{-1};F为森林生态系统服务修正系数。

（2）磷固持物质量

$$G_P = A \times P_{营养} \times B_年 \times F$$

式中,G_P为评估林分年磷固持量,t·a^{-1};A为林分面积,hm^2;$P_{营养}$为实测林木磷元素含量,%;$B_年$为林分净生产力,t·hm^{-2}·a^{-1};F为森林生态系统服务修正系数。

（3）钾固持物质量

$$G_K = A \times K_{营养} \times B_年 \times F$$

式中,G_K为评估林分年钾固持量,t·a^{-1};A为林分面积,hm^2;$K_{营养}$为实测林木钾元素含量,%;$B_年$为林分净生产力,t·hm^{-2}·a^{-1};F为森林生态系统服务修正系数。

2. 价值量

将林木每年从土壤或空气中吸收的大量营养物质(N、P、K)折合成磷酸二铵和氯化钾计算,即得到森林林木每年积累营养物质的总价值。采用计算公式为:

(1)氮固持价值量

$$U_N = G_N \times C_1$$

式中,U_N 为评估林分氮固持价值,元·a^{-1};G_N 为评估林分年氮固持量,t·a^{-1};C_1 为磷酸二铵化肥价格,元·t^{-1}。

(2)磷固持价值量

$$U_P = G_P \times C_1$$

式中,U_P 为评估林分磷固持价值,元·a^{-1};G_P 为评估林分年磷固持量,t·a^{-1};C_1 为磷酸二铵化肥价格,元·t^{-1}。

(3)钾固持价值量

$$U_K = G_K \times C_2$$

式中,U_K 为评估林分钾固持价值,元·a^{-1};G_K 为评估林分年钾固持量,t·a^{-1};C_2 为氯化钾化肥价格,元·t^{-1}。

3.1.1.3 森林涵养水源功能

涵养水源功能主要是指森林对降水的截留、吸收、贮存作用而产生的调节径流,削洪补枯,增加可利用水资源和净化水质等功能。主要从调节水量和净化水质 2 个指标进行其物质量和价值量进行计算。

1. 物质量

(1)年调节水量 森林涵养水源核算方法较多,根据目前国内外的研究方法和成果,主要有土壤蓄水估算法、水量平衡核算、地下径流增长法、多因子回归法、采伐损失法、降水贮存法等,每种方法都有各自的优点与局限性。

水量平衡法是基于流域的水量平衡原理,将森林生态系统视为一个"黑箱",以水量的输入和输出为着眼点,水量输入和输出的差值即为水源涵养量,水量平衡法的计算结果能够比较准确反映森林的现实年水源涵养量。因为水量平衡规律是森林林分一年的降水分配情况,能较好地反映森林一年内调节水量大小。

由于水量平衡法能够较好的反映实际情况,因此,森林每年涵养水源的总量根据森林区域的水量平衡来计算。森林生态系统每年调节水量计算公式为:

$$G_{调}=10A×(P_{水}-E-C)×F$$

式中,$G_{调}$为评估林分年调节水量,$m^3·a^{-1}$;A为林分面积,hm^2;$P_{水}$为实测林外降水量,$mm·a^{-1}$;E为实测林分蒸散量,$mm·a^{-1}$;C为实测林分地表快速径流量,$mm·a^{-1}$;F为森林生态系统服务修正系数。

(2)年净化水质　由于森林在调节水量的同时也一定程度上净化了水质,所以森林生态系统每年净化水量就是调节的水量。计算公式为:

$$G_{净}=10A×(P_{水}-E-C)×F$$

式中,$G_{净}$为评估林分年净化水质量,$m^3·a^{-1}$;A为林分面积,hm^2;$P_{水}$为实测林外降水量,$mm·a^{-1}$;E为实测林分蒸散量,$mm·a^{-1}$;C为实测林分地表快速径流量,$mm·a^{-1}$;F为森林生态系统服务修正系数。

2. 价值量

(1)年调节水量　利用森林涵养水源价格乘以实物量来核算涵养水源的价值量,而森林涵养水源价格的确定是核算的关键。

由于森林调节水量与水库蓄水的本质类似,采用水库工程的蓄水成本来确定森林涵养水源的经济价值比较合理。因此,根据水资源市场交易价值来确定,从而计算出森林生态系统每年调节水量的价值。计算公式为:

$$U_调 = G_调 \times C_库$$

式中，$U_调$为评估林分年调节水量价值，元·a^{-1}；$G_调$为评估林分年调节水量，$m^3 \cdot a^{-1}$；$C_库$为水资源市场交易价格，元·m^{-3}。

(2)年净化水质　由于森林净化水质与自来水净化原理一致，所以，在评估净化水质经济价值时，单位参照费用可取水的净化费用，从而计算出森林生态系统每年净化水质的价值。计算公式为：

$$U_净 = G_净 \times K_水$$

式中，$U_净$为评估林分净化水质价值，元·a^{-1}；$G_净$为评估林分年净化水质量，$m^3 \cdot a^{-1}$，$K_水$为净化费用，元·m^{-3}。

3.1.1.4　森林固碳释氧功能

森林固碳释氧功能是指森林生态系统通过森林植被、土壤动物和微生物固定碳元素及制造氧气的功能。主要对森林的植被固碳功能和制氧功能2个指标进行计量。

1. 物质量

森林生态系统中，固碳释氧功能是森林生态系统服务功能的重要指标，碳占有机体干重的49%，是重要的生命物质。除海洋以外，森林对全球碳循环的影像最大。

(1)森林年固碳物质量　森林对碳素的固定是绿色植物通过光合作用吸收二氧化碳，释放氧气，并且以有机物的形式固定在植物体内。森林植被每年固碳物质量公式为：

$$G_{植被固碳} = 1.63 R_碳 \times A \times B_年 \times F$$

式中，$G_{植被固碳}$为评估林分年固碳量，$t \cdot a^{-1}$；$R_碳$为二氧化碳中碳的含量，为27.27%；A为林分面积，hm^2；$B_年$为实测林分净生产力，$t \cdot hm^{-2} \cdot a^{-1}$；$F$为森林生态系统服务修正系数。

（2）森林年释氧物质量　根据植物光合作用化学反应式,森林植被每积累 1 g 干物质,可以固定 1.63 g CO_2,制造 1.19 g O_2。所以,森林每年制造氧气物质量计算公式为：

$$G_氧=1.19A\times B_年\times F$$

式中,$G_氧$为评估林分年释氧量,$t\cdot a^{-1}$;A 为林分面积,hm^2;$B_年$为实测林分净生产力,$t\cdot hm^{-2}\cdot a^{-1}$;$F$ 为森林生态系统服务修正系数。

2. 价值量

（1）固碳价值　采用碳税法进行评估,计算公式如下：

$$U_碳=G_碳\times C_碳$$

式中,$U_碳$为评估林分年固碳价值,$元\cdot a^{-1}$;$G_碳$为评估林分生态系统潜在年固碳量,$t\cdot a_{-1}$;$C_碳$为固碳价格,$元\cdot t^{-1}$。

（2）释氧价值　制造氧气价格可根据造林成本、氧气的商品价格和人工生产氧气的成本等方法来计算,采用国家权威部门公布的氧气商品价格,制氧价值量的评估属经济范畴,是市场化、货币化的体现,计算公式为：

$$U_氧=G_氧\times C_氧$$

式中,$U_氧$为评估林分年释放氧气价值, $元\cdot a^{-1}$;$G_氧$为评估林分年释氧量,$t\cdot a^{-1}$;$C_氧$为氧气价格,$元\cdot a^{-1}$。

3.1.1.5　森林净化大气环境功能

1. 物质量

主要对森林提供负离子、吸收气体污染物和滞尘 3 个指标进行估算：

（1）提供负离子　其物质量可以用森林内负离子浓度或个数来体现,计算公式为：

$$G_{负离子}=5.256\times10^{15}Q_{负离子}\times A\times H\times F/L$$

式中,$G_{负离子}$为评估林分年提供负离子数, $个\cdot a^{-1}$;$Q_{负离子}$为实测林分负离子浓度，个·cm^{-3}；A 为林分面积，hm^2；H 为实测林分高度，m；F 为森林生态系统服务修正系数；L 为负离子寿命，min。

（2）吸收气体污染物

①年吸收二氧化硫。采用面积—吸收能力法，根据单位面积森林吸收 SO_2 的平均值乘以森林面积，计算出吸收 SO_2 的量。计算公式为：

$$G_{二氧化硫}=Q_{二氧化硫}\times A\times F/1000$$

式中，$G_{二氧化硫}$ 为评估林分年吸收二氧化硫量，$t\cdot a^{-1}$；$Q_{二氧化硫}$ 为单位面积实测林分年吸收二氧化硫量，$kg\cdot hm^{-2}\cdot a^{-1}$；$A$ 为林分面积，hm^2；F 为森林生态系统服务修正系数。

②年吸收氟化物。在对氟化物吸收计量时，同样采用面积-吸收能力法比较精准。所以，森林每年吸收氟化物的物质量计算公式为：

$$G_{氟化物}=Q_{氟化物}\times A\times F/1000$$

式中，$G_{氟化物}$ 为评估林分年吸收氟化物量，$t\cdot a^{-1}$；$Q_{氟化物}$ 为单位面积实测林分吸收氟化物量，$kg\cdot hm^{-2}\cdot a^{-1}$；$A$ 为林分面积，hm^2；F 为森林生态系统服务修正系数。

③年吸收氮氧化物。在对氮氧化物吸收计量时，同样采用面积-吸收能力法比较准确。森林每年吸收氮氧化物的物质量计算公式为：

$$G_{氮氧化物}=Q_{氮氧化物}\times A\times F/1000$$

式中，$G_{氮氧化物}$ 为评估林分年吸收氮氧化物量，$t\cdot a^{-1}$；$Q_{氮氧化物}$ 为单位面积实测林分年吸收氮氧化物量，$kg\cdot hm^{-2}\cdot a^{-1}$；$A$ 为林分面积，hm^2；F 为森林生态系统服务修正系数。

2. 价值量

对森林净化大气环境价值量的计量价格参数，不同研究参照数值各不相同，一般价格参数应该采用权威机构或部门公布的制造成本、治理费用、清理费用等数据,这样才有一个市场化、价值化的衡量标准。

(1)提供负离子　其价值量的计量,可以根据市场上制造负离子的费用来计量,即可以通过负离子发生器的价格、使用寿命、耗电量等相关指标折算成经济价值。

国内外研究证明,当空气中负离子达到 600 个/cm³ 以上时才有益于人体健康,因此根据市场上生产负离子的成本来折算林分年提供负离子货币价值,采用计算公式为:

$$U_{负离子}=5.256\times10^{15}\times A\times H\times F\times K_{负离子}\times(Q_{负离子}-600)/L$$

式中,$U_{负离子}$为评估林分年提供负离子价值,元·a⁻¹;A 为林分面积,hm²;H 为实测林分高度,m;F 为森林生态系统服务修正系数;$K_{负离子}$为负离子生产费用,元·个⁻¹;$Q_{负离子}$为实测林分负离子浓度,个·cm⁻³;L 为负离子寿命,min。

(2)吸收气体污染物

①吸收二氧化硫。通过测定和计算不同树种对 SO_2 的年吸收量,乘以 SO_2 治理价格即可得到森林每年吸收 SO_2 的总价值。其计算公式为:

$$U_{二氧化硫}=G_{二氧化硫}\times K_{二氧化硫}$$

式中,$U_{二氧化硫}$为评估林分年吸收二氧化硫价值,元·a⁻¹;$G_{二氧化硫}$为评估林分年吸收二氧化硫量,t·a⁻¹;$K_{二氧化硫}$为二氧化硫的治理费用,元·kg⁻¹。

②吸收氟化物。氟在空气中以氟化物形式存在,通过测定和计算不同树种对氟化物的年吸收量,乘以治理价格即可得到森林年吸收氟化物的总价值,其公式为:

$$U_{氟化物}=G_{氟化物}\times K_{氟化物}$$

式中,$U_{氟化物}$为评估林分年吸收氟化物价值,元·a⁻¹;$G_{氟化物}$为评估林分年吸收氟化物量,t·a⁻¹;$K_{氟化物}$为氟化物的治理费用,元·kg⁻¹。

③吸收氮氧化物。通过测定和计算不同树种对氮氧化物年吸收量,乘以

治理价格即可得到森林每年吸收氮氧化物的总价值,其计算公式为:

$$U_{氮氧化物}=G_{氮氧化物}\times K_{氮氧化物}$$

式中,$U_{氮氧化物}$为评估林分年吸收氮氧化物价值,元·a^{-1};$G_{氮氧化物}$为评估林分年吸收氮氧化物量,t·a^{-1};$K_{氮氧化物}$为氮氧化物的治理费用,元·kg^{-1}。

3.1.1.6 森林防护功能

1. 物质量

防风固沙:

$$G_{防风固沙}=A_{防风固沙}\times(Y_2-Y_1)\times F$$

式中,$G_{防风固沙}$为评估林分防风固沙量,t·a^{-1};$A_{防风固沙}$为防风固沙林面积,hm^2;Y_2为无林地风蚀模数,t·hm^{-2}·a^{-1};Y_1为有林地风蚀模数,t·hm^{-2}·a^{-1};F为森林生态系统服务修正系数。

2. 价值量

(1)防风固沙

$$U_{防风固沙}=K_{防风固沙}\times G_{防风固沙}$$

式中,$U_{防风固沙}$为评估林分防风固沙价值,元·a^{-1};$K_{防风固沙}$为固沙成本,元·t^{-1};$G_{防风固沙}$为评估林分防风固沙物质量,t·a^{-1}。

(2)农田防护

$$U_{农田防护}=K_a\times V_a\times m_a\times A_{农}$$

式中,$U_{农田防护}$为评估林分农田防护功能的价值,元·a^{-1};K_a为平均1 hm^2农田防护林能够实现农田防护面积19 hm^2;V_a为农作物、牧草的价格,元·kg^{-1};m_a为农作物、牧草平均增产量,kg·hm^{-2}·a^{-1};$A_{农}$为农田防护林面积,hm^2。

3.1.1.7 森林生物多样性功能

价值量:森林物种多样性保育功能是指森林生态系统为生物物种提供生存与繁衍的场所,从而对其起到保育作用的功能,通过计算不同森林生态系统的 Shannon-Wiener 指数,将该指数划分为 7 个等级,每个级别给予一定赋值后,对森林保护生物多样性功能进行评估。这样再乘以各林分面积,即可得到森林生态系统保护生物多样性年总价值。

具体划分的 7 个等级:当指数<1 时,$S_\text{生}$ 为 3 000 元·hm^{-2}·a^{-1};当 1≤指数<2 时,$S_\text{生}$ 为 5 000 元·hm^{-2}·a^{-1};当 2≤指数<3 时,$S_\text{生}$ 为 10 000 元·hm^{-2}·a^{-1};当 3≤指数<4 时,$S_\text{生}$ 为 20 000 元·hm^{-2}·a^{-1};当 4≤指数<5 时,$S_\text{生}$ 为 30 000 元·hm^{-2}·a^{-1};当 5≤指数<6 时,$S_\text{生}$ 为 40 000 元·hm^{-2}·a^{-1};当指数≥6 时,$S_\text{生}$ 为 50 000 元·hm^{-2}·a^{-1}。

该方法用森林保育物种指标来反映森林保护生物多样性价值量,即计算研究区域不同森林生态系统的物种丰富度指数,每个级别给予一定赋值后,再乘以林分面积,即可得到森林生态系统的保护生物多样性年总价值。其计算公式为:

$$U_\text{生}=\left(1+\sum_{m=1}^{x} E_m \times 0.1 + \sum_{n=1}^{y} B_n \times 0.1 + \sum_{r=1}^{z} O_r \times 0.1\right) \times S_\text{生} \times A$$

式中,$U_\text{生}$ 为评估林分年物种资源保育价值,元·a^{-1};E_m 为评估林分(或区域内)物种 m 的珍稀濒危指数;B_n 为评估林分(或区域内)物种 n 的特有种指数;O_r 为评估林分(或区域内)物种 r 的古树年龄指数;x 为计算珍稀濒危物种数量;y 为计算特有种数量;z 为计算古树物种数量。$S_\text{生}$ 为单位面积物种损失的机会成本,元·hm^{-2}·a^{-1};A 为林分面积,hm^2。

3.1.1.8 林木产品供给

价值量:林木资产也称立木资产,是指在林地中自然生长情况良好且尚未被砍伐的树木,森林为人类生产生活提供木材产品,本研究主要根据木材市场价倒算法,获得森林生态系统提供木材产品功能价值,计算木材产品公式如下:

$$U_{\text{木材产品}} = \sum_{i}^{n} (A_i \times S_i \times U_i)(i=1,2,\cdots,n)$$

式中，$U_{\text{木材产品}}$为区域内年木材产品价值，元·a^{-1}；A_i为第i种木材产品面积，hm^2；S_i为第i种木材产品单位面积蓄积量，$m^3 \cdot hm^{-2} \cdot a^{-1}$；$U_i$为第$i$种木材产品市场价格，元·$m^{-3}$。

3.1.1.9　森林康养功能

森林不仅具有释放氧气、净化空气、涵养水源、改善环境等生态功能，而且还能为人们提供丰富的氧环境，洁净的空气，对人体有益的化合物。森林康养功能可以改善人们身体机能，提高人体免疫力，消除精神疾病，调节心理。现阶段我国人口老龄化程度严重，我国森林康养市场潜力巨大，产业规模呈现不断扩大的趋势。

1. 价值量

计算方法：

$$U_r = 0.8 U_k$$

式中，U_r为区域内年森林康养价值，元·a^{-1}；U_k为各行政区林业旅游与休闲产业及森林康复疗养产业的价值，包括旅游收入、直接带动的其他产业的产值，元·a^{-1}；k为行政区个数；0.8 为森林公园接待游客产值约占全国森林旅游总规模的80%。

2. 森林康养功能因子

森林康养功能因子主要取决于森林所处的气候环境条件，其中森林环境中所释放的有益化合物和负氧离子均能刺激人体，对人体均有一定的康养功能。

空气中负离子可以吸附、沉降空气中的悬浮的污染颗粒而且同时净化空气，对人的皮肤、呼吸系统、神经系统、消化系统、循环系统等疾病都有辅助的疗效。不同的树种组成和林相分布,能够给人不同的感官刺激,并且可以释放植物杀菌素达到康养效果,在森林中植物释放的化学物质(植物杀菌素),释放的萜烯类化学物质对人体有益,具有增加抗癌蛋白物质数量、提升人体免疫细胞活性、舒缓人心理紧张等作用。

森林中舒适的温度会使人们表现出更加积极的心态和更少的负能量情绪,树叶和土壤通过蒸腾和排放消耗周围的热量,降低了环境的温度。森林中低噪声环境使人们感觉舒适,因为久居城市的人,进入自然中,听到鸟鸣声、溪流声、落叶声等都能带来舒服的感觉,并且森林中的声环境相对于森林外的低。在夏季森林中较大的湿度有降温降暑功效,植物通过蒸腾作用向环境中散失水分,并且从土壤中吸收水分,从而增加周围空气湿度。

3.1.2 宁南黄土丘陵区

宁南黄土丘陵区生态脆弱,空间异质性强,复杂的地貌单元对区域土壤和植被生长有显著影响,随着实施人为设计与干扰的生态修复举措,区域内植被恢复、生态功能得到改善,退化生态系统中生物多样性提高。

图 3-2 宁夏黄土丘陵区局部

CASA 模型是光能利用率模型中一种较为普遍计算植被净初级生产力的模型,利用 IBIS 模型改进的 CASA 模型,估算宁夏各土地利用/覆盖类型 NPP。以地面实测样地生物量变化对估算精度进行验证。本区域主要是利用光能利用率模型中的 CASA 模型来计算 NPP,即:

$$NPP(x,t)=APAR(x,t)\times\varepsilon(x,t)$$

式中,$NPP(x,t)$ 为像元 x 在 t 月份的初级净生产力,g C·m^{-2};$APAR(x,t)$ 为像元 x 在 t 月份吸收的光合有效辐射,g C·m^{-2}·month^{-1};$\varepsilon(x,t)$ 为像元 x 在 t 月份的实际光能利用率,g C·MJ^{-1}。不同土地利用/覆盖类型求算其相应 ε,方法:先计算所有像元 $APAR$、温度和水分胁迫,然后挑选相同时间段 NPP 实测值,根据误差最小原则,利用 NPP 实测值,模拟各类型最大光能利用率。

3.1.2.1 森林固碳释氧功能

固碳释氧包括固碳和释氧两个过程,这两个过程是通过森林中的绿色植物进行光合作用和呼吸作用所实现的,光合作用可以吸收 O_2,释放 CO_2,呼吸作用可以吸收 CO_2 释放 O_2,这两个过程之间是可逆的,从而实现了大气间 CO_2 和 O_2 的交换,维持 CO_2 和 O_2 之间的动态平衡。目前关于固定 CO_2 的方法主要包括实验测定法、森林蓄积量法和光合作用法,固碳释氧量采用森林蓄积量法,根据光合作用化学方程式来推算,其中绿色植物每形成 1 g 干物质,可以固定 1.63 g CO_2,释放 1.19 g O_2,那么 1 g 干物质便可固定 0.442 g C,植物干物质中碳元素的含量大约占干物质的 45%,干物质量可由 NPP 计算获得。

固碳释氧价值量的计算主要采用造林成本法,根据 2015 年不变价,我国固碳造林成本约 71.15 元/t,释氧成本 352.93 元/t。那么黄土丘陵区森林生态系统固碳释氧的价值应为:

$$ESV_1=\sum_{i}^{4}\left[(1.63\times71.15+1.19\times352.93)\times\frac{NPP_i}{45\%}\times S_i\times10^{-6}\right]$$

$$= \sum_i^4 (1197.3 \times 10^{-6} NPP_i \cdot S_i)$$

式中，ESV_1 表示 i 种植被固碳释氧价值总和，元·km^{-2}·a^{-1}；NPP_i 是 CASA 模型所估算的第 i 种植被所对应的 NPP 值，g C·m^{-2}·a^{-1}；S_i 是第 i 种植被面积，km²。

3.1.2.2 营养物质循环价值

森林生态系统中的绿色植物储存着大量的 C、H、O、N、P、K 等营养元素，它可以通过生理生态过程与外界环境因素进行交换，维持着植物的生态过程，而营养物质循环价值研究主要是以净初级生产力为基础，利用森林中干物质所含有的 N、P、K 等营养元素的量来进行估算。本文的营养物质循环价值评估主要通过影子价格法来计算。我们根据 Kimmins J. P. 等人的研究结果可以得出，森林生态系统中绿色植物每固定 1 g 碳，可以积累 0.03 g 氮、0.004 g 磷和 0.02 g 钾，在价值量计算中按照 2015 年不变价，我国化肥的平均价格为 2 549 元/t，那么森林营养物质循环价值计算公式可如下所示：

$$ESV_2 = \sum_i^4 [2549 \times (0.03 + 0.004 + 0.02) \times NPP_i \times S_i \times 10^{-6}]$$

$$= \sum_i^4 (137.65 \times 10^{-6} NPP_i \cdot S_i)$$

式中，ESV_2 表示 i 种植被营养物质循环价值总和，元·km^{-2}·a^{-1}；NPP_i 是 CASA 模型所估算的第 i 种植被所对应的 NPP 值，g C·m^{-2}·a^{-1}；S_i 是第 i 种植被面积，km²。

3.1.2.3 森林涵养水源功能

森林生态系统中水源涵养是通过森林林冠层、枯枝落叶层和土壤层对降水的储存以及重新分配来实现的，通过测定这三个方面的持水量可以得到森林植被涵养水源的总量。就目前来看，不少学者根据林冠层、凋落物以及土壤层持水量提出了不同的研究方法,其中主要包括水量平衡法、降水储存量法和土壤蓄水能力法等,由于计算方法不同,最终估算出的同一地区同一时间的涵养水源量也并不一致。本区域主要采用水量平衡法来估算其水源涵养价值。水量平衡法是从宏观的角度来思考问题,方法简单,便于计算,适用于空间差异性小的区域,而且能够更好的反应丘陵区水源涵养能力。该方法森林水源涵养总量是用降水量与植被蒸发蒸腾量即植被的蒸散量之差来表示。

即:

$$W=(R-E)\times A$$

植被的蒸散量 E 是根据周广胜和张新时所建立的区域蒸散模型求得即:

$$E=\frac{P\times R_S\times P^2+R_S{}^2+P\times R_S}{R_S{}^2+(P+R_S)\times R_S{}^2}$$

$$R_S=(EP\times P)^{\frac{1}{2}}\times\left[(\frac{E_P}{P})^{\frac{1}{2}}\times0.589+0.396\right]$$

$$E_P=0.0135\cdot(T+17.8)^{\frac{S}{\lambda}}$$

式中,W 为水源涵养总量,$m^3\cdot a^{-1}$;R 表示年平均降水量,$mm\cdot a^{-1}$;E 为年平均蒸散量,$mm\cdot a^{-1}$;P 表示月降水量,mm;R_S 表示地表净太阳辐射,$MJ\cdot m^{-2}$;E_P 表示区域潜在蒸散量,$mm\cdot a^{-1}$;T 表示月平均温度,℃;S 表示太阳总辐射,$MJ\cdot m^{-2}$;λ 表示水汽化潜热(取值为 2.45);A 为区域森林面积,km^2。

涵养水源价值是生态系统中一个重要的功能之一,它主要是指森林植被单位面积所储存的水源涵养量的经济价值,价值可以通过影子价格法也叫替代工程法来计算,它主要是把森林水源涵养功能看作是一个水库,而建造该水库的造价为 1 m^3 库容的费用为 0.67 元,那么水源涵养价值如下,即:

$$ESV_3 = \sum_i^4 \left(W_i \cdot 0.67 \right)$$

式中,ESV_3表示涵养水源价值总和, 元·km^{-2}·a^{-1};W_i为第i种植被水源涵养总量,m^3。

$$UFESV = \sum_i^4 ESV_j$$

式中,$UFESV$表示森林生态系统服务总价值, 元·km^{-2}·a^{-1};ESV_j为第j种生态系统服务价值,元。

3.1.2.4　森林土壤保持功能

在测算每年土壤保持量基础上,运用机会成本法、影子价格法、替代工程法计算耕地保护土壤肥力价值(V_{41})、减少土地废弃价值(V_{42})、防止泥沙淤积价值(V_{43}),从而获得土壤保持价值,模型如下:

$$V_4 = V_{41} + V_{42} + V_{43}$$

$$V_{41} = \sum_{i=1}^n A_C \times C_i \times P_i \, (i = \mathrm{N、P、K})$$

$$V_{42} = A_C \times B / (R \times 0.6)$$

$$V_{43} = A_C \div R \times 24\% \times C$$

式中,V_4为耕地土壤保持价值,元;A_C为土壤保持总量,t·a^{-1};C_i为土壤中 N、P、K 纯含量,t·km^{-2};P_i为 N、P、K 价格,元·t^{-1};R为土壤容重,t·m^{-3};B为农业年均收益,元·hm^2;24%为按照中国主要流域的泥沙运动规律,全国土壤侵蚀流失的泥沙 24%淤积在水库、江河、湖泊;C为水库工程费用,元·m^3。

3.1.2.5　森林净化环境功能

森林具有滞尘、降解污染物和净化环境的显著效应。森林可以吸收空气中的部分有害气体,如 SO$_2$、NO$_X$ 及 HF,以实现空气的净化。根据植被净化各种污染物的特点,采用差异化的模型测算森林净化大气的污染量,然后根据森林面积,运用替代法和防护费用法测算森林净化大气环境的价值。森林吸收 SO_2、NO_X 及 HF 测算模型如下:

$$V_5=V_{51}+V_{52}$$

$$V_{51}=Q\times P=W\times f\times S\times F\times P$$

式中,V_{51} 为森林吸收 SO_2、NO_X 及 HF 的价值,元·hm^{-2};Q 为森林净化大气污染物质量,$kg\cdot hm^{-2}$;W 为每公顷森林干物质量,$kg\cdot hm^{-2}\cdot a^{-1}$;$f$ 为污染物吸收量(由干物质量中所含 S、N 或 F 百分比计算),$kg\cdot hm^{-2}\cdot a^{-1}$;$S$ 为森林面积,hm^2;F 为森林覆盖率,%;P 为森林净化大气污染物 SO_2、NO_X 及 HF 的单价,元·kg^{-1}。

$$V_{52}=Q\times P=q\times k\times 21\times F\times P$$

式中,V_{52} 为森林的滞尘价值,元·hm^{-2};Q 为森林净化大气污染物质量,$kg\cdot hm^{-2}$;q 为每 m^2 叶面积 7 d 滞尘量,$kg\cdot hm^{-2}\cdot a^{-1}$;$k$ 为叶面积相对占地面积的倍数(一般取 20),21 为 21 周生长期(即 147 d);F 为森林覆盖率,%;P 为森林滞尘的单价,元·kg^{-1}。

3.1.3　宁夏中部干旱风沙区

InVEST 模型是对生态系统服务功能进行综合评估及价值权衡的一个模型,模型是基于 ArcGIS 软件进行运转的,该模型从发布以来已经更新了多个版本,InVEST 模型自 2007 年发布以来,已广泛应用于重要生态功能区的生态系统服务功能评估,在森林生态系统服务方面的应用主要包括森林生态系统碳存储功能、水源涵养功能、土壤保持功能和生物多样性服务功能评估。通过选取适宜的森林生态系统服务功能评价指标,综合运用 InVEST、USLE 模型以及 GIS 空间分析技术,评价宁夏森林生态系统服务功能的重要性,识别关键保护修复区域。

图 3-2　宁夏干旱风沙区局部

3.1.3.1　森林土壤保持功能

InVEST 模型里土壤保持模块可模拟空间里坡面土壤侵蚀和流域输沙的过程,可用对研究区保土固沙生态系统服务功能进行研究。集水区尺度的泥沙动力学过程主要受到降水强度、土壤质地、地形、植被及人类活动等影响,土地利用类型的变化对集水区土壤侵蚀量具有重大影响,同时土壤保持服务功能也和生态系统中的地表植被类型有紧密的关系。模型中的土壤保持模块主要采用土壤流失方程对区域内的土壤保持及侵蚀量进行评估,其中土壤保持量等于每个栅格单元上的潜在土壤侵蚀量($RKLS$)减去实际土壤侵蚀量($USLE$),具体计算公式为:

$$SD=RKLS-USLE$$

$$RKLS=R\times K\times LS$$

$$USLE=R\times K\times LS\times P\times C$$

式中,SD 即土壤保持量,$t\cdot km^{-2}\cdot a^{-1}$;$RKLS$ 为潜在土壤侵蚀量,$t\cdot km^{-2}\cdot a^{-1}$;$USLE$ 为实际土壤流失量,$t\cdot km^{-2}\cdot a^{-1}$;$R$ 表示降水侵蚀力因子,$MJ\cdot mm\cdot km^{-2}\cdot h^{-1}\cdot a^{-1}$;$K$ 表示土壤可侵蚀因子,$t\cdot km^{2}\cdot h\cdot km^{-2}\cdot MJ^{-1}\cdot mm^{-1}$;$LS$ 为无量纲坡长坡度因子;C 为植被覆盖因子;P 为管理措施因子。

(1)降水侵蚀力因子(R) 降水是致使土壤发生侵蚀的主要原因,一般使用降水侵蚀力因子作为表征土壤侵蚀能力的动力指标,其大小与降水强度大小和持续时间长短成正比, 国内外的研究者对该因子的计算提出了许多方法,本文中选用了在 InVEST 模型中使用较多的日雨量模型进行计算,计算公式为:

$$R=\sum\nolimits_{n=1}^{24} R_i$$

$$R_i =\alpha \sum\nolimits_{d=1}^{k} \left(P_d \right)^{\beta}$$

$$\beta=0.836\ 3\times18.144/P_{d12}+24.455/P_{y12}$$

$$\alpha=21.586\beta^{7.189\ 1}$$

式中,R 为年降水侵蚀力,$MJ\cdot mm\cdot hm^{-2}\cdot h^{-1}$;$R_i$ 为半月降水侵蚀力,$MJ\cdot mm\cdot hm^{-2}\cdot h^{-1}$;$P_d$ 为半月里第 d 天的侵蚀性日降水量,日降水量大于等于 12 mm 的算作有效降水,小于 12 mm 的都计为 0 mm;K 为半月内有效降水的天数;P_{d12} 为日降水量≥12 mm 的日平均降水量;P_{y12} 为日降水量≥12 mm 的年平均降水量。

(2)土壤侵蚀因子 K 是用来衡量土壤对降水和径流侵蚀敏感性的指标,其计算方法有多种,本研究在结合现有数据同时,参考其他学者在该模型中使用的计算方法, 选择由 Williams 等得到的侵蚀——生产力影响模型(EPIC)进行计算,具体计算公式如下:

$$K=\left\{0.2+0.3\exp\left[-0.025\,6SAND\left(1-\frac{SILT}{100}\right)\right]\right\}\times\left[\frac{SILT}{SILT+CLAY}\right]^{0.3}$$

$$\times\left[1-0.25\times\frac{OC}{OC+\exp(3.72-2.95OC)}\right]$$

$$\times\left\{1-0.7\times SN_1/\left[SN_1+\exp(22.95N_1-5.51)\right]\right\}$$

$$SN_1=1-SAND/100$$

式中，$SAND$、$SILT$、$CLAY$、OC 分别代表土壤砂粒含量、粉粒含量、黏粒含量、有机碳含量的百分比。

3.1.3.2　森林固碳释氧功能

森林固碳释氧功能是指森林生态系统通过森林植被、土壤动物和微生物固定碳元素及制造氧气的功能。由于陆地上的森林生态系统的碳储量高于大气，所以其对由 CO_2 导致的气候变化具有重要意义，InVEST 模型的碳储量模块通过在不同的土地利用及覆盖类型图上的四个碳库（地上生物量、地下生物量、土壤及死亡有机质）的碳储量来估算在当前景观下的碳储量，本研究主要基于土地利用/覆盖数据，采用美国林务局设计开发的 ItreeEco 计算工具进行效益量化，得到不同植被类型单位面积固碳释氧能力的经验值，以分析评估宁夏干旱风沙区植被固碳释氧能力。计算公式如下：

$$C=\sum_{i}^{n}A_{ij}\times S_i$$

式中，C 为丘陵区固碳量/释氧总和；A_{ij} 为 j 类型植被第 i 个斑块地上部分单位面积固碳量/释氧量；S_i 为第 i 个斑块面积。

3.1.3.3　森林生物多样性功能

生物多样性保护是生态系统保护的主要内容之一，生物多样性具有空间化特征，可以通过计算分析不同的土地利用类型对它的威胁程度而获取，InVEST 模型中的生境质量模块可以评估某一区域各种植被类型范围里生

境类型的退化程度,用生境质量的好坏来反映当地的生物多样性的高低。计算公式为:

$$Q_{xj}=H_j\left[1-\left(\frac{D_{xj}^z}{D_{xj}^z+K^z}\right)\right]$$

式中,Q_{xj} 为生境类型(土地覆被)j 中栅格 x 的生境质量;H_j 为生境适合性;D_{xj} 为生境类型(土地覆被)j 中栅格 x 所受胁迫水平;x 为半饱和常数,取 D_{xj} 最大值的一半;z 为归一化常量,取值为 2.5。

InVEST 模型中生境质量是 4 个变量的函数:各期土地利用/土地覆被和各期胁迫因子图层数据、胁迫因子表(包括胁迫强度、最大胁迫距离等)。

3.1.3.4 森林防风固沙功能

宁夏干旱风沙区是典型的农牧交错区,干旱少雨,生态系统脆弱。同时,宁夏干旱风沙区属于我国西北沙尘源区,生态系统在防风固沙以及抑制区域沙尘天气中发挥着至关重要的作用。此区域使用的 RWEQ 模型考虑了气候、土壤、植被和地形等因素,利用裸土条件下的潜在风蚀量和植被覆盖条件下的实际风蚀量之间的差值计算防风固沙物质量,具体计算公式如下:

$$SL=\frac{2z}{s^2}\times Q_{max}\times e^{-\left(\frac{z}{s}\right)^2}$$

$$Q_{max}=109.8\times WF\times EF\times SCF\times K'\times C$$

$$s=109.8\times(WF\times EF\times SCF\times K'\times C)^{-0.371\,1}$$

$$SLr=\frac{2z}{s^2}\times Qr_{max}\times e^{-\left(\frac{z}{s}\right)^2}$$

$$Qr_{max}=109.8\times(WF\times EF\times SCF\times K')$$

$$sr=109.8\times(WF\times EF\times SCF\times K')^{-0.371\,1}$$

$$G=SLr-SL$$

式中, SL 表示单位面积年实际风蚀量, kg·m^{-2}; z 表示下风向距离, m, 本次计算取 50 m; s 表示关键地块长度, m; Q_{max} 表示风力的最大输沙能力, kg·m^{-1}; WF 表示气候因子, kg·m^{-1}; EF 表示土壤可蚀性因子(无量纲); SCF 表示土壤结皮因子(无量纲); K' 表示土壤糙度因子(无量纲); C 表示植被因子(无量纲); SLr 表示单位面积年潜在风蚀量, kg·m^{-2}; Qr_{max} 表示潜在风力的最大输沙能力, kg·m^{-1}; sr 表示潜在关键地块长度, m; G 表示单位面积年防风固沙物质量, kg·m^{-2}。

3.2 宁夏国土生态功能分区及其多功能评价

3.2.1 多功能林业综合效益评价结果

基于国家标准《森林生态系统服务功能评估规范》(GB/T38582—2020) 及 InVEST 模型对宁夏地区多功能林业综合效益进行评价, 评价结果如下表 3–1 至表3–9。

表 3–1 多功能林业综合评价

项目		价值量/(万元·a^{-1})
支持服务	保育土壤	428 927
	养分固持	20 759
调节服务	涵养水源	1 077 938
	固碳释氧	1 177 354
	净化大气	22 009
供给服务	生物多样性保育	2 187 507
	林木产品提供	610 092
文化服务	森林康养	591 360
合计		6 115 945

3.2.1.1 森林保育土壤功能

表 3-2 森林保育土壤功能

分区	树种组	保氮价值量 /(元·a⁻¹)	保磷价值量 /(元·a⁻¹)	保钾价值量 /(元·a⁻¹)	保有机质价值量/(元·a⁻¹)	保肥价值量 /(元·a⁻¹)
六盘山土石山区	针叶树种	35 643 421.35	11 873 224.97	51 623 555.25	118 811.40	99 259 012.96
	阔叶树种	56 279 832.42	13 498 161.01	87 909 098.24	240 127.29	157 927 218.96
	混交树种	2 343 279.54	562 012.42	3 660 202.64	9 997.99	6 575 492.59
	经济树种	4 087 450.62	953 103.08	6 862 943.13	15 895.64	11 919 392.47
	灌木树种	61 978 031.86	14 451 906.16	129 912 841.23	241 025.68	206 583 804.93
	合计	160 332 015.79	41 338 407.63	279 968 640.50	625 858.00	482 264 921.92
宁南黄土丘陵区	针叶树种	12 794 116.00	4 261 864.09	18 530 144.67	42 647.05	35 628 771.82
	阔叶树种	44 328 881.47	10 631 843.66	69 241 712.86	189 136.56	124 391 574.55
	混交树种	1 580 063.07	378 962.49	2 468 058.51	6 741.60	4 433 825.68
	经济树种	78 084 433.67	18 207 562.81	131 105 933.14	303 661.69	227 701 591.31
	灌木树种	224 291 987.54	52 299 930.47	470 140 927.22	872 246.62	747 605 091.86
	合计	361 079 481.75	85 780 163.53	691 486 776.41	1 414 433.52	1 139 760 855.21
宁夏中部干旱风沙区	针叶树种	5 910 324.64	1 968 795.68	8 560 120.19	19 701.08	16 458 941.59
	阔叶树种	27 255 150.86	6 536 878.29	42 572 545.65	116 288.64	76 480 863.45
	混交树种	2 839 816.96	681 102.00	4 435 794.10	12 116.55	7 968 829.62
	经济树种	13 659 710.85	3 185 142.44	22 935 033.95	53 121.10	39 833 008.34
	灌木树种	369 776 207.45	86 223 632.65	775 092 017.06	1 438 018.58	1 232 529 875.75
	合计	419 441 210.77	98 595 551.06	853 595 510.95	1 639 245.96	1 373 271 518.74
总计		940 852 708.31	225 714 122.22	1 825 050 927.86	3 679 537.48	2 995 297 295.88

3.2.1.2 林分养分固持功能

表3-3 林分养分固持功能

分区	树种组	面积/hm²	氮固持价值量/(元·a⁻¹)	磷固持价值量/(元·a⁻¹)	钾固持价值量/(元·a⁻¹)	养分固持总价值量/(元·a⁻¹)
六盘山土石山区	针叶树种	30 940.47	2 204 854.24	393 723.97	1 024 994.74	3 623 572.95
	阔叶树种	38 921.05	4 820 591.59	204 262.36	3 386 378.05	8 411 231.99
	混交树种	1 620.53	149 533.09	6 336.15	105 044.28	260 913.51
	经济树种	4 263.85	525 879.12	38 814.89	744 891.08	1 309 585.09
	灌木树种	64 652.81	4 135 767.23	305 259.01	5 858 182.98	10 299 209.22
	合计	140 398.70	11 836 625.26	948 396.37	11 119 491.13	23 904 512.76

3.2.1.3 森林涵养水源功能

表 3-4 森林涵养水源功能

分区	树种组	面积/hm²	调节水源量/(m³·a⁻¹)	净化水质量/(m³·a⁻¹)	调节水源价值/(元·a⁻¹)	净化水质价值/(元·a⁻¹)	涵养水源价值/(元·a⁻¹)
六盘山土石山区	针叶树种	30 940.47	53 247 651.46	53 247 651.46	325 380 423.75	111 287 591.54	436 668 015.29
	阔叶树种	38 921.05	53 348 610.61	53 348 610.61	325 997 354.86	111 498 596.18	437 495 951.03
	混交树种	1 620.53	1 637 689.87	1 637 689.87	10 007 431.52	3 422 771.84	13 430 203.36
	经济树种	4 263.85	5 662 805.16	5 662 805.16	34 603 703.49	11 835 262.79	46 438 966.28
	灌木树种	64 652.81	67 340 299.06	67 340 299.06	411 496 365.48	140 741 225.04	552 237 590.52
	合计	140 398.70	181 237 056.16	181 237 056.16	1 107 485 279.10	378 785 447.38	1 486 270 726.48
宁南黄土丘陵区	针叶树种	30 656.21	42 020 100.89	42 020 100.89	256 772 230.51	87 822 010.86	344 594 241.37
	阔叶树种	11 106.00	19 113 109.90	19 113 109.90	116 794 480.68	39 946 399.70	156 740 880.38
	混交树种	1 092.71	1 104 287.06	1 104 287.06	6 747 966.97	2 307 959.97	9 055 926.93
	经济树种	81 454.32	108 179 150.00	108 179 150.00	661 050 331.88	226 094 423.49	887 144 755.37
	灌木树种	233 971.73	243 697 469.33	243 697 469.33	1 489 162 125.81	509 327 710.89	1 998 489 836.71
	合计	358 280.98	414 114 117.18	414 114 117.18	2 530 527 135.85	865 498 504.90	3 396 025 640.75

3.2.1.4 森林固碳释氧功能

表 3-5 森林固碳释氧功能

分区	树种组	面积/hm²	林分年固碳量/(t·a⁻¹)	林分年释氧量/(t·a⁻¹)	林分年固碳价值/(元·a⁻¹)	林分年释氧价值/(元·a⁻¹)	固碳释氧总价值/(元·a⁻¹)
六盘山土石山区	针叶树种	30 940.47	48 614.08	260 295.29	58 336 899.61	260 295 291.95	318 632 191.56
	阔叶树种	38 921.05	54 044.54	289 371.67	64 853 443.74	289 371 670.15	354 225 113.89
	混交树种	1 620.53	1 676.44	8 976.21	2 011 731.44	8 976 209.33	10 987 940.77
	经济树种	4 263.85	11 594.93	62 082.95	13 913 916.44	62 082 952.05	75 996 868.49
	灌木树种	64 652.81	91 188.13	488 250.30	109 425 754.05	488 250 297.59	597 676 051.64
	合计	140 398.70	207 118.12	1 108 976.42	248 541 745.28	1108976421.08	135751816636
宁南黄土丘陵区	针叶树种	11 106.00	17 449.90	93 432.34	20 939 882.67	93 432 337.13	114 372 219.80
	阔叶树种	30 656.21	42 568.25	227 923.96	51 081 897.31	227 923 963.44	279 005 860.75
	混交树种	1 092.71	1 130.42	6 052.62	1 356 501.64	6 052 618.39	7 409 120.03
	经济树种	81 454.32	221 503.24	1 185 998.95	265 803 892.38	1 185 998 951.39	1 451 802 843.78
	灌木树种	233 971.73	330 000.26	1 766 926.54	396 000 310.55	1 766 926 544.41	2 162 926 854.96
	合计	358 280.98	612 652.07	3 280 334.41	735 182 484.55	3 280 334 414.77	4 015 516 899.32
宁夏中部干旱风沙区	针叶树种	5 130.49	8 061.10	43 161.67	9 673 314.24	43 161 672.47	52 834 986.71
	阔叶树种	18 848.65	26 172.64	140 136.67	31 407 172.29	140 136 673.94	171 543 846.23
	混交树种	1 963.91	2 031.68	10 878.25	2 438 014.32	10 878 254.63	133 16 268.94
	经济树种	14 249.22	38 748.70	207 472.89	46 498 439.47	207 472 885.23	253 971 324.71
	灌木树种	385 734.60	544 050.84	2 913 021.56	652 861 007.60	2 913 021 564.42	3 565 882 572.02
	合计	425 926.87	619 064.96	3 314 671.05	742 877 947.92	3 314 671 050.69	4 057 548 998.61
总计		924 606.55	1 438 835.15	7 703 981.89	1 726 602 177.75	7 703 981 886.53	9 430 584 064.29

3.2.1.5 森林净化大气环境功能

表 3-6 森林净化大气环境功能

分区	树种组	面积 /hm²	提供负离子价 值/(元·a⁻¹)	吸收气体污染物 价值/(元·a⁻¹)	净化大气价值 /(元·a⁻¹)
六盘山 土石山区	针叶树种	30 940.47	613 152.22	8 132 547.82	8 745 700.04
	阔叶树种	38 921.05	676 081.78	4 412 420.60	5 088 502.38
	混交树种	1 620.53	28 149.49	183 716.52	211 866.01
	经济树种	4 263.85	51 637.32	802 620.43	854 257.76
	灌木树种	64 652.81	521 984.65	12 170 137.18	12 692 121.83
	合计	140 398.70	1 891 005.47	25 701 442.54	27 592 448.01

3.2.1.6 森林生物多样性功能

表 3-7 森林生物多样性功能

分区	树种组	面积 /hm²	物种损失的机会 成本/(元·a⁻¹)	物种资源保育价值 /(万元·a⁻¹)
六盘山 土石山区	针叶树种	30 940.47	30 000.00	928 214 097.54
	阔叶树种	38 921.05	30 000.00	1 167 631 378.05
	混交树种	1 620.53	40 000.00	64 821 010.84
	经济树种	4 263.85	20 000.00	85 277 045.64
	灌木树种	64 652.81	30 000.00	1 939 584 330.42
	合计	140 398.70	150 000.00	4 185 527 862.49
宁南黄土 丘陵区	针叶树种	30 656.21	20 000.00	613 124 225.06
	阔叶树种	1 092.71	30 000.00	32 781 391.44
	混交树种	11 106.00	20 000.00	222 120 069.46
	经济树种	81 454.32	20 000.00	1 629 086 300.92
	灌木树种	233 971.73	20 000.00	4 679 434 647.12
	合计	358 280.98	110 000.00	7 176 546 634.00

续表

分区	树种组	面积 /hm²	物种损失的机会 成本/(元·a⁻¹)	物种资源保育价值 /(万元·a⁻¹)
宁夏中部 干旱风沙 区	针叶树种	5 130.49	10 000.00	51 304 901.39
	阔叶树种	18 848.65	20 000.00	376 973 041.00
	混交树种	1 963.91	30 000.00	58 917 364.38
	经济树种	14 249.22	30 000.00	427 476 645.00
	灌木树种	385 734.60	20 000.00	7 714 691 977.12
	合计	425 926.87	110 000.00	8 629 363 928.89
总计		924 606.55	370 000.00	19 991 438 425.38

3.2.1.7 林木产品供给

表 3-8 林木产品供给

分区	树种组	面积 /hm²	木材平均价格 /(元·m⁻³)	木材产品价值 /(万元·a⁻¹)
六盘山 土石山区	针叶树种	30 940.47	1 350	307 596 852.36
	阔叶树种	38 921.05	1 350	341 957 068.19
	混交树种	1 620.53	1 350	10 607 390.23
	经济树种	4 263.85	600	32 606 592.46
	灌木树种	64 652.81	600	256 433 979.83
	合计	140 398.70	5 250.00	949 201 883.07

3.2.1.8 森林康养

表 3-9 森林康养

项目	2018 年宁夏 全区接待游 客人数	旅游总收入 /元	森林旅游总规 模占旅游业总 收入比例	森林公园产值 约占全国森林 旅游比例	森林康养价 值量/元
森林康养	33 447 000	29 568 000 000	25%	80%	5 913 600 000

3.2.2 多功能林业综合分区

依据可持续发展原则、区域相关原则、区域共轭性原则、相似性原则等，对水土流失敏感性、土地沙漠化敏感性、土壤盐渍化敏感性、生态环境敏感性、生物多样性保护重要性、水源涵养重要性、水土保持重要性、土壤保育功能重要性、防风固沙功能重要性、游憩功能重要性及生态保护红线这11个方面的各功能进行评价及分析，并以此为基础对宁夏全域进行生态三级划分。一级区以中国生态区划三级区为参考；二级区以研究区主要生态系统类型、生态服务功能类型和主要生态问题为依据；三级区以生态服务功能重要性、生态系统敏感性及生态环境脆弱性等指标为依据，并参考宁夏生态保护红线做出调整。宁夏全区分为3个一级区，6个二级区，38个三级区。最后对所分的38个三级区存在问题、主导功能和服务功能进行分析。存在的问题主要包含水土流失、土壤盐渍化、草场退化等；主导功能分为五部分：水源涵养、防风固沙、水土保持、生物多样性保护和其他；对应的服务功能包含沙漠化控制、农田生产等方面。

图 3-4　多功能林业综合分区局部（枸杞园）

3.2.2.1 功能指标

构建宁夏多功能林业评价体系并确定相应指标。

表 3-10 多功能评价体系及指标

目标层	系统层	指标层
生态功能区划	生态环境现状评价方法	水土流失敏感性评价
		土地沙漠化敏感性评价
		土壤盐渍化敏感性评价
		生态环境敏感性评价
	生态系统功能评价方法	生物多样性重要性评价
		水源涵养重要性评价
		水土保持重要性评价
		土壤保育功能重要性评价
		防风固沙功能重要性评价
		游憩功能重要性评价
		生态保护红线

3.2.2.2 功能评价

根据上一节构建的体系对确定下来的宁夏地区 11 个功能依据各类相关标准分别进行评价,并分别制作相关专题图如下。

对 11 个指标的评价结果进行分析:

1. 水土流失敏感性

根据《生态保护红线划定技术指南》,选取水侵蚀力(R_i)、土壤可蚀性(K_i)、坡度长度(LS_i)和地表植被盖度(C_i)等 4 评价指标进行水土流失敏感性评价。将反映各因素对水土流失敏感性的单因子分布图,用地理信息系统技术进行乘积运算。

$$SS_i = \sqrt[4]{R_i \times K_i \times LS_i \times C_i}$$

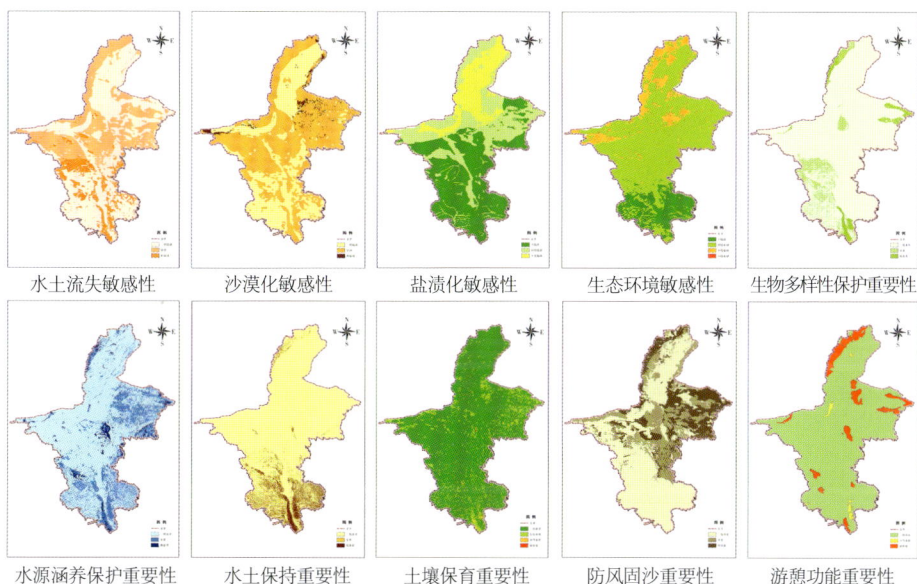

图 3-5 各功能评价指标专题

式中, SS_i 为 i 空间单元水土流失敏感性指数; R_i 为降雨侵蚀力因子; K_i 为土壤可蚀性因子; LS_i 为坡长坡度因子; C_i 为地表植被覆盖因子。

水土流失是指在水力、风力、重力及冻融等外营力和人类活动作用下，水土资源和土地生产力的破坏和损失，包括土地表层侵蚀和水土损失。根据土壤侵蚀发生的动力条件，水土流失类型主要有水力侵蚀和风力侵蚀。以风力侵蚀为主带来的水土流失敏感性将在土地沙化敏感性中进行评价；本节主要对水动力为主的水土流失敏感性进行评价。

水土流失敏感性评价，采用自然分界法与《生态保护红线划定技术指南》分级赋值标准，共分为一般敏感、敏感、极敏感三个等级。经评估测算，宁夏一般敏感区面积为 27 629.37 km²，占全区国土总面积的 53.16%；敏感区面积为 18 206.06 km²，占国土总面积的 34.68%；极敏感区面积为 6 315.57 km²，占国土总面积的 12.15%。宁夏境内水土流失极敏感区主要分布在宁夏贺兰山区、宁夏东南部，包括海原县、沙坡头区、同心县、原州区、彭阳县、泾源县、隆

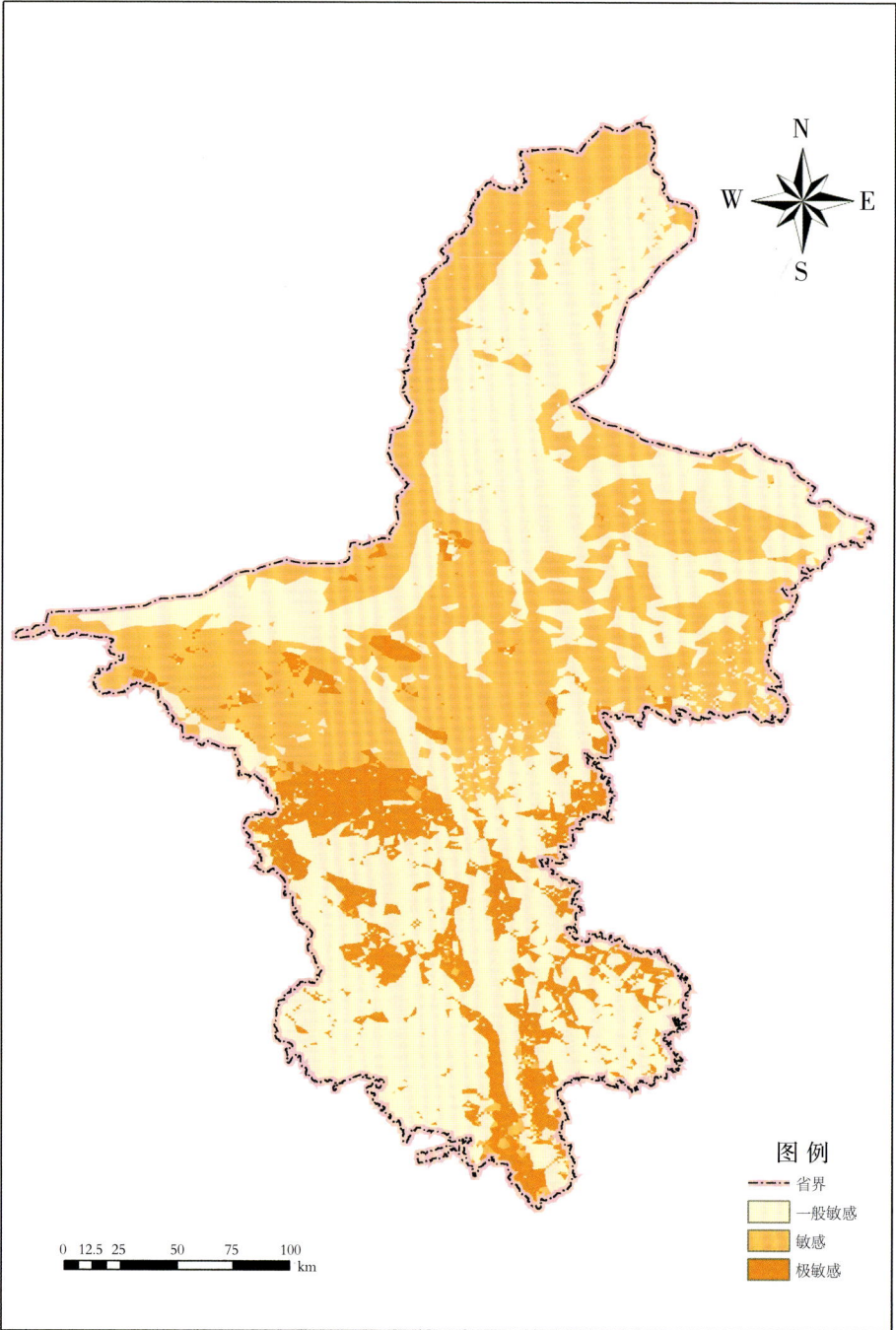

审图号:宁 S[2021]第 023 号

图 3-6　宁夏水土流失敏感性分析评价

德县等县(区)。

2. 土地沙漠化敏感性

$$D_i = \sqrt[4]{I_i \times W_i \times K_i \times C_i}$$

式中，D_i 为 i 评价区域土地沙化敏感性指数；I_i 为 i 评价区域干燥度指数的敏感性等级值；W_i 为 i 评价区域起沙风天数的敏感性等级值；K_i 为 i 评价区域土壤质地的敏感性等级值；C_i 为 i 评价区域植被盖度的敏感性等级值。

土地沙漠化是指因气候变化和人类活动所导致的天然沙漠扩张和沙质土壤上植被破坏、沙土裸露的过程。土地沙漠化敏感性主要与干燥度指数、起沙风天数、土壤质地、植被盖度等因子有关。利用地理信息系统的空间分析功能，将各单因子脆弱性图进行乘积计算，得到土地沙漠化敏感性综合评价数据。

土地沙漠化敏感性评价采用自然分界法与《生态保护红线划定技术指南》分级赋值标准，共分为一般敏感、敏感、极敏感三个等级。经评估测算，宁夏一般敏感区面积为 20 700.05 km²，占全区国土总面积的 39.83%；敏感区面积为 30 101.60 km²，占国土总面积的 57.92%；极敏感区面积为 1 169.35 km²，占国土总面积的 2.25%。宁夏境内土地沙化极敏感区主要分布在惠农区、沙坡头区、平罗县、灵武市、兴庆区、盐池县等区县。

3. 土地盐渍化敏感性

$$S_i = \sqrt[3]{P_i \times M_i \times T_i \times K_i}$$

式中，S_i 为 i 评价区域盐渍化敏感性指数；P_i 为 i 评估区域蒸发量/降水量的敏感性等级值；M_i 为 i 评估区域地下水矿化度的敏感性等级值；T_i 为 i 评估区域地下水埋深的敏感性等级值；K_i 为 i 评估区域土壤质地的敏感性等级值。

盐渍化是指土壤底层或地下水的盐分随毛管水上升到地表，水分蒸发后，使盐分积累在表层土壤中的过程，也称盐碱化。盐渍化主要与蒸发量、降水量、地下水矿化度、地形等因子有关。利用地理信息系统的空间分析功能，

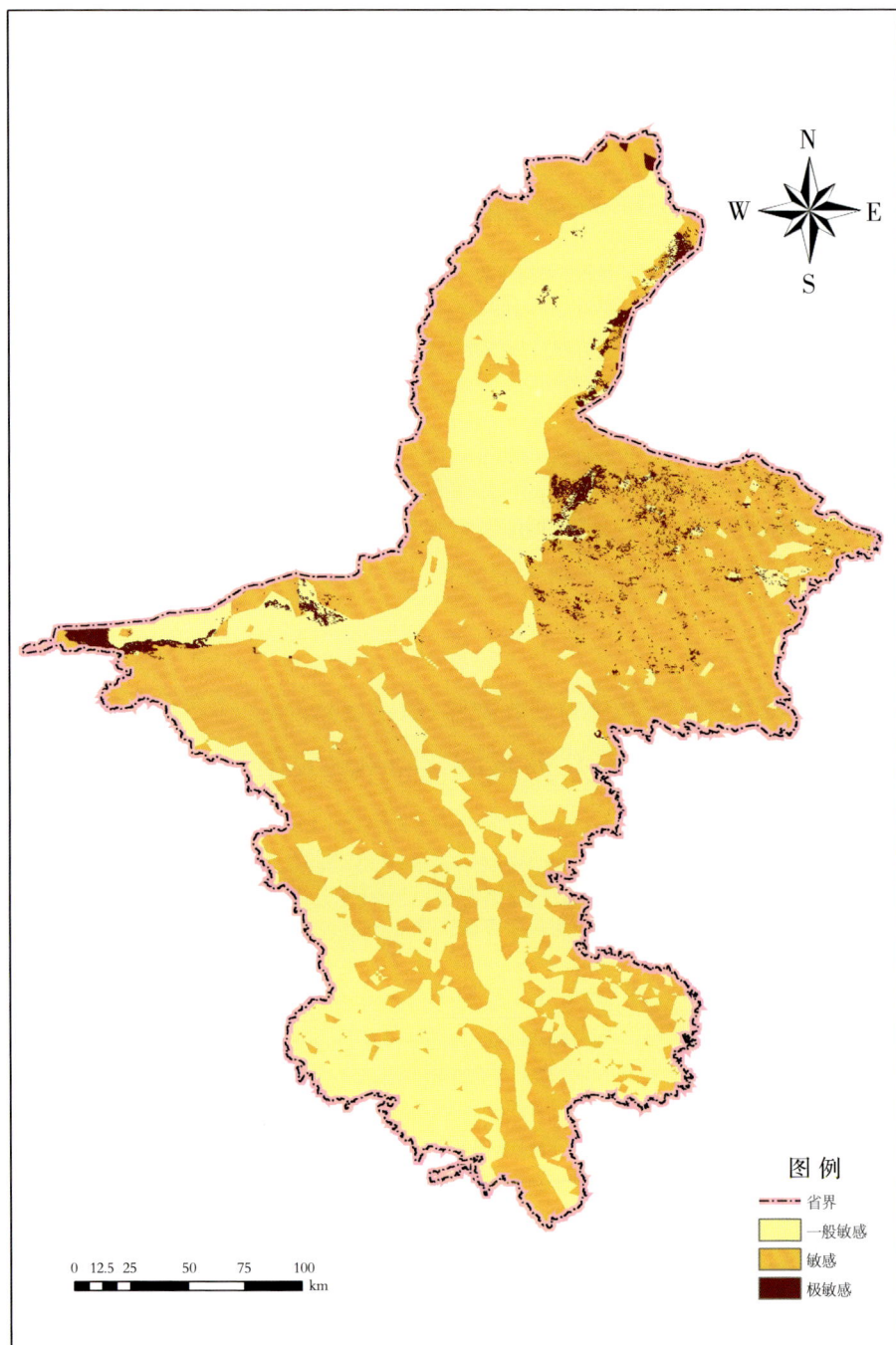

审图号:宁 S[2021]第 023 号

图 3-7　宁夏沙漠化敏感性分析评价

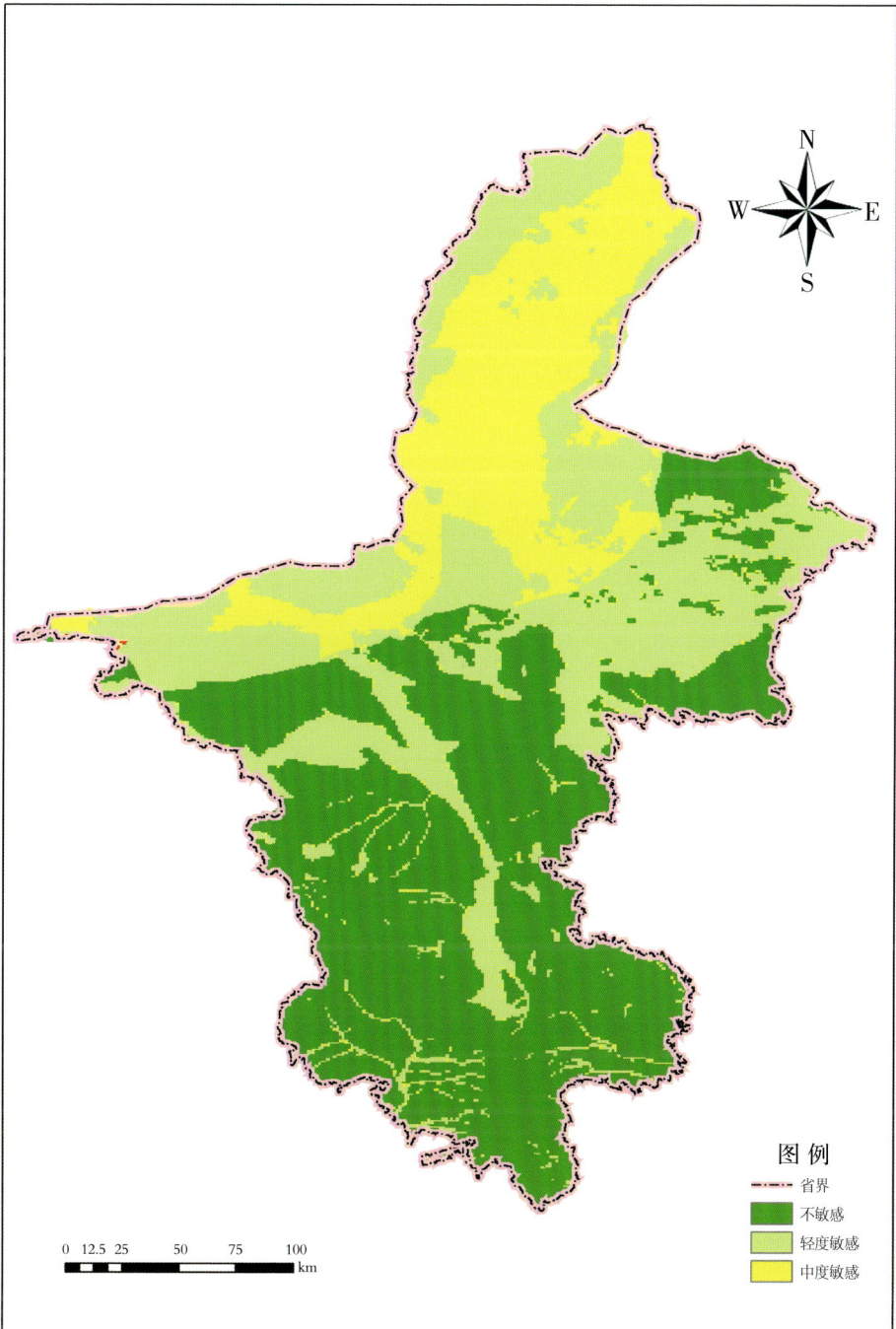

图 例
省界
不敏感
轻度敏感
中度敏感

0　12.5　25　　50　　75　　100
km

审图号:宁 S[2021]第 023 号

图 3-8　宁夏盐渍化敏感性分析评价

将各单因子脆弱性图进行乘积计算,得到盐渍化敏感性综合评价数据。

土地盐渍化敏感性评价采用自然分界法与《生态保护红线划定技术指南》分级赋值标准,共分为一般敏感、敏感、极敏感三个等级。经评估测量,宁夏一般敏感区面积为 38 448.15 km²,占全区国土总面积的 73.98%;敏感区面积为 13 522.85 km²,占国土总面积的 26.02%;无极敏感区。一般敏感区主要分布在宁夏的清水河区域,贺兰山、白芨滩、香山等区域;中度敏感区所占面积 947 km²,占宁夏国土面积的 2%,主要分布在宁夏引黄灌区。

4. 生态环境敏感性

$$SS_j = \sum_{i=1}^{3} C_{ij} W_{ij}$$

式中,SS_j 为 j 空间单元生态敏感性加权指数;C_{ij} 为 j 空间单元第 i 因子敏感性等级值;W_{ij} 为 j 空间单元第 i 因子权重。

生态敏感性是指一定区域发生生态问题的可能性和程度,用来反映人类活动可能造成的生态后果。生态敏感性的评价内容包括土壤侵蚀敏感性、土地沙漠化敏感性、土壤盐渍化敏感性 3 个方面。根据各类生态问题的形成机制和主要影响因素,分析各地域单元的生态敏感性特征,按敏感程度从低到高划分为不敏感、轻度敏感、中度敏感、高度敏感 4 个等级。经评估测算,宁夏不敏感区面积为 7 700 km²,占全区国土总面积的 14.89%,主要分布在宁夏南部固原市;轻度敏感区面积为 37 000 km²,占国土总面积的 71.51%,主要分布在平罗县、沙坡头区、海原县、同心县、盐池县等县(区);中度敏感区面积为 7 100 km²,占国土总面积的 13.6%,主要分布在贺兰山保护区、香山等区域。

5. 生物多样性保护重要性

$$S_{bio} = NPP_{mean} \times F_{pre} \times F_{tem} (1 - F_{alt})$$

式中,S_{bio} 为生物多样性维护服务能力指数;NPP_{mean} 为研究区多年平均年净初级生产力;F_{pre} 为降水参数,由多年(大于 30 年)平均年降水量数据插

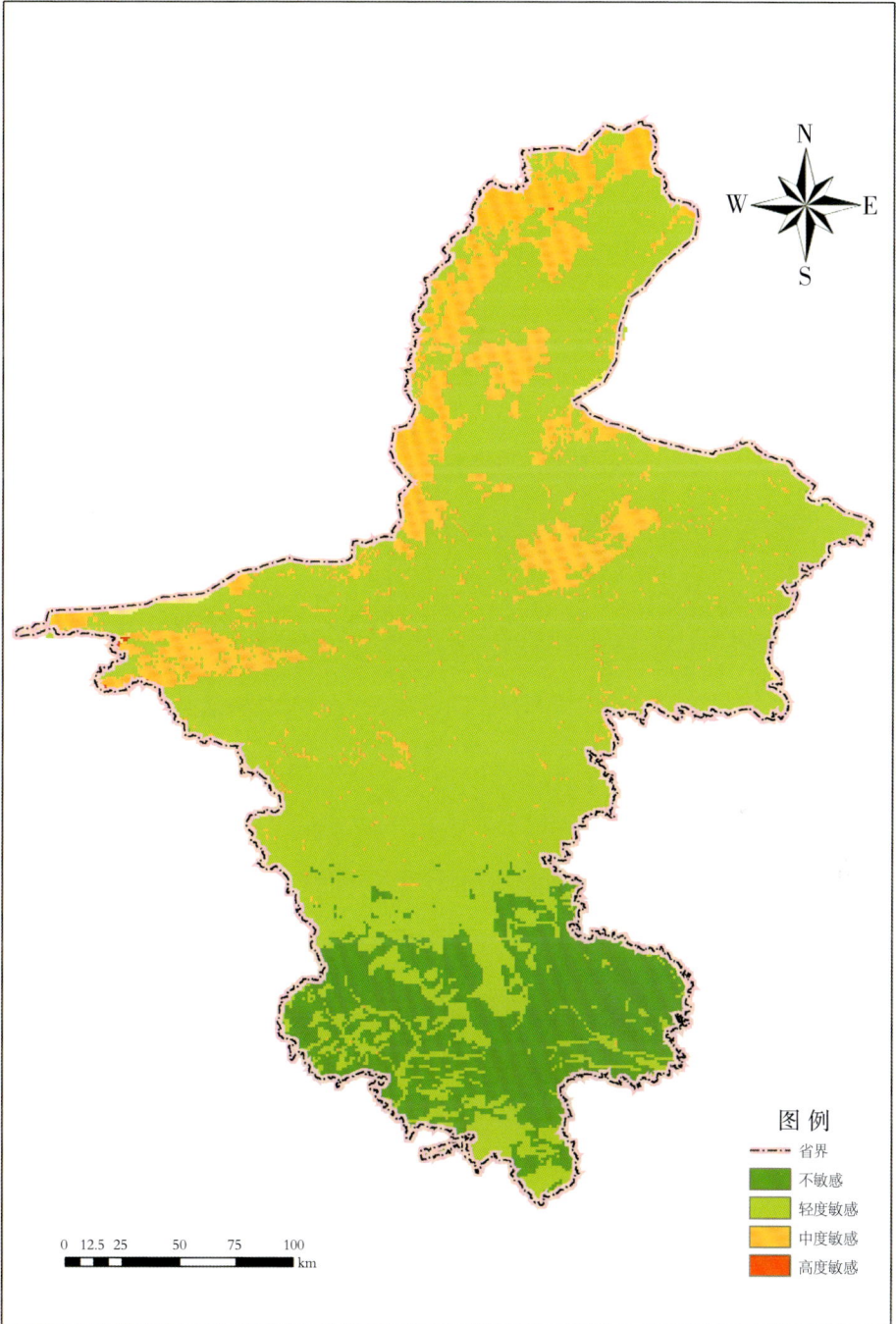

图例
省界
不敏感
轻度敏感
中度敏感
高度敏感

审图号:宁S[2021]第023号

图3-9 宁夏生态环境敏感性分析评价

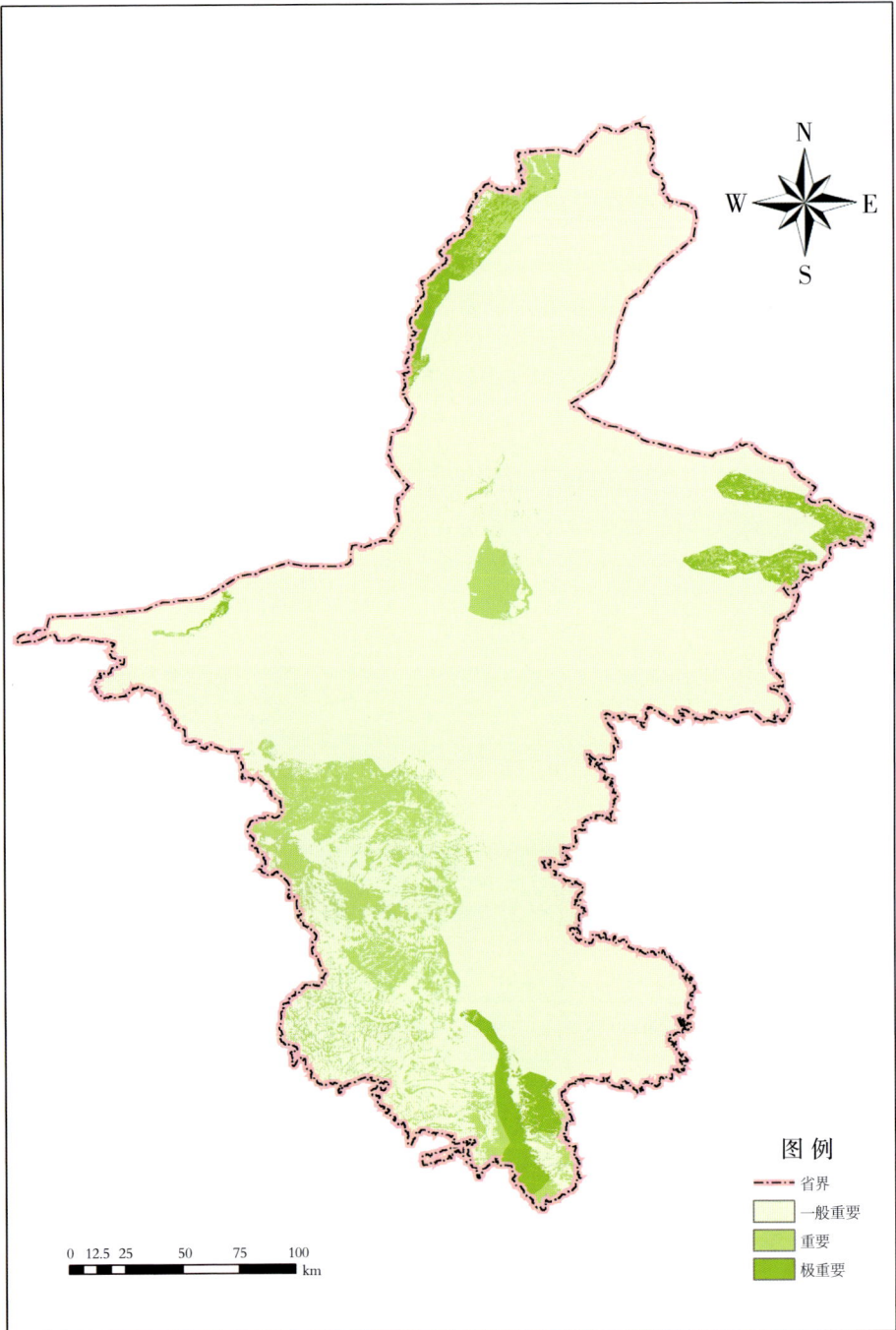

图 例

------- 省界

一般重要

重要

极重要

审图号:宁 S[2021]第 023 号

图 3-10　宁夏生物多样性保护重要等级分析评价

值并归一化获得;F_{tem}为气温参数,由多年(10~30年)平均年气温数据插值并归一化获得;F_{alt}为海拔参数,由评价区海拔进行归一化获得。

生物多样性保护是生态系统(如森林、草地、湿地、荒漠等)在维持基因、物种、生态系统多样性发挥的作用,是生态系统提供的最主要功能之一。生物多样性保护功能与生境多样性密切相关,主要以生境常见参数作为生物多样性保护功能的评价指标。

根据自然分界法,生物多样性保护重要性评价分为一般重要、重要、极重要三个等级。经评估测算,宁夏一般重要区面积为44 684.67 km²,占全区国土总面积的85.98%;重要区面积为5 410.18 km²,占国土总面积的10.41%;极重要区面积为1 876.15 km²,占国土总面积的3.61%。宁夏境内生物多样性维护极重要区主要分布在贺兰山、六盘山、哈巴湖及沙坡头等自然保护区内。

6. 水源涵养重要性

$$WY=P-ET$$

$$ET=\frac{P\left(1+\omega\dfrac{PET}{P}\right)}{1+\omega\dfrac{PET}{P}+\left(\dfrac{PET}{P}\right)^{-1}}$$

式中,WY为水源涵养量,作为水源涵养服务能力的代用指标;P为平均年降水量;ET为蒸散量;PET为平均年潜在蒸发量;ω为下垫面(土地覆盖)影响系数,依据土地利用类型取值。

水源涵养是生态系统(如森林、草地等)通过其特有的结构与水相互作用,对降水进行截留、渗透、蓄积,并通过蒸散实现对水流、水循环的调控,主要表现在缓和地表径流、补充地下水、减缓河流流量的季节波动、滞洪补枯、保证水质等方面。

以水源涵养量作为生态系统水源涵养功能的评价指标,采用基于降水

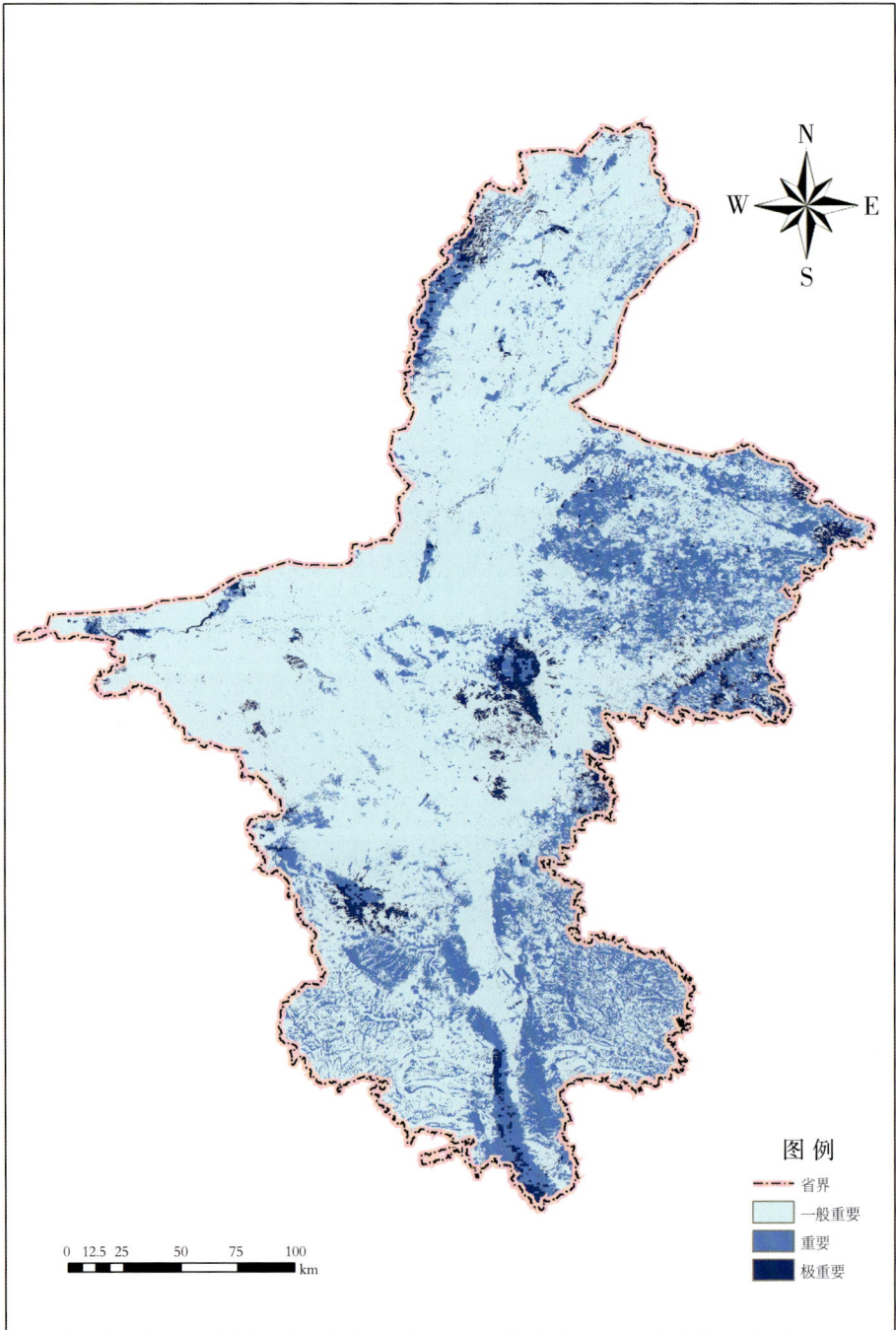

审图号:宁 S[2021]第 023 号

图 3-11　宁夏水源涵养重要等级分析评价

和蒸散的水量分解模型法进行评价。

根据自然分界法,水源涵养重要性评价分为一般重要、重要、极重要三个等级。经评估测算,宁夏一般重要区面积为 38 827.53 km²,占全区国土总面积的 74.71%;重要区面积为 11 199.75 km²,占国土总面积的 21.55%;极重要区面积为 1 943.72 km²,占国土总面积的 3.74%。宁夏境内水源涵养极重要区主要分布在贺兰山、六盘山、罗山等自然保护区内。

7. 水土保持重要性

$$A_c=A_p-A_r=R\times K\times L\times S\times(1-C)$$

式中,A_c 为水土保持量;A_p 为潜在土壤侵蚀量;A_r 为实际土壤侵蚀量;R 为降水因子;K 为土壤侵蚀因子;L、S 为地形因子;C 为植被覆盖因子。

水土保持是生态系统(如森林、草地等)通过其结构与过程减少由于水蚀所导致的土壤侵蚀的作用,是生态系统提供的重要调节服务之一。水土保持功能主要与气候、土壤、地形和植被有关。以水土保持量,即潜在土壤侵蚀量与实际土壤侵蚀量的差值,作为生态系统水土保持功能的评价指标,采用修正通用水土流失方程(USLE)的水土保持服务模型开展评价。

根据自然分界法,水土保持重要性评价分为一般重要、重要、极重要三个等级。经评估测算,宁夏一般重要区面积为 44 845.78 km²,占全区国土总面积的 86.29%;重要区面积为 4 110.91 km²,占国土总面积的 7.91%;极重要区面积为 3 014.32 km²,占国土总面积的 5.80%。宁夏境内水土保持极重要区主要分布在泾源县、彭阳县、原州区、隆德县、西吉县及海原县。

8. 土壤保育功能重要性

土壤保育重要性评价从低到高分为一般重要、比较重要、中等重要、极重要四个等级。经评估测算,宁夏一般重要区面积为 45 573.66 km²,占全区国土总面积的 87.7%,全区均有分布;比较重要区面积为 6 027.99 km²,占国

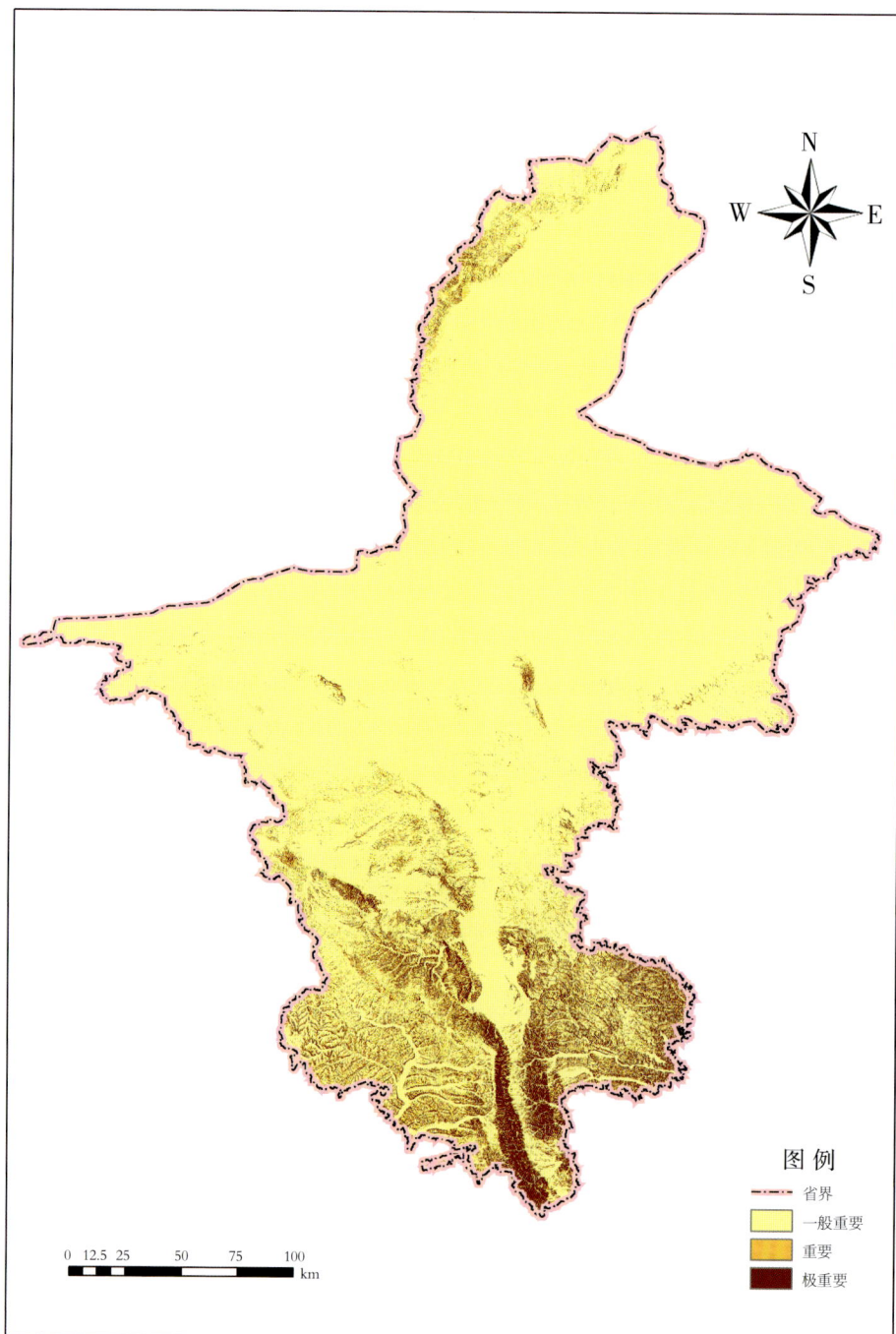

图 例

⊢⊢⊢ 省界

一般重要

重要

极重要

0 12.5 25 50 75 100
km

审图号:宁S[2021]第023号

图 3-12　宁夏水土保持重要等级分析评价

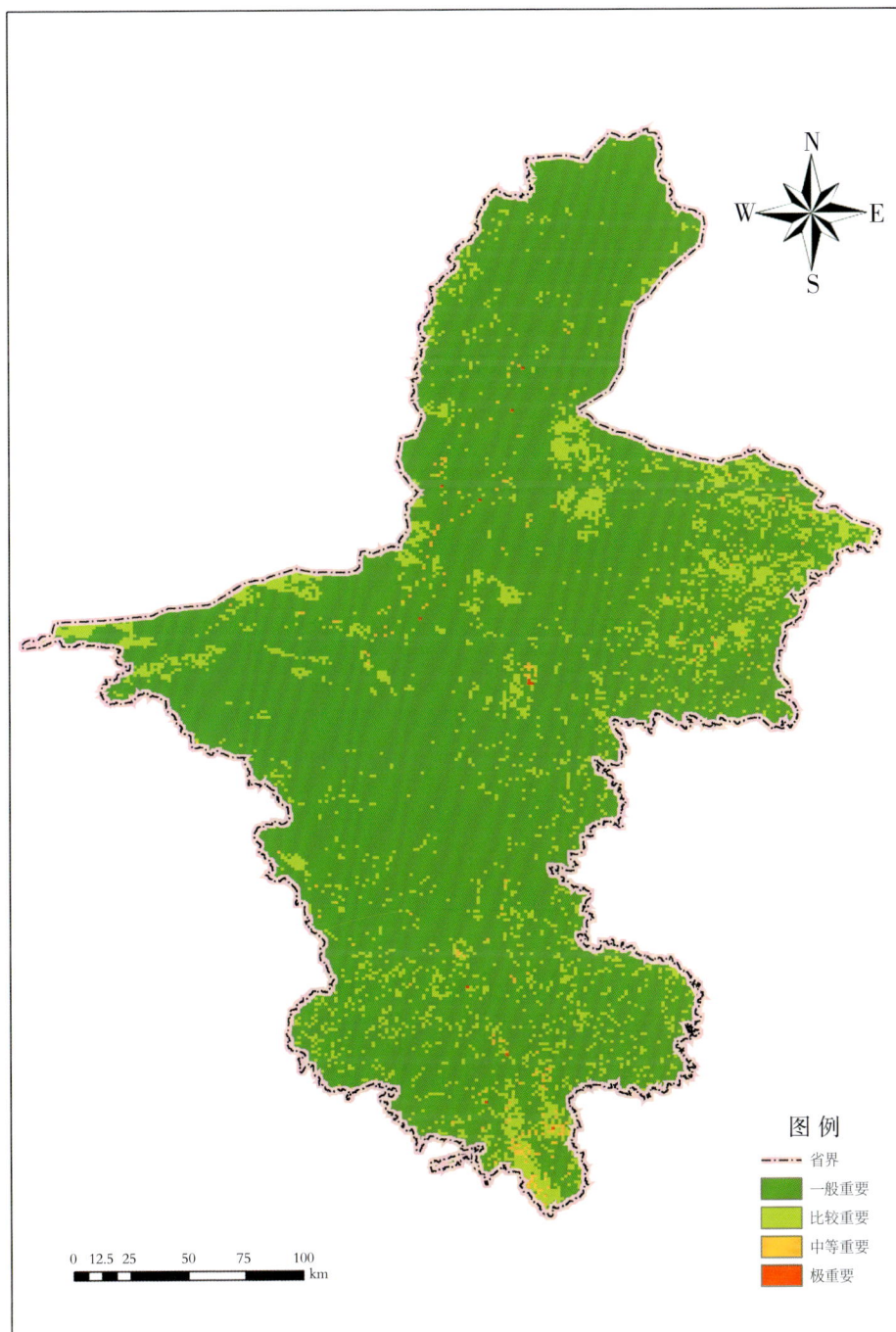

审图号:宁S〔2021〕第023号

图 3-13　宁夏土壤保育重要性等级分析评价

土总面积的 11.64%，主要在灵武、盐池等县(区)呈散点状分布；中等重要区面积为 322.99 km²，占国土总面积的 0.62%，主要分布在盐池北部，沙坡头区西南；极重要区面积为 20.79 km²，占国土总面积的 0.04%，主要分布在宁夏南部。

表 3-11　土壤保育功能重要性评价分级标准

森林郁闭度	水土流失程度	重要性等级	分级赋值	分级标准
<0.2	剧烈	极重要	1	<2
0.2~0.4	极强度	中等重要	3	2~4
0.4~0.6	强度	比较重要	5	4~5
0.6~0.8	中度	一般重要	7	>5

9. 防风固沙功能重要性

$$S_R = S_{L潜} - S_L$$

$$R_K = S_R / S_{L潜}$$

$$S_L = \frac{2z}{S^2} Q_{MAX} e^{-(z/s)^2}$$

$$S = 150.71 \times (WF \times EF \times SCF \times K' \times C)^{-0.3711}$$

$$Q_{MAX} = 109.8[WF \times EF \times SCF \times K' \times C]$$

$$S_{L潜} = \frac{2z}{S_潜^2} Q_{MAX} e^{-(z/s_潜)^2}$$

$$Q_{MAX潜} = 109.8[WF \times EF \times SCF \times K']$$

$$S_{L潜} = 150.71 \times (WF \times EF \times SCF \times K')^{-0.3711}$$

式中，S_R 为固沙量，t·km⁻²·a⁻¹；$S_{L潜}$ 为潜在风力侵蚀量，t·km⁻²·a⁻¹；S_L 为实际土壤侵蚀量，t·km⁻²·a⁻¹；R_K 为固沙率；Q_{MAX} 为最大转移量，kg/m；z 为最大风蚀出现距离，m；WF 为气候侵蚀因子，kg/m；EF 为土壤侵蚀因子；SCF 为土壤结皮因子；K' 为地表糙度因子；C 为植被覆盖因子。

　　防风固沙是生态系统(如森林、草地等)通过其结构与过程减少由于风蚀所导致的土壤侵蚀的作用，是生态系统提供的重要调节服务之一。防风固

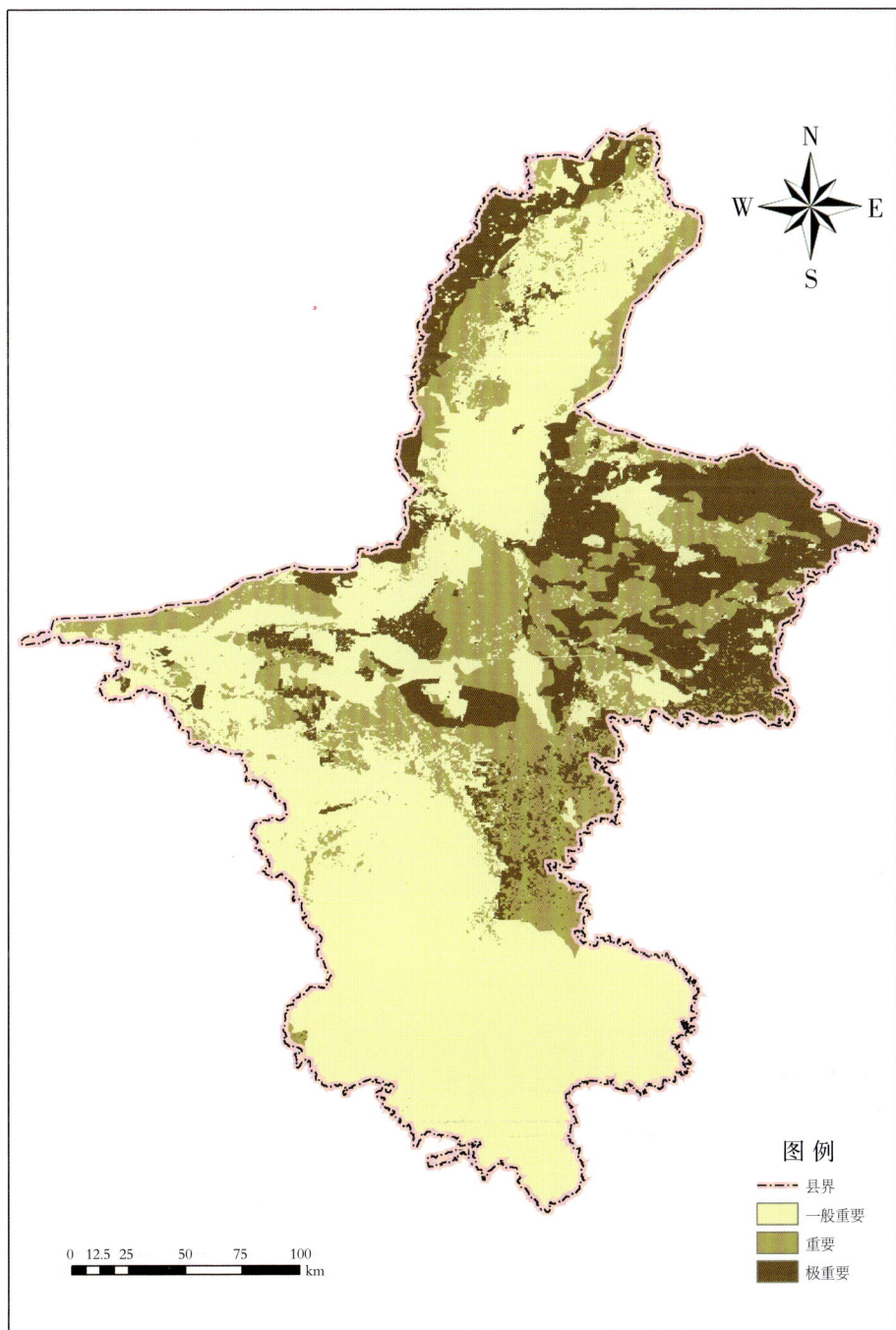

图 例

- - - 县界

一般重要

重要

极重要

0 12.5 25 50 75 100
km

审图号:宁 S[2021]第 023 号

图 3-14 宁夏防风固沙重要等级分析评价

沙功能主要与风速、降水、温度、土壤、地形和植被等因素密切相关。

以固沙量(潜在风蚀量与实际风蚀量的差值)和固沙率(固沙量与潜在风蚀量的比值,即生态系统固定风蚀量的比例),作为生态系统防风固沙功能的评价指标。采用修正风蚀方程(Revised Wind Erosion Equation,RWEQ)计算固沙量、固沙率,主要考虑风速、降水、温度、土壤质地、地形以及植被覆盖对土壤侵蚀以及水土保持的影响。

根据自然分界法,防风固沙重要性评价分为一般重要、重要、极重要三个等级。经评估测算,宁夏一般重要区面积为 29 334.33 km²,占全区国土总面积的56.44%;重要区面积为 12 528.84 km²,占国土总面积的24.11%;极重要区面积为10 108.44 km²,占国土总面积的 19.45%。宁夏境内防风固沙极重要区主要分布在盐池县、同心县、灵武市、红寺堡区以及中卫市腾格里沙漠边缘等区域。

10. 游憩功能重要性

表 3-12　游憩功能重要性评价分级标准

指标	重要性等级	分级赋值
国家级湿地公园、自然保护区、地质公园、风景名胜区、森林公园	极重要	9
自治区级湿地公园、自然保护区、地质公园、风景名胜区、森林公园	中等重要	7
一般地区	一般重要	1

游憩功能重要性评价从低到高分为一般重要、中等重要和极重要三个等级。宁夏一般重要区所占面积 46 400 km²,占全区国土总面积的89.66%,全区大部分县(区)都在这个区域;中等重要所占面积 802.07 km²,占国土总面积的 1.55%,主要分布在银川湿地、青铜峡库区,六盘山自然保护区;极重要区所占面积 4 551.62 km²,占国土总面积的 8.79%,主要分布在贺兰山、六盘山、罗山、白芨滩、哈巴湖、香山、西华山、南华山等区域。

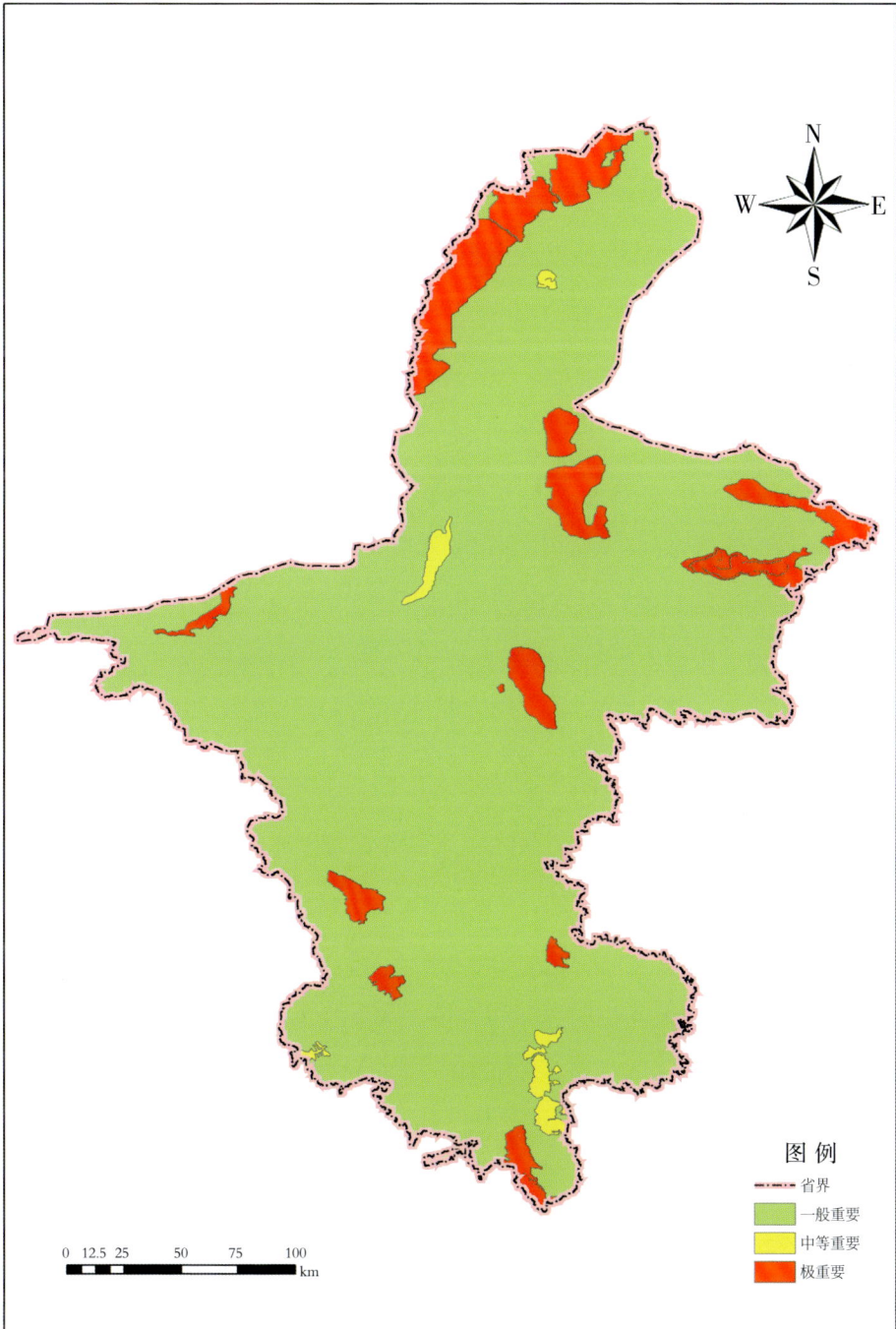

审图号:宁 S[2021]第 023 号

图 3-15　宁夏游憩功能重要性等级分析评价

11. 宁夏生态保护红线

宁夏生态保护红线总面积 11 558.09 km²,占宁夏国土总面积的 22.24%。生态保护红线主要分布在西北部的贺兰山、东部的哈巴湖、黄河以东至与陕西交界的黄土高原水土保持区、南部六盘山地区等,具体包括黄土高原丘陵沟壑水土保持生态功能区、毛乌素沙地防风固沙生态功能区,宁夏贺兰山、六盘山、哈巴湖等国家级自然保护区及其他重要的生态功能区。

3.2.2.3 生态功能分区

参照《全国生态功能区划》《中国林业发展区划》,采用空间叠置法、相关分析法以及专家集成,根据宁夏林分实际特征,按生态功能区划的等级体系,充分考虑区域内林分实际情况,划定宁夏生态功能分区。一级区参考中国生态区划的三级区划,结合宁夏自然气候、地形地貌特点以及生态环境管理的要求进行调整,并考虑与相邻省份的衔接。二级区以主要生态系统类型、生态服务功能类型和主要生态问题为依据。三级区以生态服务功能重要性、生态系统敏感性及生态环境脆弱性等指标为依据,并参考宁夏生态保护红线做出调整。全区最终划分为 3 个一级区、6 个二级区、37 个三级区。

表 3-13　生态功能分区分级

一级区	二级区	三级区
宁夏平原灌溉农业生态区	贺兰山山地森林水源涵养林区	贺兰山北段灌丛草原保护生态功能区
		贺兰山森林自然保护生态功能区
	平原农田防护林区	贺兰山东麓洪积平原林草建设、山洪防治生态功能区
		平罗、惠农黄河滩地植被保护生态功能区
		沙湖湿地自然保护及西大滩盐碱治理生态功能区
		银北灌区盐渍化治理生态功能区
		陶乐扬黄灌溉节灌农田生态功能区
		银川市区城市及湿地保护生态功能区
		吴忠灌溉农业生态功能区

续表

一级区	二级区	三级区
宁夏平原灌溉农业生态区	平原农田防护林区	卫宁北山荒漠半荒漠植被恢复生态功能区
		中卫沙坡头自然保护生态功能区
		卫宁灌区农业生态功能区
		黄河青铜峡库区自然保护生态功能区
平原农田防护林区	毛乌素沙地南缘防风固沙林区	陶乐台地草原化荒漠植被恢复生态功能区
		白芨滩中间锦鸡儿及沙生植被自然保护生态功能区
		灵武煤矿区沙化治理、人工林草生态功能区
		灵盐中北部防沙治沙生态功能区
		盐池闭流区扬黄节灌盐渍化防治生态功能区
		哈巴湖荒漠草原保护生态功能区
	盐同海中荒漠化草原防护林区	香山低山丘陵荒漠草原保护生态功能区
		海原-中宁盆地旱作农业生态功能区
		清水河下游平原、南山台子扬黄节灌农业生态功能区
		中部低山丘陵荒漠草原保护生态功能区
		红寺堡及苦水河上游扬黄节灌农田生态功能区
		罗山森林灌丛自然保护生态功能区
宁夏南部黄土丘陵水土流失生态区	固原黄土丘陵水土保持林区	盐池、同心南部丘陵强度水土流失治理生态功能区
		海原县中南部丘陵水土流失治理生态功能区
		清水河中游平原扬黄节灌农业生态功能区
		清水河上游河谷草田轮作生态功能区
		原东彭北梁峁丘陵强度水土流失治理生态功能区
		云雾山干草原自然保护生态功能区
		茹河洪河河谷残塬中强度水土流失治理生态功能区
		葫芦河两侧水土流失治理生态功能区
		葫芦河流域旱作农业生态功能区
	六盘山山地水源涵养林区	六盘山北段水土保持生态功能区
		六盘山南段水源涵养生态功能区
		六盘山河谷山地人工林草生态功能区

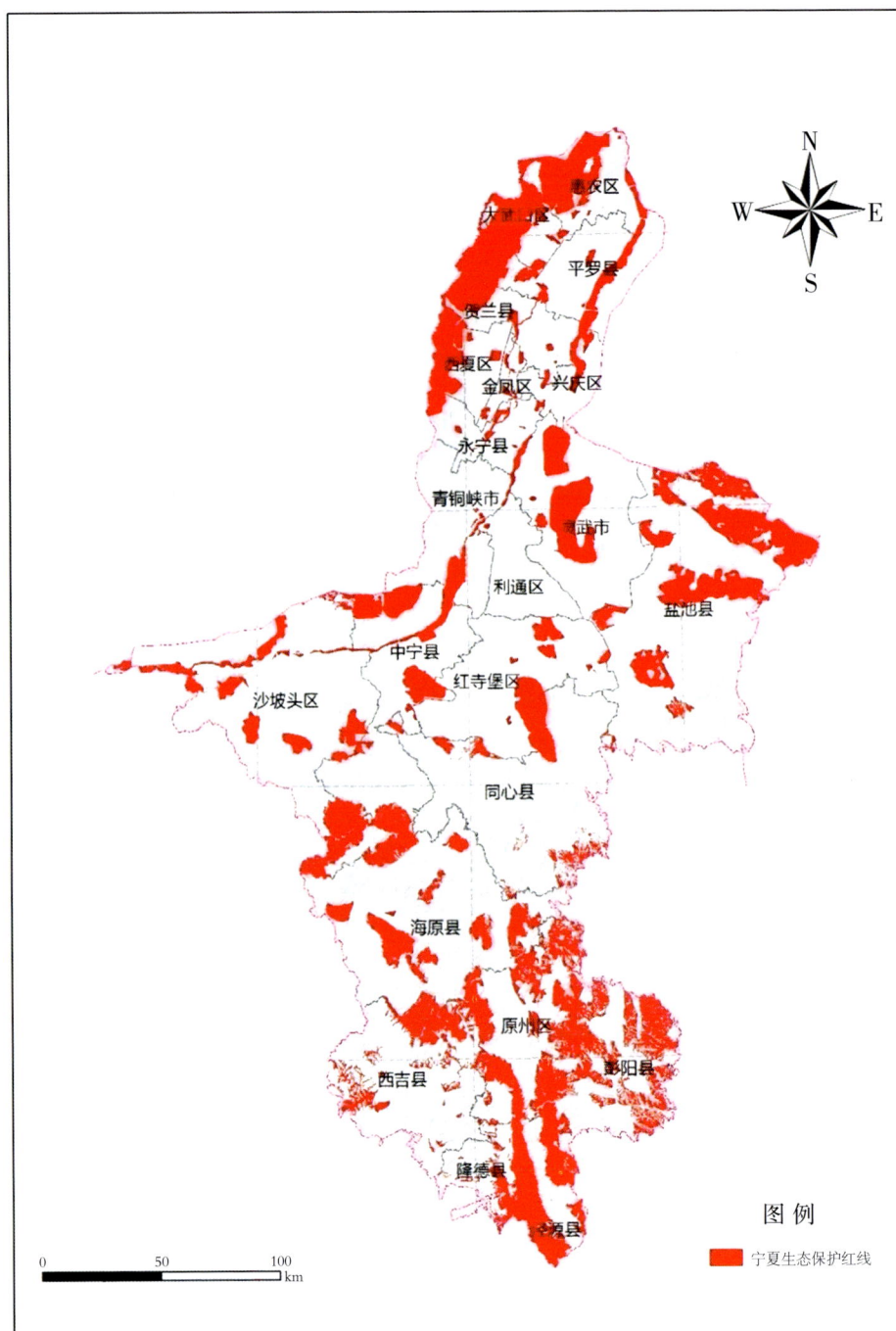

审图号:宁 S[2021]第 023 号

图 3-16　宁夏生态保护红线分布图

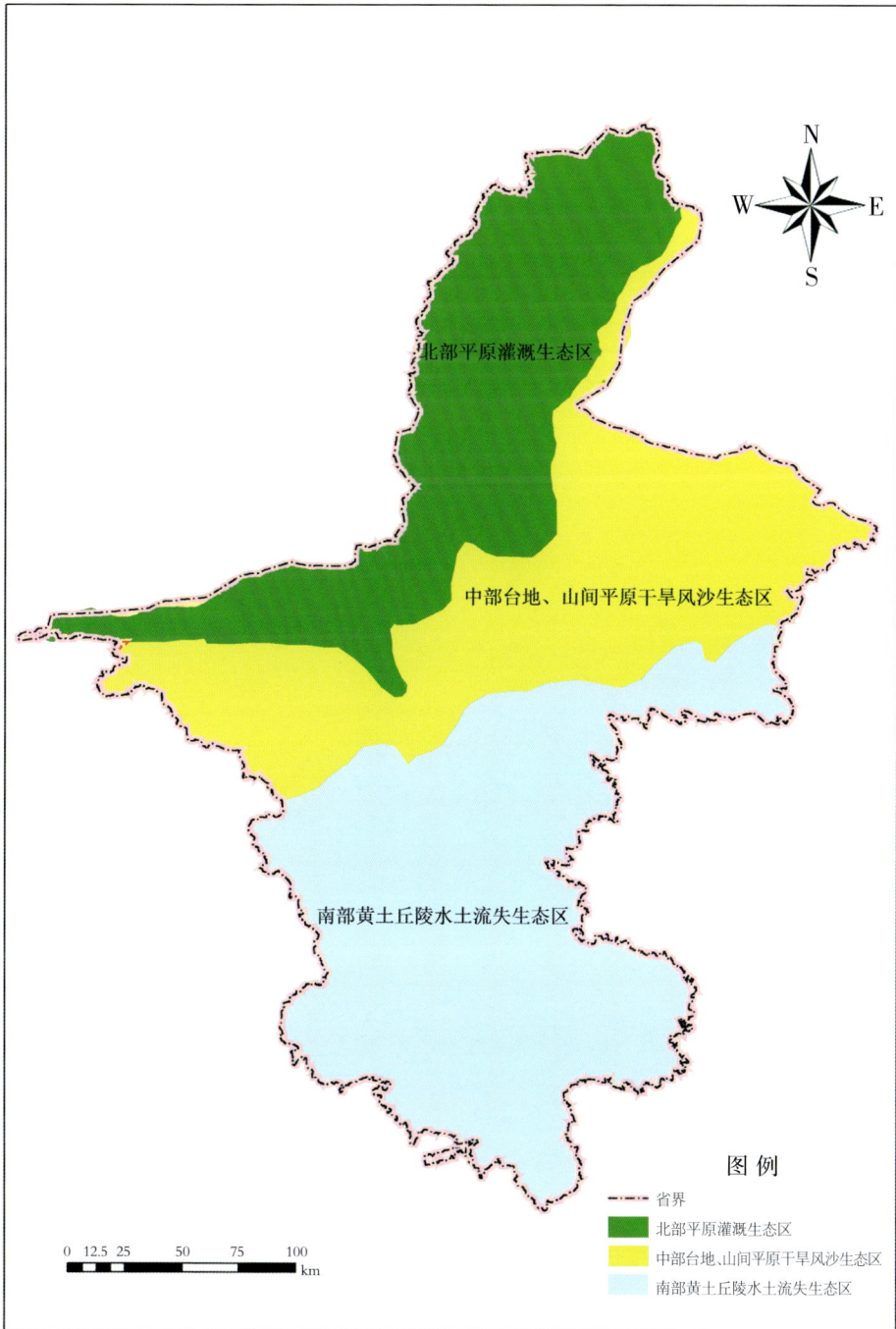

北部平原灌溉生态区

中部台地、山间平原干旱风沙生态区

南部黄土丘陵水土流失生态区

图　例

—·—·—　省界

北部平原灌溉生态区

中部台地、山间平原干旱风沙生态区

南部黄土丘陵水土流失生态区

0　12.5　25　　50　　75　　100
km

审图号:宁 S[2021]第 023 号

图 3-17　宁夏一级生态功能分区

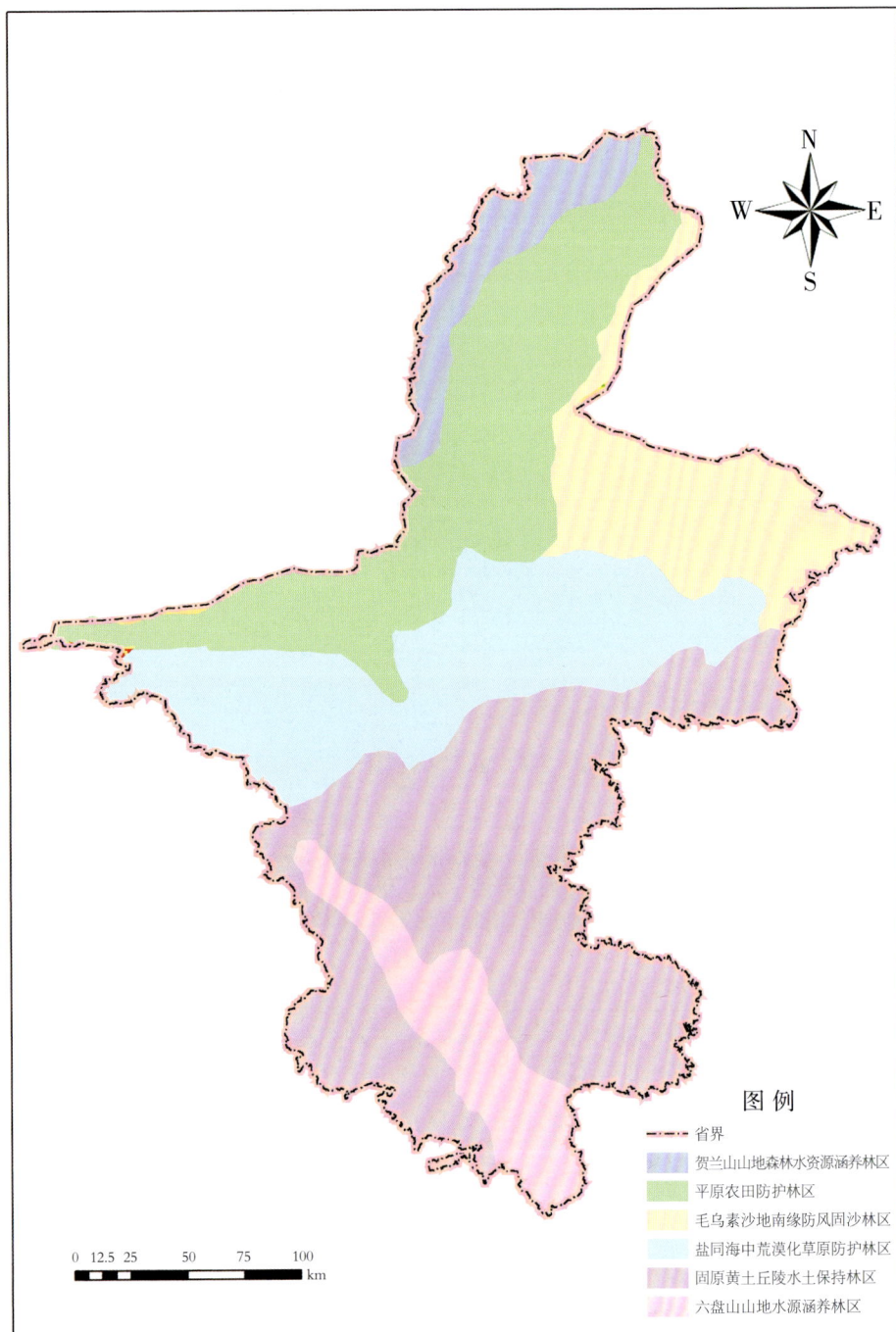

审图号:宁 S[2021]第 023 号

图 3-18　宁夏二级生态功能分区

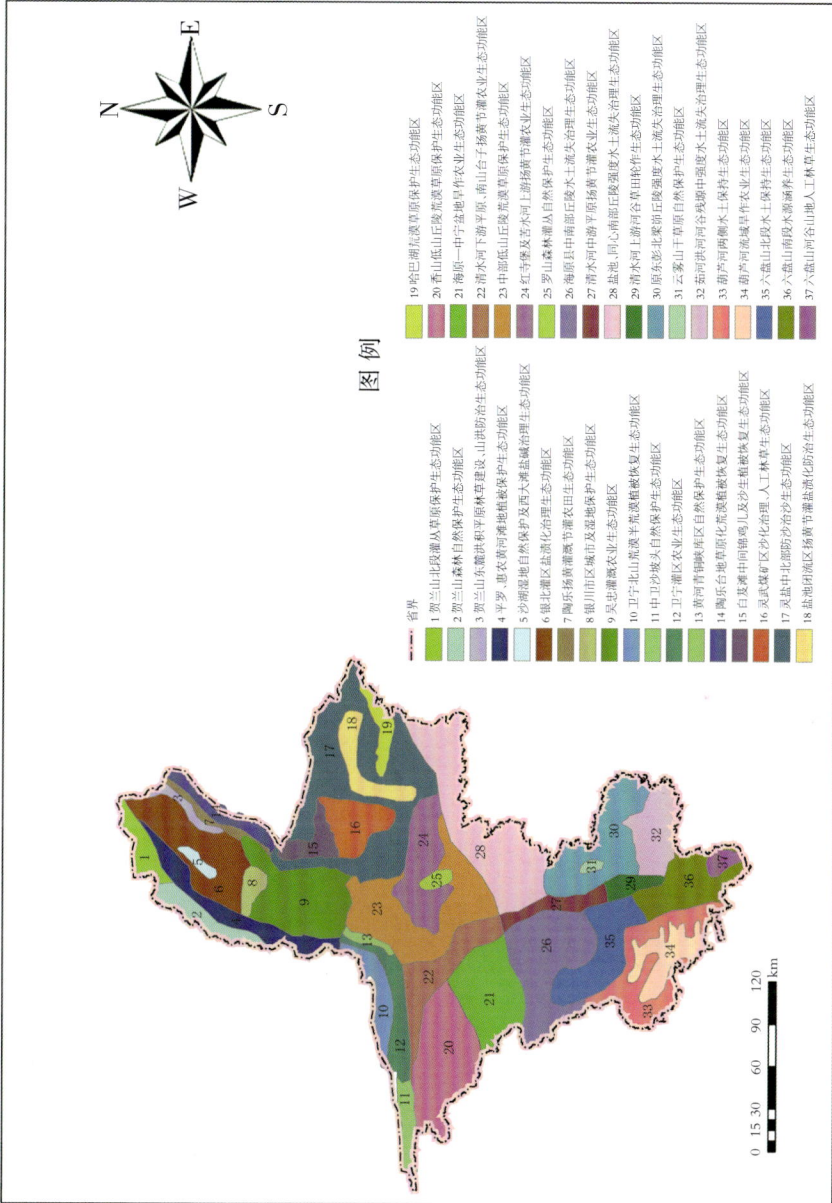

图 3-19 宁夏三级生态功能分区

审图号：宁 S[2021]第 023 号

图例

省界

1 贺兰山中段灌丛草原保护生态功能区
2 贺兰山森林自然保护生态功能区
3 海原一中宁盆地旱作农业生态功能区
4 平罗一陶乐黄河滩地植被保护和防治生态功能区
5 沙湖湿地自然保护及西大滩盐碱治理生态功能区
6 银北灌区盐渍化治理生态功能区
7 陶乐扬黄灌溉节水农业生态功能区
8 银川市区及郊地保护生态功能区
9 吴忠灌溉农业生态功能区
10 卫宁北山荒漠半荒漠植被恢复生态功能区
11 中卫沙坡头自然保护生态功能区
12 卫宁灌区农业生态功能区
13 黄河青铜峡灌区优质农业植被恢复生态功能区
14 白芨滩中间锦鸡儿及沙治生态植被修复生态功能区
15 白芨滩矿区沙化治理人工林草生态功能区
16 灵武煤矿区沙化治理人工林草生态功能区
17 灵盐中北部防沙治沙生态功能区
18 盐池甘流区扬黄节灌盐渍盐碱化治沙生态功能区
19 哈巴湖荒漠草原保护生态功能区
20 香山低山丘陵荒漠草原保护生态功能区
21 海原一中宁盆地旱作农业生态功能区
22 清水河下游平原、南山台子扬黄节灌农业生态功能区
23 中部低山丘陵荒漠草原保护生态功能区
24 红寺堡及石河上游扬黄保护生态功能区
25 罗山森林自然保护生态功能区
26 海原县中南部丘陵水土流失治理生态功能区
27 清水河中游平原扬黄节灌农业生态功能区
28 盐池、同心南部丘陵谷地耕地保护生态功能区
29 清水河上游谷地耕地耕作生态功能区
30 隰东低北麓丘陵强度水土流失治理生态功能区
31 三家山千草原自然保护生态功能区
32 葫芦河两侧耕土保护生态功能区
33 葫芦河流域旱作农业生态功能区
34 六盘山北段水土保持生态功能区
35 六盘山南段水源涵养生态功能区
36 六盘山森林自然保护生态功能区
37 六盘山河谷山地人工林草生态功能区

1. 林地主要功能

林地主要功能分为水源涵养、水土保持、防风固沙、生物多样性四大类型,在3.2.1部分,对水源涵养功能及等级和布局等都作了评价和描述,这里不再赘述。

2. 各功能区主要生态问题及生态保护主要方向。

(1)水源涵养生态功能区

①该类型区的主要生态问题:人类活动干扰强度大;生态系统结构单一,生态系统质量低,水源涵养功能衰退;森林资源过度开发、天然草原过度利用等导致植被破坏、水土流失与土地沙化严重;湿地萎缩、面积减少。

②该类型区生态保护方向

A. 对重要水源涵养区强化生态保护功能,加强对水源涵养区的保护与管理,严格保育具有重要水源涵养功能的自然植被,限制或禁止各种损害生态系统水源涵养功能的经济社会活动和生产方式,如毁林开荒、湿地和草地开垦、道路建设等。

B. 加强生态保护与修复,修复与重建水源涵养区森林生态系统,提高生态系统的水源涵养能力。坚持自然恢复为主,严格限制在水源涵养区开展开发利用活动。

C. 控制水污染,减轻水污染负荷,禁止导致水体污染的产业发展,开展生态清洁小流域建设。

D. 发展生态产业,培育替代产业,减轻区域内各产业发展对水源和生态系统的压力。

(2)水土保持生态功能区

①该类型区的主要生态问题:不合理的土地利用,特别是陡坡开垦、森林破坏、草原过度利用,以及交通建设、矿产开发等人为活动,导致地表植被

退化、水土流失加剧和荒漠化危害严重。

②该类型区生态保护方向

A. 调整产业结构,加速城镇化和新农村建设进程,降低人口对生态系统的压力。

B. 全面实施天然林保护、退耕还林等林草工程,严禁陡坡垦荒和过度利用。

C. 在水土流失严重并可能对当地或下游造成严重危害的区域实施水土保持工程,进行重点治理。

D. 严格资源开发和建设项目的生态监管,控制新的人为水土流失。

E. 发展农村新能源,保护自然植被。

(3)防风固沙生态功能区

①该类型区主要的生态问题:草原开垦、水资源严重短缺与水资源过度利用导致植被退化、土地沙化等。

②该类型区生态保护方向

A. 在沙漠化极敏感区和高度敏感区建立生态功能保护区,严格控制放牧和草原的开发利用,禁止开垦草原,加强植被修复和保护。

B. 调整生产方式,大力发展草业,加快规模化圈养牧业的发展,控制放牧对草地生态系统的损害。

C. 积极推进草畜平衡科学管理办法,限制养殖规模。

D. 实施防风固沙工程,恢复草地植被,大力推进调整产业结构,退耕还草、退牧还草等。

(4)生物多样性保护生态功能区

①该类型区的主要生态问题:人口增加以及农业和城镇扩张,交通、水电水利设施建设、矿产资源开发、生物资源过度利用、外来物种入侵等,导致生态系统退化,以及森林、草原、湿地等自然栖息地遭到破坏,栖息地破碎化

严重;生物多样性受到严重威胁,部分野生动植物物种濒临灭绝。

②该类型区生态保护方向

A. 开展生物多样性调查与监测,评估生物多样性保护状况、受威胁程度等。

B. 禁止对野生动植物进行滥捕、乱采、乱猎。

C. 保护自然生态系统与重要物种栖息地,限制或禁止各种损害栖息地的经济社会活动和生产方式,如无序采矿、毁林开荒、湿地和草地开垦、道路建设等,防止经济建设导致栖息环境的改变。

D. 加强对外来物种入侵的控制,禁止在生物多样性保护功能区引进外来物种。

3.2.2.4 生态功能分区发展

对宁夏生态功能三级区中每个分区分析存在的问题、目前主导功能及服务功能等,形成见表3-14至表3-15。

表3-14 功能区存在问题

序号	生态功能三级分区	区域位置	存在问题	生态敏感性
1	贺兰山北段灌丛草原保护生态功能区	石嘴山市惠农区、大武口区和平罗县北部,面积699 km²	水土流失	水土流失高度敏感
2	贺兰山森林自然保护生态功能区	银川市西夏区、永宁县及青铜峡市西部,面积831 km²	水土流失	水土流失高度敏感
3	贺兰山东麓洪积平原林草建设、山洪防治生态功能区	石嘴山市、银川市及平罗县西部,面积322 km²	水土流失草场退化	土壤侵蚀、土地沙化中度敏感
4	平罗、惠农黄河滩地植被保护生态功能区	平罗、惠农两县(区)黄河以西的河滩地,面积1 446 km²	护岸林退缩、土地盐渍化	盐渍化高度敏感
5	沙湖湿地自然保护及西大滩盐碱治理生态功能区	平罗县中部,面积181 km²	土壤盐渍化	盐渍化极敏感,土地沙化中度敏感

续表

序号	生态功能三级分区	区域位置	存在问题	生态敏感性
6	银北灌区盐渍化治理生态功能区	平罗县及惠农区、贺兰县北部，面积2 255 km²	土壤盐渍化	盐渍化中度敏感，土地沙化中度敏感
7	陶乐扬黄灌溉节灌农田生态功能区	陶乐镇西部黄河边，面积312 km²	土地盐渍化	盐渍化高度敏感
8	陶乐台地草原化荒漠植被恢复生态功能区	陶乐镇东部台地面积768 km²	土地沙化，草场退化	沙化极敏感，盐渍化高度敏感
9	银川市区城市及湿地保护生态功能区	银川市中部，面积339 km²	水污染及地下水过度开采	土地沙化、盐渍化中度敏感
10	吴忠灌溉农业生态功能区	利通区、青铜峡市黄灌区，面积2 604 km²	土壤盐渍化	土地沙化、盐渍化中度敏感
11	卫宁北山荒漠半荒漠植被恢复生态功能区	沙坡头区及中宁县北部，面积876 km²	土地沙化、草场退化	土地沙化高度敏感
12	中卫沙坡头自然保护生态功能区	沙坡头区北部，面积607 km²	土地沙化	土地沙化极敏感
13	黄河青铜峡库区自然保护生态功能区	青铜峡中部库区，面积171 km²	盐渍化，水库淤积	盐渍化中度敏感
14	卫宁灌区农业生态功能区	沙坡头区、中宁县黄河两岸面积1 013 km²	土壤盐渍化	土地沙化、盐渍化中度敏感
15	白芨滩中间锦鸡儿及沙生植被自然保护生态功能区	灵武市中北部，面积619 km²	土地荒漠化，植被退化	土地沙化高度敏感土壤侵蚀中度敏感
16	灵武煤矿区沙化治理、人工林草生态功能区	灵武市中南部，面积1 139 km²	土地沙化和工业"三废"的污染	土地沙化高度敏感
17	灵盐中北部防沙治沙生态功能区	盐池县中北部及灵武市东部台地，面积5 376 km²	土地沙化	土地沙化高度敏感土壤侵蚀中度敏感
18	盐池闭流区扬黄节灌盐渍化防治生态功能区	盐池县中部，面积850 km²	土壤盐渍化	盐渍化高度敏感土地沙化中度敏感
19	哈巴湖荒漠草原保护生态功能区	盐池县东南部面积504 km²	土地沙化草场退化	土地沙化高度敏感

续表

序号	生态功能三级分区	区域位置	存在问题	生态敏感性
20	香山低山丘陵荒漠草原保护生态功能区	沙坡头区南部，面积2 773 km²	草原退化	土壤侵蚀、土地沙化中度敏感
21	海原-中宁盆地旱作农业生态功能区	海原县北部、同心县西部，面积2 218 km²	土地沙化、草场退化	土壤侵蚀、土地沙化中度敏感
22	清水河下游平原、南山台子扬黄节灌农业生态功能区	海原、同心、中宁等县（区）清水河两侧台地面积1 562 km²	盐渍化，水土流失和草场退化	盐渍化高度敏感土壤侵蚀沙化中度敏感
23	中部低山丘陵荒漠草原保护生态功能区	利通区、青铜峡、中宁南部，同心县西北部，面积3 309 km²	草场退化	土地沙化、土壤侵蚀中度敏感
24	红寺堡及苦水河上游扬黄节灌农业生态功能区	红寺堡区、同心县北部、盐池县南部，面积1 738 km²	土地沙化和土壤盐渍化	盐渍化高度敏感土壤侵蚀沙化中度敏感
25	罗山森林灌丛自然保护生态功能区	红寺堡区南部、同心县中部，面积188 km²	水土流失、林线上移	土壤侵蚀高度敏感
26	海原县中南部丘陵水土流失治理生态功能区	海原县中北部，面积3 205 km²	水土流失、草场退化	土壤侵蚀中度敏感
27	清水河中游平原扬黄节灌农业生态功能区	同心县、海原县清水河两侧，面积650 km²	土地盐渍化	盐渍化高度敏感土壤侵蚀中度敏感
28	盐池、同心南部丘陵强度水土流失治理生态功能区	盐池县、同心县南部，面积3 815 km²	水土流失严重，草场退化	水土流失、土地沙化中度敏感
29	清水河上游河谷草田轮作生态功能区	原州区北部，面积424 km²	土地次生盐渍化	盐渍化、水土流失、中度敏感
30	原东彭北梁峁丘陵强度水土流失治理生态功能区	原州区及彭阳北部，面积2 583 km²	草场退化、鼠害严重	水土流失、土地沙化中度敏感
31	云雾山干草原自然保护生态功能区	原州区中部，面积99 km²	水土流失、草场退化	水土流失中度敏感
32	茹河洪河河谷残塬中强度水土保持生态功能区	彭阳茹河、洪河流域，面积1 456 km²	水土流失	水土流失、土地沙化中度敏感
33	葫芦河两侧水土流失治理生态功能区	海原县西部、西吉县及隆德县六盘山西部，面积2 145 km²	水土流失	水土流失中度敏感
34	葫芦河流域旱作农业生态功能区	西吉县中部，面积1 148 km²	水土流失较严重，土壤次生盐渍化	水土流失中度敏感，盐渍化轻度敏感

序号	生态功能三级分区	区域位置	存在问题	生态敏感性
35	六盘山北段水土保持生态功能区	海原县南部、原州区西北,面积1 920 km²	草场退化、水土流失严重	水土流失高度敏感
36	六盘山南段水源涵养生态功能区	原州区、泾源县南部,隆德县东部,面积1 730 km²	水土流失	水土流失高度敏感
37	六盘山河谷山地人工林草生态功能区	泾源县南部,面积276 km²	水土流失	水土流失高度敏感

表 3-15　分区主导功能及发展

序号	生态功能三级分区	主导功能	服务功能	保护与发展
1	贺兰山北段灌丛草原保护生态功能区	水土保持	水土流失高度敏感	保护国家级保护植物四合木的生活环境,进行土地复垦整治,逐步恢复原有的草原化荒漠植被,进而改善其生态环境。防治矿区水土流失
2	贺兰山森林自然保护生态功能区	水源涵养	水源涵养、生物多样性保护	栽植耐旱耐瘠的林草和灌木,增加植被覆盖,保护好生物多样性,减少水土流失。加强管理,精心抚养,不断提高涵养水源的生态功能
3	贺兰山东麓洪积平原林草建设、山洪防治生态功能区	水源涵养	水源涵养、草原保护	禁牧,雨季补播牧草、增加植被覆盖,提高草场质量。采取工程措施和生物措施治理山洪沟,防止水土流失,同时在洪积扇下缘巩固提高滞洪区、蓄洪区和水库设施
4	平罗、惠农黄河滩地植被保护生态功能区	水源涵养	水源涵养	严格禁牧、禁猎、禁垦,继续营造岸林,加固河堤,保护好河滩湿地,进而提高其生态服务功能
5	沙湖湿地自然保护及西大滩盐碱治理生态功能区	其他	生物多样性保护	改良土壤,防治土壤盐渍化,保护湿地生态系统及湿地野生动物

续表

序号	生态功能三级分区	主导功能	服务功能	保护与发展
6	银北灌区盐渍化治理生态功能区	其他	农业生产	改善排水条件，疏通排水沟，结合田、路、林、村规划，加强土地整理，推行节水新技术，加强渠道砌护，防止渗漏，减少地下水补给；保护湿地生态系统，发展水产养殖
7	陶乐扬黄灌溉节灌农田生态功能区	生物多样性保护	农业生产	疏通排水系统，加强渠道砌护，推行节水灌溉。平田整地，改良盐碱地。加强农田防护林网建设，建立健全农田生态系统
8	银川市区城市及湿地保护生态功能区	其他	城市生态系统服务功能	逐步建成"城在园中，园在城中，城在林中，林在城中，城在湖中，湖在城中"的格局，使城市生态系统不断完善和发展，城市生态系统的服务功能不断提高
9	吴忠灌溉农业生态功能区	水源涵养	农业生产	调整作物种植结构，改二元结构为三元结构，粮作、经作、饲料、绿肥合理搭配；控制施用有毒农药，地膜覆盖后及时清除，尽量减少土壤的白色污染，不断改土培肥土壤，注重对土壤次生盐渍化的治理
10	卫宁北山荒漠半荒漠植被恢复生态功能区	生物多样性保护	荒漠化沙化防治	营造乔、灌、草结合的防风固沙林，控制土地沙化南移，保护灌区农田和村庄。对沙丘实行草方格固沙，就地固定沙丘。对于各大山洪沟应生物措施和工程措施齐上，防止山洪破坏
11	中卫沙坡头自然保护生态功能区	防风固沙	荒漠化沙化防治及沙漠生物多样性保护	严禁人畜进入，保护沙生植被资源；核心区减少人为干扰，一般控制区继续扩大防沙治沙面积。在保护设施上分期分批建起围栏设施，强化管理

序号	生态功能三级分区	主导功能	服务功能	保护与发展
12	黄河青铜峡库区自然保护生态功能区	生物多样性保护	水源涵养	加强保护区能力建设,禁止人为破坏,提高生态服务功能。切实保护好鸟类、哺乳类和两栖类及爬行类动物,从而构成了一个完整的湿地生态系统
13	卫宁灌区农业生态功能区	其他	荒漠化沙化防治与农业生产	加强农田基本建设,平田整地,推行节水新技术,对灌区渠系和灌溉技术进行节水改造继续抓好枸杞、红枣等名优农产品
14	陶乐台地草原化荒漠植被恢复生态功能区	防风固沙	荒漠化沙化防治	禁牧,雨季补播草籽,尽快恢复草场植被,防止草场继续退化。在丘间平地进行人工造林,树种宜选择北沙柳(沙柳)、中间锦鸡儿、花棒等耐旱灌木,草本植被宜选播黑沙蒿、甘草。控制荒漠化
15	白芨滩中间锦鸡儿及沙生植被自然保护生态功能区	防风固沙	荒漠化沙化防治生物多样性	保护搞好防沙治沙和禁牧封育,尽快恢复林草植被。保护好天然中间锦鸡儿林、猫头刺荒漠及国家级保护植物沙冬青
16	灵武煤矿区沙化治理、人工林草生态功能区	防风固沙	荒漠化沙化防治	加强工矿区绿化建设,美化环境,公路两旁兴建绿色通道,矿区外围建立防风固沙林带
17	灵盐中北部防沙治沙生态功能区	防风固沙	荒漠化沙化防治	采取生物措施和工程措施遏制土地沙化,飞播适合沙生的林草种子增加植被覆盖,发展以甘草、苦豆子、麻黄、黄芪等沙生药材与白沙蒿、黑沙蒿、沙蓬等牧草相结合的立体防风固沙系统

续表

序号	生态功能三级分区	主导功能	服务功能	保护与发展
18	盐池闭流区扬黄节灌盐化防治生态功能区	防风固沙	荒漠化控制及农业生产	推行节水灌溉、推广滴灌、喷灌等新技术，推行地膜覆盖、减小田间蒸发、控制土壤反盐。扩大苜蓿等人工饲草种植面积,提高植被盖度
19	哈巴湖荒漠草原保护生态功能区	防风固沙	荒漠草原保护，生物多样性保护	保护好以线叶柳(毛柳)、北沙柳(沙柳)、中间锦鸡儿为建群种的稀有植物群落外，大力进行治沙试验，进行人工造林和飞播造林，建立健全乔、灌、草结合的立体防沙治沙综合系统
20	香山低山丘陵荒漠草原保生态功能区	防风固沙	荒漠化沙化防治	严格实行禁牧，天然草场在雨季补种优质牧草，提高草场质量
21	海原—中宁水盆地旱作农业生态功能区	水土保持	荒漠化沙化防治	退耕还林草，增加植被覆盖，减少土地沙化，补种草籽,逐步提高天然草场质量
22	清水河下游平原、南山台子扬黄节灌农业生态功能区	水土保持防风固沙	荒漠化沙化防治与农业生产	加强扬水灌溉渠系的砌护,减少渗漏，推行节水新技术，增施有机肥，发展草田轮作
23	中部低山丘陵荒漠草原保护生态功能区	防风固沙	荒漠化沙化防治草原保护	防止草场退化，保护好荒漠草原。雨季补种牧草,加强草场建设，逐步提高草场质量，采取措施保护自然植被
24	红寺堡及苦水河上游扬黄节灌农业生态功能区	防风固沙	荒漠化沙化防治草原保护	加强自然植被的管护，坚决禁牧，严禁乱挖、乱砍、滥伐，切实保护天然草场;同时营造防风固沙林，发展舍养畜牧业，增加农民收入
25	罗山森林灌丛自然保护生态功能区	其他	水源涵养、生物多样性保护	扩大林地面积，禁止放牧,提高涵养水源的功能

序号	生态功能三级分区	主导功能	服务功能	保护与发展
26	海原县中南部丘陵水土流失治理生态功能区	水土保持	水土保持、草原保护	宜林则林、宜草则草,恢复林草自然植被,对水土流失严重区实施退耕还林还草工程
27	清水河中游平原扬黄节灌农业生态功能区	水土保持	水土保持与农业生产	推行节水新技术;培育特色农产业基地,发展舍饲畜牧业
28	盐池、同心南部丘陵强度水土流失治理生态功能区	其他	水土保持	坡耕地退耕种草种树,恢复地表植被;修筑水平梯田和隔坡梯田,修筑水窖,塘坝,推行微灌技术,逐步实现旱作农田林网化,建立健全旱作农田生态系统
29	清水河上游河谷草田轮作生态功能区	水土保持	农田生态	加强基本农田建设,推行节水新技术,发展轮作,搞好河谷川道的防洪工程,减少河谷川道的面源侵蚀
30	原东彭北梁峁丘陵强度水土流失治理生态功能区	其他	水土保持	对区内自然环境资源及生物资源实行全面的封育保护,消灭鼠害,保护生态
31	云雾山干草原自然保护生态功能区	水土保持	水土保持与农业生产	加强小流域综合治理,提高草场质量。保护好以长芒草为建群种的生物资源
32	茹河洪河河谷残塬中强度水土流失治理生态功能区	水土保持	农田生态和草地生态	开展小流域综合治理,推广节水灌溉技术,发挥粮作、经果林和经作作物产区作用
33	葫芦河两侧水土保持生态功能区	其他	水土保持与农业生产	退耕还林还草,增加植被覆盖,加强小流域综合治理。形成一个由草、灌、乔和农作物组成的稳定生态系统
34	葫芦河流域旱作农业生态功能区	水土保持	水土保持与农业生产	工程措施与生物措施相结合,增加植被覆盖,禁止人为破坏水资源,建立健全以震湖为主的湿地生态系统,提高本功能区的湿地生态服务功能

续表

序号	生态功能三级分区	主导功能	服务功能	保护与发展
35	六盘山北段水土保持生态功能区	水土保持	水土保持、水源涵养	退耕还林,增加水源涵养林地面积,采取治沟与治坡相结合的小流域综合治理措施,改善区域生态环境
36	六盘山南段水源涵养生态功能区	水源涵养	水源涵养和生物多样性保护	加强现有林保护,切实保护好珍稀动植物资源。同时发展生态型经济和生态旅游
37	六盘山河谷山地人工林草生态功能区	水土保持	水土保持与农业生产	采取工程措施、生物措施防治水土流失,建立健全森林、草原生态系统,切实搞好水土保持工作

3.3 基于多功能目标的林业立地类型划分

立地是指林木所处环境中能对其生长产生影响的所有生态环境因素的综合,包括林木生长发育所需的土壤、热量、光照、水分、养分和二氧化碳以及与林木发生联系的伴生或共生的其他生物。

立地类型则是森林立地分类的基本单位,是指地域上不相连接,但立地条件基本相似,并有大致相同的生产潜力的许多立地单位。划分立地类型已成为一种科学地认识造林地环境条件的手段。各项造林工作都必须以科学的立地分类及其评价为基础。

多功能立地类型划分是对林业用地条件和林地生产力的区分和归类,将相似的地域空间归并为一个森林立地单元,而把有差异的地域空间归并为不同的森林立地单元。

正确地划分多功能立地类型对合理利用土地资源,提高造林规划设计成效,提高造林质量和森林经营管理水平具有重要的现实意义。

3.3.1　立地类型划分原则

3.3.1.1　差异性原则

立地是能对林木生长产生影响的所有生态环境要素的综合，这些要素包括了土壤、光、热、水分、营养元素及其他生物。因此类型单元的划分，是综合上述所有因子对林木生长的影响而得出的，一个立地类型实际就是所有影响因子的组合。而立地类型单元的划分就是要寻找各个立地类型之间的差异，这种差异主要是生态环境因子的差异或生态环境因子的不同组合所产生的差异，由于这种差异的存在，导致树种选择、造林技术、立地经营管理方式不同，由此产生了不同的立地类型。立地类型单元是具有营造林意义而又在土壤、光、热、水分等生态环境要素方面有差异的地域单元。因此，造林地立地类型划分主要是以光、热、水分、土壤与植被的地域差异为主要依据。

3.3.1.2　综合性原则

适宜林木生长的各类立地分类单元，是地表所有立地因素共同组成的统一整体，具有综合特征和整体效应。林木生长所依赖的正是所有立地因素的综合而不是单个要素的属性。因此，立地类型的划分，必须在全面分析各立地因素相互关系和组合形式基础上，以其综合程度（相似性和差异性）进行类型的划分和归级。

3.3.1.3　主导因子原则

影响林木生长的立地各因子中，所起的作用是不均等的，其中往往有一两个因子起主导和制约作用。如在干旱区无灌溉水源条件下，水分作为主导因子，造林地适生树种只能选择旱生灌木；在盆地盐渍型类型上，盐分成为影响林木生长的主导因子，造林地适生树种则宜选择耐盐灌木；而在农田绿洲上，因地下水位高且含盐少，可人工栽植乔木。为此，主导因子是认识立地类型性质和确立林种、树种的依据，也是划分立地单元的依据。

3.3.1.4 多级序原则

在立地类型划分中,立地综合体在不同尺度上有不同的差异性,因此,立地类型的划分在不同尺度上有不同的结果,尺度越大,内部差异愈大,等级越低,内部差异越不明显,树种配置和营林技术一致性越大。按照张万儒(1992)等的划分,立地分类系统的单位有立地区域、立地带、立地区、立地类型区、立地类型 5 个等级,这样,森林立地分类系统由包括 0 级在内的 5 个基本级、若干辅助级的形式构成。

0 级 森林立地区域 Forest Site Region

1 级 森林立地带   Forest Site Zone

2 级 森林立地区   Forest Site Area

  (森林立地亚区 Forest Site Subarea)

3 级 森林立地类型区 Forest Site Type District

  (森林立地类型亚区 Forest Site Type Subdistrict)

  (森林立地类型组 Forest Site Type Group)

4 级 森林立地类型 Forest Site Type

  (森林立地变型 Forest Site Type Variety)

3.3.1.5 简明实用原则

森林立地分类的任务,不仅要求立地分类工作者运用丰富的生态学和造林学知识和经验,按上述原则建立科学的立地分类系统,而且还要求能把这样一个分类系统交给生态学、造林学知识和经验不太丰富的广大营林工作者去应用,因此要求立地分类工作者在建立系统时以最简明、最准确、最直观的命名和文字描述表达出来,以达到森林立地分类系统所要求的科学性与实用性的结合,实际上是对立地分类工作科学性的更高要求(张万儒,1992)。

3.3.2　立地类型划分

依据差异性、综合性、主导因子、多级序等原则,将宁夏立地自上而下分为立地带、立地区、立地组、立地类型四类。宁夏立地带的划分,主要根据张万儒的《中国森林立地分类系统》并依据气候(主要为温度和干燥度)。宁夏立地区的划分主要依据是地貌(海拔)。宁夏立地组的划分主要依据海拔、植被、坡度等因素进行命名。宁夏立地类型的划分主要通过利用一类清查数据,根据区域优势树种,选取经度(L)、纬度(B)、海拔(H)、温度(T)、降水量(R)、坡度(α)、坡向(β)、坡位(γ)、土壤厚度(h)等因子,建立宁夏优势树种的生长格局及结构指数,根据立地指数进行立地类型的划分。宁夏全区分为2个立地带,5个立地区,18个立地组,44个立地类型。

表3-16　立地划分指标体系

立地类型单元	划分指标	标准	名称
立地带	温度带(年积温)	<1 600℃	寒温带
		1 600~3 400℃	中温带
		3 400~4 500℃	暖温带
	干湿状况(年燥指数)	≤1.00	湿润
		1.00~1.50	半湿润
		1.50~4.00	半干旱
		≥4.00	干旱
立地区	中地貌(海拔)	海拔在1 800 m以下,地势平坦,起伏小	平原
		海拔在1 500 m以下,相对高度小于100 m	台地
		海拔在2 100 m以下,相对高度不超过200 m	丘陵
		海拔在3 500 m以下,相对高度大于200 m	山地

续表

立地类型单元	划分指标	标准	名称
立地组	植被盖度	>40%	固定沙地
		25%~39%	半固定沙地
		10%~24%	半流动沙地
		<10%	流动沙地
	土地利用类型	林地、沙地、草地、湖泊、河滩等	
	海拔	绝对高度 1 000~3 500 m,相对高度 50~100 m	中山
	坡度	<3°	微坡
		3°~7.9°	较缓坡
		8°~14.9°	缓坡
		15°~25°	较陡坡
		>25°	陡坡
立地类型	土壤类型	盐碱土	碱土
			盐土
		岩性土	粗骨土
			风沙土
		栗钙土	灰钙土
		草甸土、沼泽土系列	草甸土
			沼泽土
		褐土	黑垆土
			灰褐土
			褐土
		潮土、灌淤土系列	潮土
			灌淤土

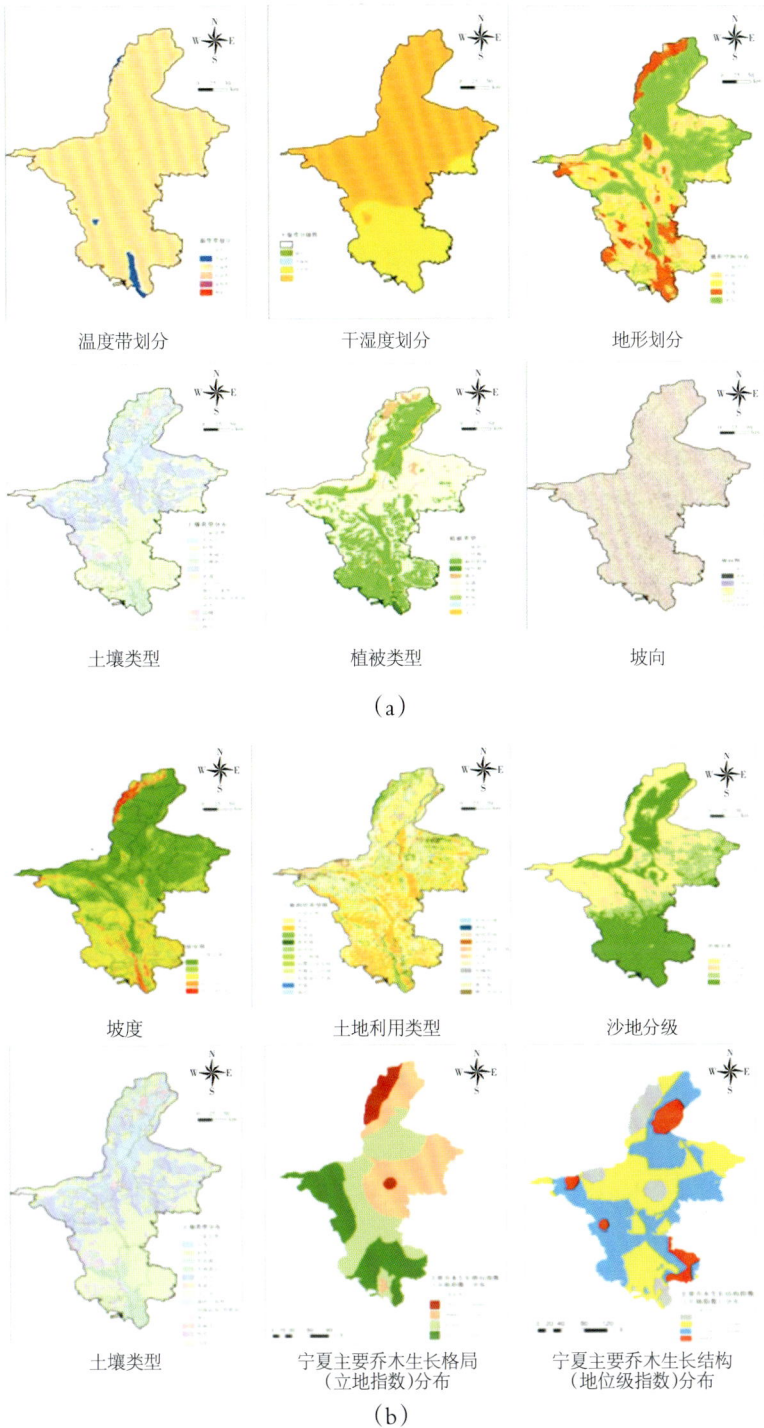

温度带划分　　　　　　　干湿度划分　　　　　　　地形划分

土壤类型　　　　　　　　植被类型　　　　　　　　坡向

（a）

坡度　　　　　　　　　土地利用类型　　　　　　沙地分级

土壤类型　　　　　宁夏主要乔木生长格局　　宁夏主要乔木生长结构
　　　　　　　　　（立地指数）分布　　　　（地位级指数）分布

（b）

图 3-20　立地类型指标划分

表 3-17　立地类型划分

立地带	立地区	立地组	立地类型
北部中温带干旱立地带	贺兰山山地立地区	低山草原立地组	低山落叶灌丛立地类型
			低山落叶阔叶林立地类型
		中高山森林立地组	高海拔平原温带落叶灌丛立地类型
			小起伏中山温带落叶灌丛立地类型
	宁夏平原立地区	黄河冲积平原立地组	农渠、沟堤灌淤土、草甸土立地类型
			河湖水系立地类型
			黄河冲积平原灌淤土立地类型
			黄河冲积平原潮土、盐碱土立地类型
	宁夏平原立地区	缓坡丘陵立地组	中盖度草地立地类型
			低盖度草地立地类型
		盐碱地滩地立地组	盐化灌淤土立地类型
			盐碱地、旱地、低盖度草地立地类型
			碱化盐土立地类型
		清水河川道、扬黄灌溉区立地组	清水河川道、扬黄灌区旱地立地类型
			清水河川道、扬黄灌区水田立地类型
			清水河川道、扬黄灌区立地类型
		河滩、湖泊洼地立地组	水库坑塘、水田立地类型
	台地-风沙区立地区	台地立地组	台地丛生禾草立地类型
			台地草原立地类型
			台地落叶阔叶林立地类型
			农作物立地类型
		腾格里沙漠南缘流动沙地立地组	沙地荒漠风沙土立地类型
			钙质灰漠土立地类型

续表

立地带	立地区	立地组	立地类型
北部中温带干旱立地带	台地-风沙区立地区	毛乌素沙地南缘流动半流动沙地立地组	荒漠风沙土立地类型
			草原风沙土立地类型
		山地立地组	中海拔半灌木、矮灌木荒漠立地类型
			中起伏中山针叶林立地类型
			中海拔落叶阔叶林立地类型
		罗山立地组	中海拔台地半灌木、矮灌木荒漠立地类型
			小起伏中山半灌木、矮灌木荒漠立地类型
南部中温带干旱立地带	黄土丘陵立地区	黄土丘陵立地组	中海拔丘陵山地暗灰褐土立地类型
			中海拔丘陵山地黄绵土立地类型
			中海拔丘陵山地黏化黑垆土立地类型
		葫芦河周边黄土丘陵河谷川道立地组	葫芦河黄绵土立地类型
			河谷川道黄绵土立地类型
			葫芦河黏化黑垆土立地类型
		清水河上游黄土丘陵河谷川道立地组	清水河沙土立地类型
			清水河黄绵土立地类型
		茹河蒲河周边黄土丘陵河谷川道立地组	茹河蒲河河道黑垆土立地类型
			茹河蒲河黄绵土立地类型
	六盘山山地立地区	低山草原立地组	六盘山低山草原暗灰褐土立地类型
			六盘山低山草原黏化黑垆土立地类型
		中高山森林立地组	六盘山中高山森林暗灰褐土立地类型
			六盘山中高山森林石灰性灰褐土立地类型

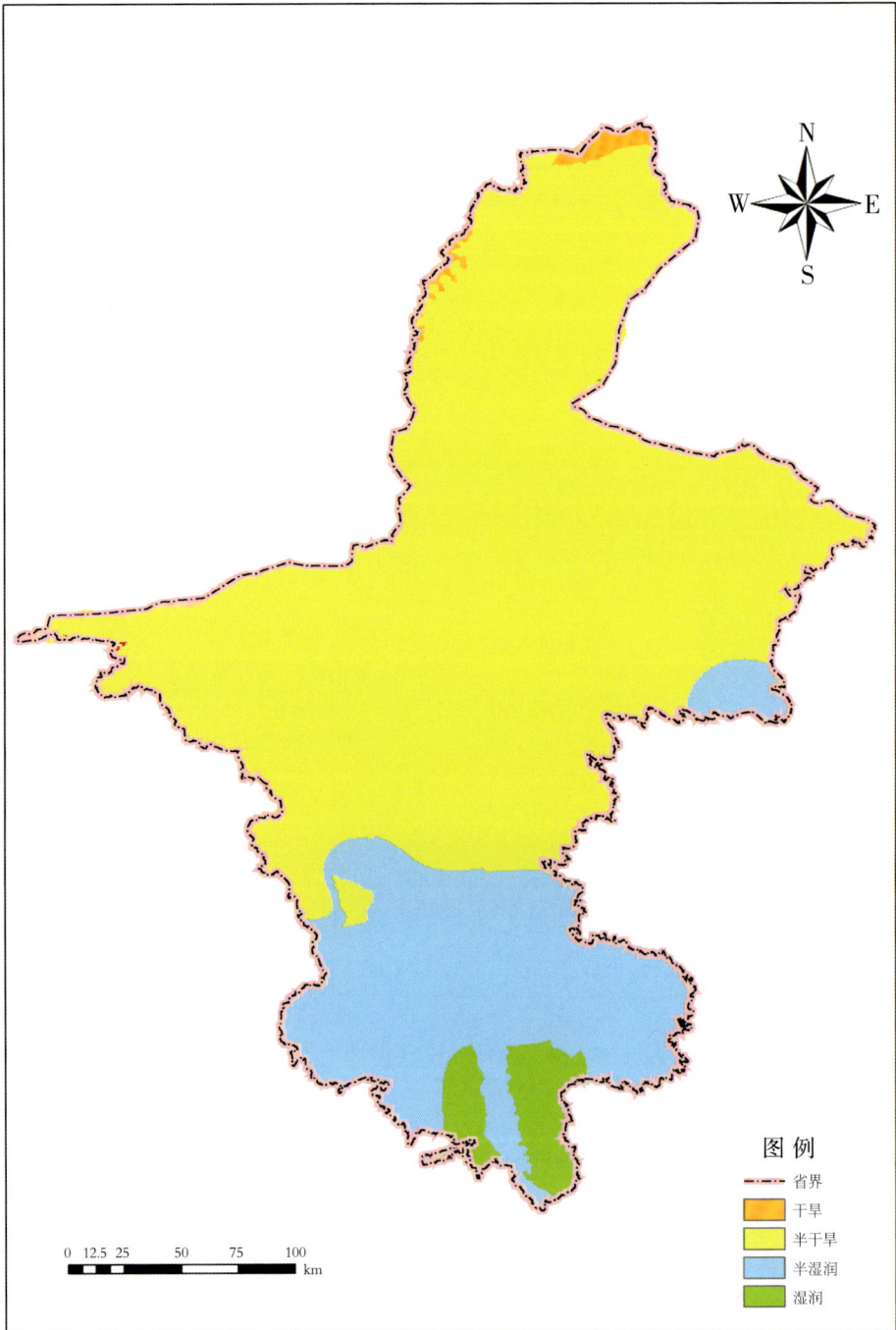

图例

- ·--- 省界
- 干旱
- 半干旱
- 半湿润
- 湿润

0 12.5 25　50　75　100
km

审图号:宁 S[2021]第 023 号

图 3-21　宁夏干湿度分布

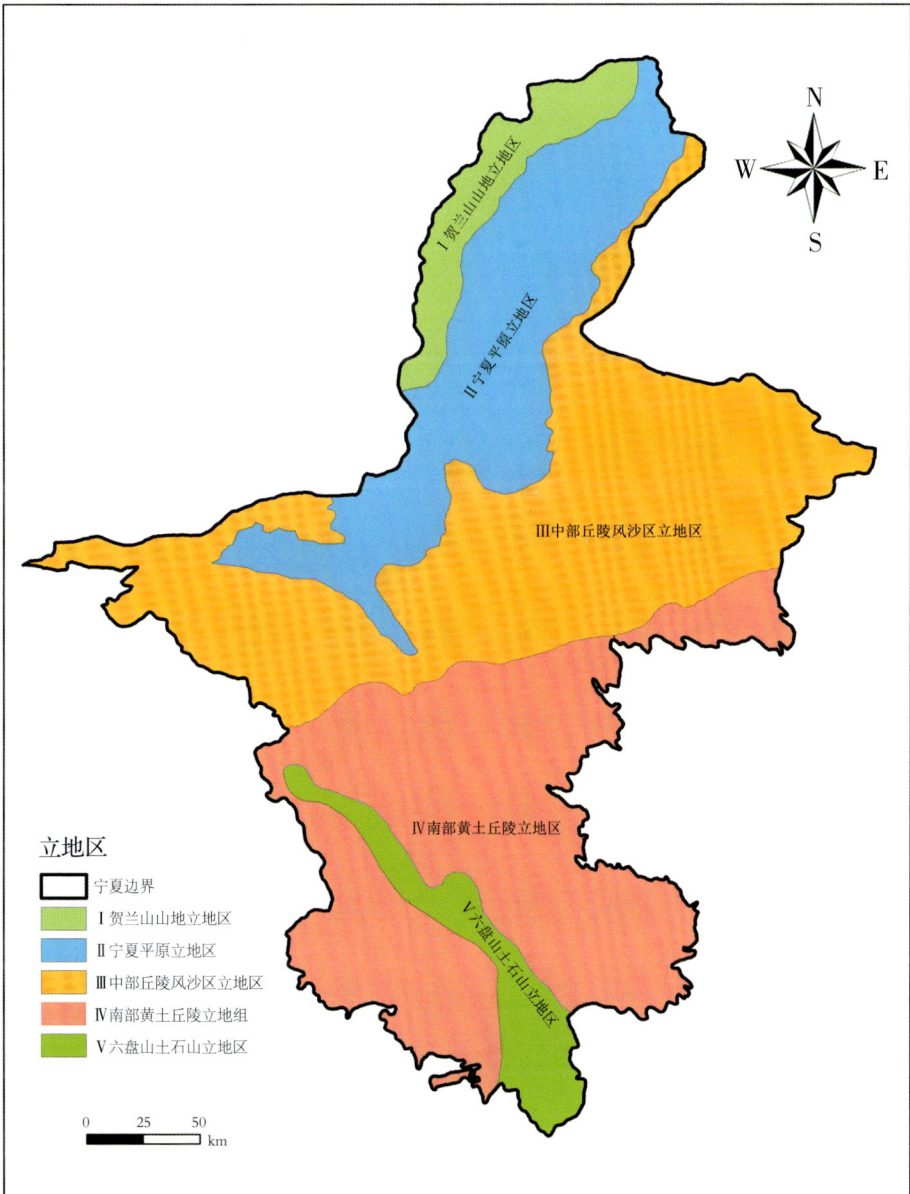

审图号:宁 S[2021]第 023 号

图 3-22　宁夏多功能林业立地区划分

3.3.2.1　贺兰山山地立地区

贺兰山山地立地区处于宁夏北部,主要指贺兰山保护区,分布区域跨越

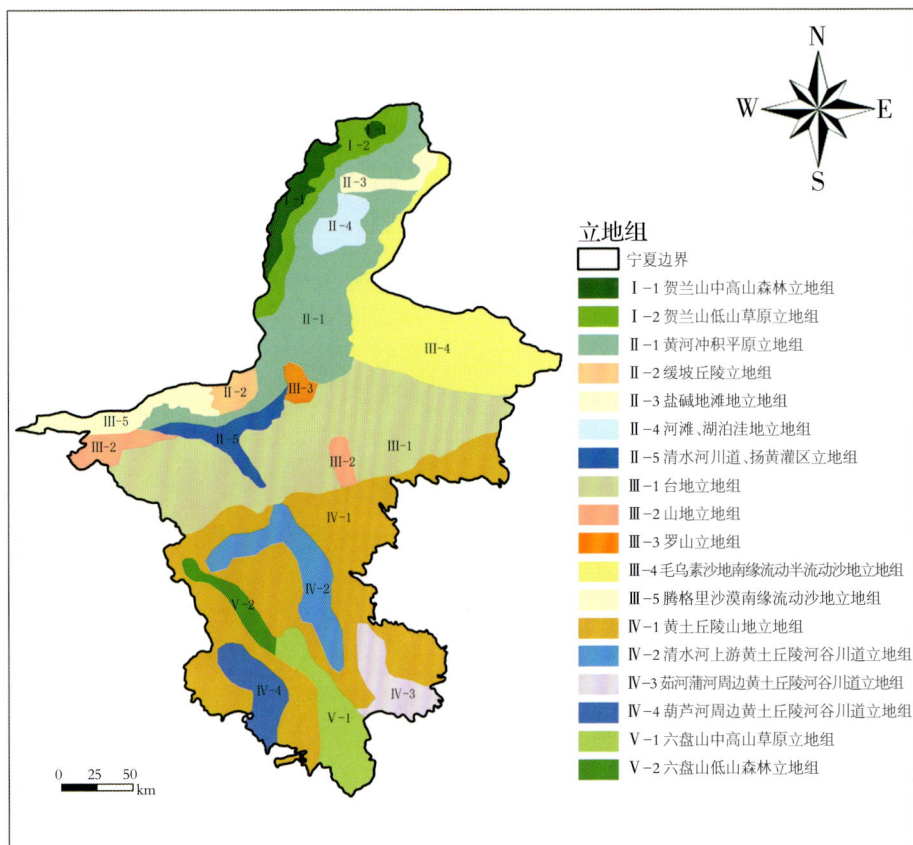

立地组

- ☐ 宁夏边界
- Ⅰ-1 贺兰山中高山森林立地组
- Ⅰ-2 贺兰山低山草原立地组
- Ⅱ-1 黄河冲积平原立地组
- Ⅱ-2 缓坡丘陵立地组
- Ⅱ-3 盐碱地滩地立地组
- Ⅱ-4 河滩、湖泊洼地立地组
- Ⅱ-5 清水河川道、扬黄灌区立地组
- Ⅲ-1 台地立地组
- Ⅲ-2 山地立地组
- Ⅲ-3 罗山立地组
- Ⅲ-4 毛乌素沙地南缘流动半流动沙地立地组
- Ⅲ-5 腾格里沙漠南缘流动沙地立地组
- Ⅳ-1 黄土丘陵山地立地组
- Ⅳ-2 清水河上游黄土丘陵河谷川道立地组
- Ⅳ-3 茹河蒲河周边黄土丘陵河谷川道立地组
- Ⅳ-4 葫芦河周边黄土丘陵河谷川道立地组
- Ⅴ-1 六盘山中高山草原立地组
- Ⅴ-2 六盘山低山森林立地组

审图号:宁 S[2021]第 023 号

图 3-23　宁夏多功能林业立地组划分

惠农区、大武口区、平罗县、贺兰县、西夏区、永宁县、青铜峡市 7 个县(区)。本立地区生态系统类型以森林生态系统为主,是宁夏主要的天然次生林分布地,其中以针叶林为主,主要的树种有青海云杉、油松、灰榆等。本区域生态环境较差,降水较少,土壤贫瘠,林木的更新速度缓慢,一旦破坏恢复难度大,因此以保护为主。

参照海拔高度、植被特点将贺兰山山地立地区分为 2 个立地组:贺兰山中高山森林立地组、贺兰山低山草原立地组。

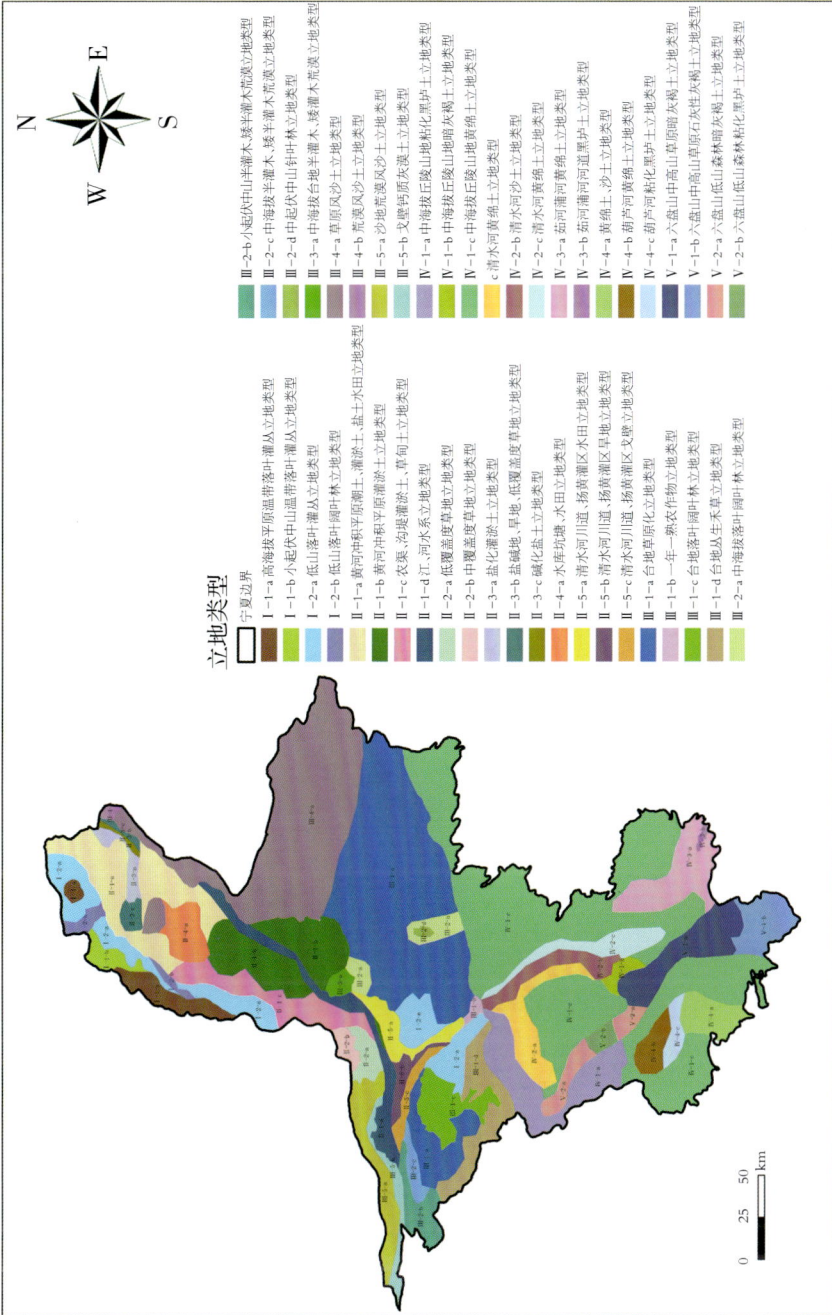

图 3-24 宁夏多功能林业立地类型划分

审图号:宁 S[2021]第 023 号

1. 贺兰山中高山森林立地组

此区域气候湿润,物种丰富,海拔高度均在 2 000 m 以上,其中海拔高度 2 000~3 000 m 区域是森林分布区。根据区域内海拔高度特征将其分为 2 种立地类型,即高海拔平原温带落叶灌丛立地类型、小起伏中山温带落叶灌丛立地类型。

2. 贺兰山低山草原立地组

贺兰山低山草原立地组呈条状分布在贺兰山山地海拔低于 2 000 m 的低山区。区域植被覆盖较好,实行封山育林、育草,轮封轮牧等生态保护性政策,取得了良好的效果。根据立地组内立地条件中植被类型的差异将其分为两种立地类型:低山落叶灌丛立地类型、低山落叶阔叶林立地类型。

3.3.2.2 宁夏平原立地区

宁夏平原立地区主要指宁夏中北部平原灌溉区,由银川平原、卫宁平原及中部的部分低缓区域组成。在全国自然区划中,属西北干旱区域中温带河套灌区,年降水量 200 mm 左右,年平均气温 8~9℃,无霜期 148~168 d,年均日照时数 2 921~3 112 h;植被以人工植被为主,自然植被有荒漠草原、荒漠、草甸、沼泽植被等;土壤主要有灌淤土、灰钙土、潮土、盐碱土等,引黄灌区的土壤主要是灌淤土。土壤颜色较均匀,多为灰棕或浅灰棕色,土壤结构较一致,呈块状或碎块状结构。

参照宁夏地区地形地貌、土地利用类型、土壤类型等特点划分 5 个多功能林业立地组:黄河冲积平原立地组,缓坡丘陵立地组,盐碱地滩地立地组,河滩、湖泊洼地立地组,清水河川道、扬黄灌区立地组。

1. 黄河冲积平原立地组

该立地组主要指黄河冲积平原,该区域热量丰富,降水分布不均,年平均气温 5.0~7.8℃,无霜期 150~160 d。植被以人工植被为主,主要的林种为防护林和水土保持林。在立地组内依照影响林木生长最直观的土壤因子和地貌特征,将该立地组分为 4 种立地类型:农渠、沟堤灌淤土、草甸土立地类型,江、河水系立地类型,黄河冲积平原灌淤土立地类型,黄河冲积平原潮土、盐碱土立地类型。

2. 缓坡丘陵立地组

该立地组主要分布在中宁县北部,西接腾格里沙漠,东与黄河冲积平原相连,区域内地形复杂,天然植被属于荒漠草原或草原化荒漠,主要营造防风固沙林、水土保持林。依据植被盖度的不同将此立地组分为低盖度草地立地类型和中盖度草地立地类型两类。

3. 盐碱地滩地立地组

该立地组集中分布在惠农、平罗以及大武口区,区域内地形封闭,有灌无排,盐渍化物质的来源丰富,地下水蒸发严重,盐碱化严重,主要营造防护林和水土保持林。参照土壤类型、土地利用类型及植被盖度等指标将盐碱地滩地立地组分为盐渍化灌淤土立地类型,盐碱地、旱地、低盖度草地立地类型,碱化盐土立地类型。

4. 清水河川道、扬黄灌溉区立地组

该立地组主要分布区域在清水河的入黄口,是宁夏重要的粮食生产基地,在清水河下游周边及引黄灌区分布的土壤主要是灌淤土。此立地组内主要土壤特点是土层均匀,属壤质土。自然排水件良好,灌溉时地下水位虽有升高,但停灌之后,即迅速下降。

参照立地组内土地利用类型的不同将其分为清水河川道、扬黄灌区旱地立地类型,清水河川道、扬黄灌区水田立地类型,清水河川道、扬黄灌区戈壁立地类型。

5. 河滩、湖泊洼地立地组

该立地组分布于平罗县、贺兰县中部及金凤区的北部,该立地组主要分布在各个沟渠之间,有丰富的水资源,是重要的水源地,主要营造水源涵养林和水土保持林。此立地组内主要的立地类型为水库坑塘、水田立地类型。

3.3.2.3 台地-风沙区立地区

台地-风沙区立地区主要分布于宁夏的中北部地区,包括盐灵台地、香山高地、毛乌素沙地和腾格里沙漠。该区干旱少雨,风大沙多,日照充足,蒸发强烈,气温年、日差较大。土壤以风沙土为主,有些低洼地有盐碱化现象,主要自然灾害为春夏旱和沙尘暴。

参照宁夏地形地貌、土地利用类型、土壤等特点,将该立地区划分5个立地组:台地立地组、山地立地组、罗山立地组、毛乌素沙地南缘流动半流动沙地立地组、腾格里沙漠南缘流动沙地立地组。

1. 台地立地组

该立地组分布在灵武东部、盐池北部、同心北部和沙坡头南部,是中部丘陵风沙立地区面积最大的立地类型。该立地类型东部系鄂尔多斯高原西南隅和沙坡头南部的香山地区,和沙地交错分布。在台地立地组内依据植被类型的差异将其分为台地丛生禾草立地类型、台地草原化立地类型、台地落叶阔叶林立地类型、一年一熟农作物立地类型。

2. 山地立地组

该立地组分为两部分,分别位于同心县中部与沙坡头区西部,属中温带干旱地区,大陆性气候明显,适宜种植水土保持林。在该立地组中参照海拔、植被类型等要素将其分为中海拔落叶阔叶林立地类型,小起伏中山半灌木、矮半灌木荒漠立地类型,中海拔半灌木、矮半灌木荒漠立地类型,中起伏中山针叶林立地类型。

3. 罗山立地组

该立地组位于宁夏中部干旱带,地处贺兰山、六盘山之间的过渡地带,土壤为地带性垂直分布,随海拔高度的变化土壤分布呈较规律变化。土壤主要包括三大类型:普通山地灰褐土、山地暗灰褐土、山地灰钙土。在该立地组中参照海拔将其分为中海拔台地半灌木、矮灌木荒漠立地类型,小起伏中山半灌木、矮灌木荒漠立地类型。

4. 腾格里沙漠南缘流动沙地立地组

该立地组内风沙大,气候干燥,蒸发强烈。植被以荒漠草原和草原带沙生植被为主,主要植物有花棒、杨柴、沙蒿等。参照前人对沙地立地类型划分的研究,将此立地组分为沙地荒漠风沙土立地类型、戈壁钙质灰漠土立地类型。

5. 毛乌素沙地南缘流动半流动沙地立地组

该立地组处在毛乌素沙地前缘,风沙直接威胁工农业生产和交通运输。应对原有防风固沙林带加强经营管理,合理抚育、巩固和提高固沙林的效益(王锡琳,1981)。根据生态景观、土壤类型的不同,将该立地组分为草原风沙土立地类型和荒漠风沙土立地类型。

3.3.2.4 黄土丘陵立地区

黄土丘陵立地区位于黄土高原西北部边缘,主要的地貌类型为梁状黄土丘陵沟壑、黄土峁、河谷平原及山间盆地。复杂的地形地貌,造就了多样的土壤类型,其中最为常见的是灰钙土,主要分布在黄土峁地、缓坡地。在黄土盆地、河谷川地、沟谷地还分布着大量的浅黑垆土,在冲积平原有白僵土。受干旱少雨气候的影响,此区域植被以稀疏灌木、草本植被为主,乔木植被较少,土壤侵蚀较为严重。

参照本立地区的地形地貌、土地利用类型、土壤等特点划分 4 个立地组：黄土丘陵立地组；葫芦河周边黄土丘陵河谷川道立地组；清水河上游黄土丘陵河谷川道立地组；茹河蒲河周边黄土丘陵河谷川道立地组。

1. 黄土丘陵立地组

该立地组分布范围较广，山地及缓坡丘陵是本立地组中典型的地貌类型。区域内植被较为稀疏，梁峁、沟坡纵横交错，降水稀少，水土流失等生态问题严重。参照本立地组内土壤类型的不同分为中海拔丘陵山地暗灰褐土立地类型、中海拔丘陵山地黄绵土立地类型、中海拔丘陵山地黏化黑垆土立地类型等 3 个立地类型。

2. 葫芦河周边黄土丘陵河谷川道立地组

该立地组包括西吉县大部分地区，面积 1 326 km²。葫芦河流域地处大陆季风气候区，降水较为充足。参照本立地组内土壤类型的不同，分为葫芦河黄绵土立地类型，黄绵土、沙土立地类型，葫芦河黏化黑垆土立地类型。

3. 清水河上游黄土丘陵河谷川道立地组

该立地组位于清水河流域，包括同心县、海原县、原州区部分地区，立地组内水热条件较好，地形平坦，蒸发较为强烈，出现了河谷地区常见的土壤盐渍化的现象。区域内人工造林面积较大，以经济林、防护林、水土保持林为主。本立地组中土壤是立地分异规律的主要影响因子，参照土壤类型的不同，分为清水河沙土立地类型和清水河黄绵土立地类型。

4. 茹河蒲河周边黄土丘陵河谷川道立地组

该立地组位于原州区南部和彭阳县西南部。组内主要河流有茹河、蒲河、洪河，地形地貌较为复杂，丘陵沟壑纵横，川塬相间，主要的林种是防护林、经济林和水土保持林。依照河流附近立地类型条件划分标准，按土壤类型的不同将本立地组分为茹河蒲河河道黑垆土立地类型和茹河蒲河黄绵土立地类型。

3.3.2.5 六盘山山地立地区

六盘山山地立地区分布范围主要包括六盘山、月亮山、南华山、西华山等土石山区，从北到南涉及海原县、原州区、西吉、隆德县部分和泾源县。本区属东部季风区域，是宁夏地区气候最湿润的地区，年平均降水量在400 mm以上，充足的降水保证了植物生长所需的水分，立地条件较好。区域内植被盖度较高，生态景观以森林、干草原、草甸草原为主，主要的土壤类型是黑垆土和黄绵土。

参照立地区内地形地貌和植被分布特点将其分为六盘山中高山森林立地组和六盘山低山草原立地组。

1. 低山草原立地组

该立地组主要分布在六盘山山地立地区的北面，包括南华山、月亮山等土石山地。本立地组植被资源分布不均，以森林、森林草原、草原为主。土壤类型以暗灰褐土、黏化黑垆土为主。受到气候、地形、土壤、植被等综合因素的影响，本立地组内水土流失较为严重，所以保护现有森林、草原资源，营造水土保持林是目前最好的生态修复措施。根据土壤类型分布将本立地组分为六盘山低山草原暗灰褐土立地类型和六盘山低山草原黏化黑垆土立地类型。

2. 中高山森林立地组

该立地组处在宁夏最南端，包括泾源县、隆德县的全部和原州区、西吉县、彭阳县的部分，海拔较高，属于中高山地，降水量较多，植被资源丰富，是宁夏天然次生林主要分布区之一，森林覆被率约50%。依照土壤分布特点将本立地组分为六盘山中高山森林暗灰褐土立地类型和六盘山中高山森林石灰性灰褐土立地类型。

3.3.3 立地质量分级

3.3.3.1 背景

森林立地生产力是森林植被的潜在生产能力,是指导森林经营管理、制定经营决策方案的重要指标,对森林可持续经营有着重要的意义(Skovsgaard and Vanclay,2008;Berrill and O'Hara,2013)。立地质量是对立地在既定时间的潜在生产能力的评价(Carmean,1975;Vanclay,1992),是一个立地生物地理气候因子的综合属性(Skovsgaard and Vanclay,2008)。评价有林地的生产力,确定森林立地生产力等级,掌握和预估不同树种在不同立地条件下的生长潜力,不但是开展森林经营活动的一项基础工作(陈永富,2010;Berrill and O'Hara,2013),也是改善经营决策方案的重要方面(Skovsgaard and Vanclay,2008)。

在森林立地生产力估计中,如何进行立地质量评价和分类,是森林经营决策和制定管理方案中非常困难的关键问题(Carmean,1975;Skovsgaard and Vanclay,2013)。过去的生产力估算运用了各种直接的或者间接的手段,包括各种植物群落指示法,地形土壤测量法等来评价立地质量。现代林业中最常用的是立地指数法(Baur,1877;Hägglund,1981),用某一树种特定年龄的林分优势高来表示。立地指数依赖生物量在单木中的分配优先差异,树高生长在单木生物量积累中是优先级较低的(Oliver and Larson,1996;Waring and Running,1998),并且优势木树高对于空间关系是相对独立而不敏感的(Lanner,1985),这使得优势木树高生长对于林分密度、竞争及经营方式不敏感,但对于立地生产力相关的因子较敏感(Berrill and O'Hara,2013)。因此,优势树木高被广泛应用于纯林或同龄林的立地质量评价中(Skovsgaard and Vanclay,2008)。由于在大尺度的森林清查中,尤其是在天然混交林分中,树龄不仅难获得,而且受到空间关系影响使得其值与树高值关联度低（Huang and Titus，1993）。因此在混交林和异龄林中，一些研究者尝试用其他立地质量评价方法来估计立地生产力，主要包括修正的立地指数（Curries and Post，1964；Hamel，et al.，2004）；生境分类法（Monsemd，1984；Wang，1998）；基于增长指数（Schmoldt，et al.，1985；Vanclay，1989；Skovsgaard and Vanclay，2008）等几个方面。此外，近年来一些与气候（Weiskittel，et al.，2011；Pokharel，2009）、土壤（Jiang，et al.，2014）等相关联的立地指数也常见报道。这些方法在实际的应用中也因条件不同而各有优缺。比如 Huang and Titus（1993）认为，可以用优势木和亚优势木树高与胸径的关系来评价立地质量，同一胸径水平下的树高被认为是固定不变的。然而在不同的立地质量条件下，同一胸径水平下的树高是随着立地质量发生变化的（Li and Zhao，2013），并且由于树高相对于胸径而言更加难以精准获得，在实际的调查中很难按照每一个胸径水平取得树高在不同立地条件下的取值范围，因此李海奎和法蕾（2011）提出了树高分级法，将优势木树高与优势木胸径按照不同径阶水平，通过迭代分级的方法，将每一径阶水平下的优势木树高划分不同的树高等级，大大提高了优势树高与优势木胸径耦合效率，使得树高胸径模型更好地反映了不同立地质量水平。

立地质量分类一直是森林经营中十分重要的参考因素（Ryana，1982）。例如，选择造林树种、拟定经营措施和确定经营方向、评价森林多种效益等工作，都需要在立地质量分类的基础上进行。相对于植物指示法和生态分类法（Mouserud，1984），立地指数是被更加广泛的使用的立地评价方法（Carmean，1975）。然而，由于立地指数定义的是针对某一树种而言开展的立地质量评价，在混交林分和异龄林中应用的缺陷是很明显的（Huang and Titus，1993；Peng，2000）。估算立地指数曲线的方法于是变得越来越复杂

(Wakters, et al., 1991; Goelz and Burk, 1992)。Huang 和 Titus(1993)讨论了用优势树高或亚优势木树高和胸径的关系评价立地生产力的方法，认为该方法可以在混交林或异龄林中能更加快速简单地估算立地生产力。

3.3.3.2　模型研建

为提升宁夏森林资源的经营管理和可持续发展水平，需要及时准确地掌握森林资源现状，尤其是森林资源数据动态变化情况及乔木生长与立地环境之间的关系(立地环境是指对林木生长有影响的各个环境因子，主要包括地形地势、气温、降水量、土壤等因子)。宁夏主要乔木生长模型对森林精准经营和规划管理具有重大的现实意义。森林资源的量化管理以及森林生长量的预测预估，可更好地实现不同林分条件下抚育、间伐、轮伐以及补植、移栽等经营管理，不仅能够实现森林资源的可持续发展，而且能收获较高经济效益。根据宁夏森林资源现状，通过 182 个乔木林固定样地数据，将立地环境、地理位置等复杂信息划分为生长格局(立地)指数以及生长结构(地位级)指数，结合宁夏主要乔木树种组，研建宁夏主要乔木胸径生长模型，如公式所示。

$$\Delta Y_{t+\Delta t}^{(j)} = A_j \cdot \left(Y_t^{(j)}\right)^2 \cdot e^{-b_j Y_t^{(i)}} \cdot X_P^i \cdot X_S^{(k)}$$

$$\ln\Delta Y_{t+\Delta t}^{(j)} = \ln A_j + 2\ln Y_t^{(j)} - b_j \cdot Y_t^{(j)} + \ln X_P^{(i)} + \ln X_S^{(k)}$$

式中，$\Delta Y_{t+\Delta t}^{(j)}$是宁夏主要乔木胸径生长模型；$j$是宁夏主要乔木树种组；$Y_t$是调查乔木胸径信息，mm；$Y_{t+\Delta t}$是 5 年后预测的生长量，mm；$A_j$是 j 树种生长速度系数；b_j是 j 树种生长加速度系数；$X_P^{(i)}$是第 i 种生长格局(立地)指数；$X_S^{(k)}$是第 k 种生长结构(地位级)指数。

3.3.3.3　乔木生长格局(立地)指数

地球自南向北从太阳辐射获取热量的差异性形成了不同的气候带，植被受气候变化影响,自南向北形成了从热带雨林到暖温带落叶阔叶林再到寒温带针叶林的带状分布(李渤生,2015),因此,植被分布具有纬度地带性(Holtmeier,2009;Ohsawa,1990;Troll,1973)。地形地势、大气环流和海陆分布影响着降水量变化,植被受降水量变化影响,由西部内陆到东部沿海呈现荒漠到草原再到森林的类型变化(李渤生,2015),因此,植被分布也具有经度地带性(Malyshev,1993;Troll,1973)。从平地到山顶,海拔逐渐上升,太阳辐射逐渐增强,降水逐渐减少,风速逐渐增大,温度逐渐下降,植被随海拔变化呈现带状变化特性(李渤生,2015),因此,植被分布也具有垂直地带性(Daubenmire,1954;Leuschner,1996;Schickhoff,2005;Troll,1973)。综上所述,将森林乔木生长过程所受到的区域变化影响分为经度(L)、纬度(B)、海拔(H)、温度(T)、降水量(R),并将以上因素总结为宁夏陆表乔木生长格局(立地)指数(公式)。

$$X_P^{(i)} = e^{\lambda_L^{(i)} \cdot X_L^{(i)} + \lambda_B^{(i)} \cdot X_B^{(i)} + \lambda_H^{(i)} \cdot X_H^{(i)} + \lambda_T^{(i)} \cdot X_T^{(i)} + \lambda_R^{(i)} \cdot X_R^{(i)}}$$

$$\ln X_P^{(i)} = \lambda_L^{(i)} \cdot X_L^{(i)} + \lambda_B^{(i)} \cdot X_B^{(i)} + \lambda_H^{(i)} \cdot X_H^{(i)} + \lambda_T^{(i)} \cdot X_T^{(i)} + \lambda_R^{(i)} \cdot X_R^{(i)}$$

式中,$X_P^{(i)}$ 是宁夏乔木生长格局指数;λ_L 为乔木生长经度影响系数;λ_B 为乔木生长纬度影响系数;λ_H 为乔木生长海拔影响系数;λ_T 为乔木生长温度影响系数;λ_R 为乔木生长降水量影响系数。此外为了消除各因素或指标因为量纲不同而产生的影响,首先要进行数据标准化(归一化)处理(胡东萍,2014;李静,2018)。

3.3.3.4　陆表乔木生长结构(地位级)指数

坡位对林木生长有较大的影响,植物在下坡位、中坡位和上坡位呈现显著的差异变化,下坡位在含水量、土层厚度以及腐殖质含量方面具有较大优势。此外,坡向也对林木生长有影响,阴坡多为中生植物,这种植物较耐阴,阴坡上的土壤日照短、强度小、湿度大;阳坡则多为阳生植物,这种植物表现出旱生特点,阳坡可得到较长且较强的光照,由于温度较高导致蒸发量大,土壤较干旱。坡度对林木生长也有一定的影响,坡度较大的样地,降雨大部分流失,泥砂石砾多沉积在山麓地带,在急峻斜坡上,由于侵蚀和剥蚀作用,岩石裸露表面,不适合林木生长,多生长蕨类植物。综上所述,将森林乔木生长过程所受到的地位变化影响分为坡度(α)、坡向(β)、坡位(γ)、土壤厚度(h),并将以上因素总结为宁夏乔木生长结构(地位级)指数。

$$X_S^{(k)} = e^{\lambda_\alpha^{(k)} \cdot X_\alpha^{(k)} + \lambda_\beta^{(k)} \cdot X_\beta^{(k)} + \lambda_\gamma^{(k)} \cdot X_\gamma^{(k)} + \lambda_h^{(k)} \cdot X_h^{(k)}}$$

$$\ln X_S^{(k)} = \lambda_\alpha^{(k)} \cdot X_\alpha^{(k)} + \lambda_\beta^{(k)} \cdot X_\beta^{(k)} + \lambda_\gamma^{(k)} \cdot X_\gamma^{(k)} + \lambda_h^{(k)} \cdot X_h^{(k)}$$

式中,$X_S^{(k)}$是宁夏乔木生长结构指数;λ_α为乔木生长坡度影响系数,λ_β为乔木生长坡向影响系数,λ_γ为乔木生长坡位影响系数,λ_h为乔木生长土壤厚度影响系数。

在本研究所取样地数据中,坡度在 0°～60° 之间,坡向分为 0°、45°、90°、…、345°,坡位分为上坡(1)、中坡(0.625)、下坡(0),分别将坡度、坡向进行归一化处理,如公式所示。

$$X_a = \sin\alpha$$

$$X_\beta = \frac{\cos\alpha + 1}{2}$$

3.3.3.5 结果分析

本研究根据宁夏全区情况进一步分为 19 个树种组,此外,将所有数据随机分为 5 组,确保每组包含所有树种信息,利用 SPSS 软件对其中四组数据开展主要乔木的胸径生长模型线性拟合,另外一组做精度验证,结果如表3-18 所示。根据 T 检验的显著性,各树种模型的生长速度和生长加速度拟合满足线性假设。经纬度、高程、年平均降水量、年平均气温、坡度、坡向、坡位、土层厚度的影响系数见表3-19。此外,在0.05的显著性水平下,模型选取的所有变量对胸径的生长均有比较显著的影响。显著性值T为0,小于0.05,说明模型的设计和选择是合适的。

表 3-18　宁夏地区乔木树种组生长模型系数拟合结果

树种	模型系数 A_j	显著性	模型系数 b_j	显著性
白桦	−5.251	0.000	0.007	0.000
侧柏	−4.859	0.000	0.013	0.000
糙皮桦	−4.588	0.000	0.015	0.044
油松	−4.634	0.000	0.012	0.018
椴树	−6.327	0.000	0.005	0.024
旱榆	−1.337	0.008	0.044	0.013
华山松	−4.459	0.000	0.011	0.000
其他桦木类	−3.387	0.000	0.024	0.000
栎类	−5.593	0.000	0.006	0.000
柳类	−4.582	0.000	0.013	0.000
落叶松	−4.771	0.000	0.005	0.046
其他软阔类	−5.554	0.000	0.009	0.000
其他硬阔类	−5.557	0.000	0.007	0.000
小叶杨	−4.365	0.000	0.013	0.000
其他杨类	−4.718	0.000	0.011	0.000
油松	−5.112	0.000	0.008	0.000
其他榆类	−5.225	0.000	0.010	0.000
云杉	−4.782	0.000	0.009	0.000
梓	−5.129	0.000	0.008	0.009

表 3-19 乔木生长相关因素的系数拟合结果

生长相关因素	影响系数	显著性
纬度 B	−0.385	0.023
经度 L	−0.477	0.064
海拔 H	−1.327	0.000
年平均降水量 R	0.275	0.000
年平均温度 T	−0.496	0.043
坡度	−0.46	0.000
坡向	0.007	0.000
坡位	−0.159	0.004
土壤厚度 h	0.942	0.000

表 3-20 宁夏地区乔木生长格局(立地)指数

北纬 /°	东经 /°	海拔 /m	年平均气温 /℃	平均年降水量/mm	$X_p^{(i)}$
39.055	106.641	1 092	27.35	178.77	0.295
38.990	106.085	2 149	21.14	175.01	0.185
38.972	106.085	2 300	17.32	174.41	0.177
38.954	106.038	3 140	11.94	175.16	0.110
38.955	106.062	2 480	12.33	174.53	0.168
38.953	106.107	2 300	23.35	173.26	0.163
38.920	106.014	2 777	12.12	174.84	0.139
38.882	105.991	2 620	12.51	174.5	0.153
38.883	106.037	2 430	22.28	173.35	0.152
38.883	106.059	2 030	21.69	172.82	0.198
38.865	106.014	2 370	12.83	173.55	0.179
38.864	106.060	2 600	17.29	172.45	0.145
38.846	106.014	2 060	23.78	173.21	0.189
38.847	106.035	2 114	21.79	172.72	0.188

北纬 /°	东经 /°	海拔 /m	年平均气温 /°C	平均年 降水量/mm	$X_p^{(i)}$
38.846	106.060	2 240	15.43	172.16	0.188
38.829	105.967	3 140	10.97	173.97	0.111
38.828	106.059	2 323	20.13	171.91	0.167
38.811	105.967	2 520	14.28	173.67	0.159
38.810	105.990	2 700	15.67	173.16	0.139
38.793	105.967	3 000	22.93	173.41	0.104
38.792	106.012	2 460	13.53	172.46	0.167
38.775	105.944	2 400	16.21	173.64	0.168
38.774	106.013	2 060	23.50	172.27	0.190
38.757	105.920	2 350	23.41	173.88	0.158
38.758	105.966	2 273	13.51	173.01	0.189
38.739	105.920	2 100	21.83	173.67	0.189
38.721	105.897	2 540	13.93	173.88	0.158
38.721	105.920	2 500	15.56	173.49	0.159
38.722	105.944	2 460	18.79	173.09	0.156
38.703	105.897	2 160	19.64	173.72	0.188
38.686	105.895	2 410	21.25	173.61	0.156
38.667	105.920	1 920	24.13	173.16	0.206
38.649	105.896	2 440	21.70	173.38	0.152
38.650	105.919	2 260	23.72	173.11	0.166
38.632	105.873	2 480	20.48	173.59	0.151
38.612	105.896	2 343	18.99	173.30	0.168
38.595	105.873	2 350	13.22	173.49	0.180
38.595	105.895	2 120	22.32	173.31	0.186
38.591	106.401	1 105	27.09	169.81	0.336
38.578	105.874	2 800	12.79	173.47	0.136

续表

北纬 /°	东经 /°	海拔 /m	年平均气温 /℃	平均年降水量 /mm	$X_p^{(i)}$
38.560	105.872	2 151	14.15	173.49	0.203
38.560	105.895	2 260	20.58	173.38	0.174
38.416	105.827	2 300	22.70	173.72	0.180
38.073	105.912	1 172	26.49	174.85	0.357
38.072	106.048	1 120	26.52	178.38	0.370
37.942	106.342	1 130	26.59	188.54	0.370
37.763	107.383	1 364	27.53	265.35	0.287
37.518	105.068	1 220	27.10	175.15	0.395
37.526	105.090	1 220	27.10	174.59	0.395
37.313	106.286	2 404	13.73	223.96	0.216
37.294	106.286	2 375	13.70	226.00	0.220
37.276	106.285	2 251	20.77	227.98	0.217
37.112	106.508	1 534	27.06	265.12	0.283
37.075	106.552	1 580	26.01	273.07	0.280
36.706	105.448	1 600	24.44	249.67	0.369
36.560	105.827	1 573	25.96	293.36	0.329
36.153	106.734	1 760	26.34	425.05	0.302
35.966	105.643	2 020	21.78	400.61	0.307
35.965	105.731	1 908	21.78	408.76	0.332
35.962	106.241	1 820	21.96	444.23	0.359
35.943	106.286	1 830	21.96	452.88	0.359
35.925	106.286	1 856	21.93	457.81	0.354
35.888	106.329	2 020	21.87	470.37	0.322
35.871	106.262	1 900	21.87	471.67	0.348
35.867	106.573	1 502	26.19	479.46	0.371
35.850	106.528	1 550	25.96	483.51	0.362

北纬 /°	东经 /°	海拔 /m	年平均气温 /°C	平均年 降水量/mm	$X_p^{(i)}$
35.849	106.594	1 566	26.15	482.91	0.357
35.817	106.217	2 190	14.71	485.54	0.320
35.804	105.598	1 950	21.98	413.28	0.323
35.802	105.841	1 766	21.84	453.04	0.375
35.793	106.615	1 650	26.09	493.66	0.341
35.791	106.859	1 404	26.09	484.03	0.397
35.781	106.261	1 990	21.75	498.63	0.335
35.780	106.328	2 170	21.78	500.23	0.298
35.779	106.349	2 050	21.74	500.78	0.322
35.762	106.327	2 370	21.72	505.4	0.263
35.762	106.349	2 290	21.69	505.68	0.277
35.757	106.747	1 406	26.06	494.79	0.400
35.743	106.437	1 856	22.05	509.60	0.366
35.726	106.326	2 320	21.66	515.58	0.274
35.721	106.703	1 530	26.06	503.01	0.371
35.713	105.773	1 832	21.87	459.01	0.360
35.708	106.348	2 024	21.56	520.2	0.333
35.674	106.193	2 600	11.94	529.66	0.262
35.674	106.215	2 400	11.94	530.33	0.298
35.672	106.347	1 850	21.53	529.85	0.375
35.671	106.369	1 944	21.53	529.38	0.353
35.655	106.237	2 400	12.03	536.36	0.299
35.654	106.347	2 185	21.52	534.67	0.303
35.653	106.391	1 770	21.53	533.04	0.396
35.635	106.347	2 040	21.53	539.47	0.334
35.635	106.370	2 020	21.53	538.55	0.338

续表

北纬 /°	东经 /°	海拔 /m	年平均气温 /°C	平均年 降水量/mm	$X_p^{(i)}$
35.635	106.391	2 000	21.51	537.30	0.342
35.623	105.795	1 705	21.72	481.03	0.398
35.617	106.325	2 100	21.56	545.16	0.322
35.618	106.347	2 205	21.56	544.02	0.301
35.617	106.435	1 959	21.48	538.89	0.352
35.616	106.457	2 060	−10.00	537.57	0.499
35.604	105.882	1 782	21.66	505.84	0.385
35.601	106.258	2 420	14.17	552.28	0.290
35.600	106.324	2 100	21.57	549.81	0.323
35.599	106.369	1 900	21.56	547.17	0.367
35.599	106.391	1 961	21.53	545.71	0.353
35.599	106.434	1 840	21.5	542.72	0.381
35.586	105.861	1 794	21.69	504.48	0.382
35.583	106.236	2 500	11.79	558.01	0.286
35.583	106.258	2 184	12.37	557.49	0.348
35.581	106.368	1 900	21.56	551.42	0.369
35.581	106.391	1 960	21.56	549.80	0.354
35.565	106.236	2 760	11.79	563.42	0.242
35.563	106.368	2 180	21.53	555.52	0.308
35.563	106.390	2 130	21.54	553.78	0.318
35.562	106.434	2 040	21.47	550.20	0.337
35.547	106.236	2 720	11.79	568.44	0.249
35.547	106.257	2 327	11.86	567.52	0.321
35.546	106.302	1 960	21.59	564.74	0.358
35.545	106.434	1 910	21.49	553.58	0.367
35.529	106.214	2 500	11.79	574.76	0.289

北纬 /°	东经 /°	海拔 /m	年平均气温 /°C	平均年 降水量/mm	$X_p^{(i)}$
35.531	106.239	2 570	11.79	572.8	0.276
35.511	106.235	2 600	11.79	578.6	0.271
35.510	106.257	2 340	11.79	576.99	0.321

表 3-21 宁夏主要乔木生长结构(地位级)指数

坡向/°	坡度/°	坡位	土层厚度/mm	$X_s^{(k)}$
0	0	0.625	80	1.660
270	40	0.000	40	0.965
180	40	1.000	40	0.821
180	25	0.000	30	0.977
225	80	1.000	10	0.543
90	80	0.000	10	0.638
90	25	0.000	40	1.068
225	48	0.625	10	0.644
225	30	1.000	10	0.678
90	70	1.000	60	0.853
225	70	1.000	60	0.850
225	38	1.000	40	0.832
225	38	0.625	40	0.883
225	37	0.625	10	0.687
0	26	0.000	30	0.977
270	26	1.000	30	0.830
270	38	1.000	80	1.174
90	23	0.000	35	1.039
90	32	1.000	38	0.853
90	41	0.625	30	0.797

续表

坡向/°	坡度/°	坡位	土层厚度/mm	$X_s^{(k)}$
45	36	1.000	30	0.777
270	36	1.000	30	0.775
270	54	1.000	40	0.763
135	50	0.625	10	0.637
90	50	1.000	10	0.602
90	40	1.000	20	0.694
90	6	1.000	20	0.889
180	6	1.000	20	0.886
180	26	1.000	20	0.760
225	25	0.625	80	1.359
225	49	0.625	20	0.698
135	40	0.625	40	0.872
45	40	0.625	40	0.876
45	30	0.625	80	1.318
45	25	0.625	10	0.750
0	30	0.625	40	0.937
0	20	0.625	35	0.965
180	30	0.625	40	0.930
180	15	0.000	80	1.617
180	25	0.625	20	0.812
180	35	1.000	30	0.778
270	25	0.000	30	0.981
180	25	1.000	35	0.870
90	35	1.000	10	0.657
90	28	1.000	30	0.819
180	30	0.625	20	0.784

坡向/°	坡度/°	坡位	土层厚度/mm	$X_s^{(k)}$
225	15	0.000	30	1.055
0	1	0.625	120	2.320
315	30	1.000	10	0.682
135	30	1.000	10	0.678
135	18	1.000	40	0.958
0	15	0.000	35	1.107
270	30	1.000	25	0.773
0	1	0.625	70	1.512
0	1	0.625	80	1.647
0	1	0.625	50	1.274
0	1	0.625	100	1.955
0	0	0.625	30	1.082
90	35	1.000	40	0.850
45	22	0.000	50	1.193
180	25	1.000	27	0.812
0	2	0.625	70	1.500
0	0	0.625	90	1.809
135	15	0.625	120	2.064
135	2	0.000	80	1.794
45	2	0.000	60	1.519
225	14	0.625	60	1.244
90	20	0.000	80	1.561
90	2	0.625	70	1.495
225	15	0.000	50	1.252
0	4	0.625	60	1.355
0	0	0.625	40	1.179

续表

坡向/°	坡度/°	坡位	土层厚度/mm	$X_s^{(k)}$
0	0	0.000	40	1.302
0	0	0.000	80	1.834
90	2	0.625	80	1.628
180	25	0.000	60	1.263
45	14	0.000	80	1.639
0	1	0.625	60	1.388
270	8	0.000	120	2.414
315	24	0.000	70	1.395
90	24	0.625	70	1.260
90	26	0.625	60	1.140
180	35	0.000	80	1.399
180	15	0.625	80	1.464
180	35	1.000	50	0.923
135	7	1.000	80	1.470
0	0	0.625	120	2.339
90	15	1.000	120	1.949
270	15	0.000	120	2.285
270	35	0.000	50	1.086
315	32	0.000	120	2.022
0	3	0.000	70	1.643
315	34	0.000	50	1.096
135	32	1.000	90	1.328
135	14	0.000	50	1.261
180	25	1.000	60	1.078
225	35	1.000	60	1.006
180	40	1.000	50	0.894

坡向/°	坡度/°	坡位	土层厚度/mm	$X_s^{(k)}$
225	27	1.000	60	1.063
225	28	0.000	80	1.469
135	27	1.000	45	0.935
180	32	0.000	65	1.255
135	21	0.000	50	1.196
0	0	0.625	60	1.399
180	22	0.625	50	1.073
270	35	1.000	40	0.850
315	28	0.625	50	1.034
45	18	1.000	25	0.846
315	60	0.000	60	1.036
270	36	1.000	50	0.920
180	22	0.000	45	1.136
0	32	0.625	45	0.964
0	17	1.000	40	0.971
90	24	0.625	60	1.156
90	25	0.000	60	1.268
180	26	1.000	65	1.117
180	25	0.000	50	1.160
270	43	0.000	50	1.033
180	24	0.000	60	1.273
90	37	0.625	60	1.057
180	30	1.000	50	0.955
135	31	1.000	40	0.871
225	31	0.625	40	0.925
225	33	0.625	60	1.083

续表

坡向/°	坡度/°	坡位	土层厚度/mm	$X_s^{(k)}$
315	17	1.000	50	1.057
180	38	0.000	50	1.061
45	10	0.000	60	1.425
180	27	1.000	60	1.062
135	27	0.000	60	1.247
135	22	0.000	80	1.534
90	28	0.625	40	0.947
135	35	0.000	40	0.994
135	25	0.625	60	1.145

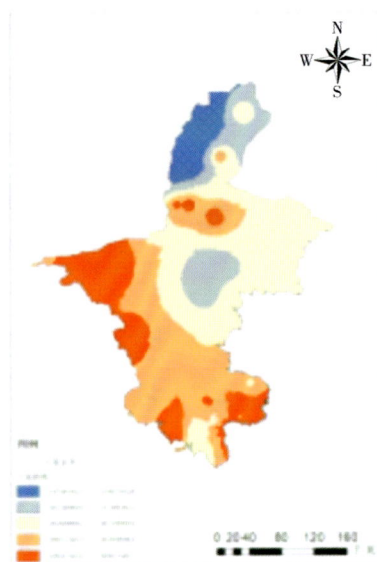

(a)立地指数

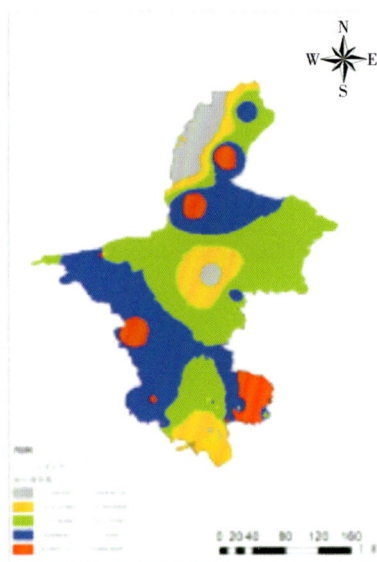

(b)地位级指数

图 3-25　乔木生长指数

如图 3-25 所示,乔木生长格局(立地)指数在 0.11~0.48 之间。乔木生长格局(立地)指数越大,对乔木生长的促进作用越明显。从图 3-25(a)可以看出,总体来看从北(高纬度)到南(低纬度),从东到西,乔木生长格局(立地)指数总体呈现逐渐递减的趋势。最适宜乔木生长的地区为贺兰山山地水源涵养林区,其次是固原黄土丘陵水土保持林区和六盘山山地水源涵养林区。

3.3.4 立地类型生态功能排序

根据宁夏生态环境现状和生态系统分布情况,选取水源涵养重要性、水土保持重要性、防风固沙重要性、生物多样性重要性开展生态系统服务重要性评价。将每种立地类型内的生态功能进行排序。

高海拔平原温带落叶灌丛立地类型生物多样性保护功能最重要,其次是水源涵养功能、水土保持功能,最后是防风固沙功能。小起伏中山温带落叶灌丛立地类型水土保持功能与防风固沙功能同等重要,生物多样性保护重要性其次,水源涵养功能在该区相对次要。低山落叶灌丛立地类型与低山落叶阔叶林立地类型生态环境条件差异性较小,多功能重要性排序相同,主导功能是防风固沙功能,其次是生物多样性保护功能和水土保持功能,水源涵养功能重要性较小。

黄河冲积平原潮土、盐碱土水田立地类型与黄河冲积平原灌淤土立地类型多功能重要性排序相同,防风固沙较为重要,其余三种功能重要性相差不大。农渠、沟堤灌淤土、草甸土立地类型防风固沙功能最为重要,水土保持功能相对重要,水源涵养功能、生物多样性保护功能其次。河湖水系立地类型防风固沙功能为主导功能,水源涵养功能、水土保持功能、生物多样性保护功能一般。低盖度草地立地类型和中盖度草地立地类型防风固沙功能最重要,生物多样性保护功能、水土保持功能比较重要,水源涵养功能相对次要。盐化灌淤土立地类型多功能重要性顺序是:防风固沙功能、生物多样性保护、水土保持功能、水源涵养功能。盐碱地、旱地、低盖度草地立地类型防风固沙重要性排第一位,生物多样性保护功能次要,水源涵养功能和水土保持功能次次要。碱化盐土立地类型防风固沙功能最重要,其次是水土保持功能,水源涵养功能和生物多样性保护功能次要。水库坑塘、水田立地类型,清水河川道、扬黄灌区水田立地类型及清水河川道、扬黄灌区旱地立地类型防风固沙功能最重要,其他三种功能一般。清水河川道、扬黄灌区戈壁立地类型防风固沙功能最重要,其次是生物多样性保护功能和水土保持功能,水源涵养功能次要。

台地草原化立地类型防风固沙功能最重要,生物多样性保护功能和水土保持功能相对重要,水源涵养功能次要。农作物立地类型防风固沙功能一般,其他三种生态功能次要。台地落叶阔叶林立地类型和台地丛生禾草立地类型最重要的是防风固沙功能,其次是水源涵养功能和生物多样性保护功能。中海拔落叶阔叶林立地类型,小起伏中山半灌木、矮半灌木荒漠立地类型,中海拔半灌木、矮半灌木荒漠立地类型多功能重要性顺序为:防风固沙功能、生物多样性保护功能、水土保持功能、水源涵养功能。中起伏中山针叶林立地类型中生物多样性保护功能最重要,其次是水土保持功能,水源涵养功能和防风固沙功能一般。中海拔台地半灌木、矮灌木荒漠立地类型防风固沙功能最重要,其次是生物多样性保护和水土保持功能,水源涵养功能次要。草原风沙土立地类型和荒漠风沙土立地类型防风固沙功能最重要,其次是生物多样性保护功能和水土保持功能,其次是水源涵养功能。沙地荒漠风沙土立地类型与戈壁钙质灰漠土立地类型中防风固沙功能最重要,其次是水土保持功能,水源涵养功能和生物多样性保护功能。

中海拔丘陵山地黏化黑垆土立地类型中功能重要性排序为:防风固沙功能、生物多样性保护功能、水土保持功能、水源涵养功能。中海拔丘陵山地暗灰褐土立地类型、中海拔丘陵山地黄绵土立地类型中水土保持功能最重要,其他三项功能一般。清水河黄绵土立地类型水土保持功能、生物多样性保护功能、防风固沙功能相对水源涵养功能更重要。茹河蒲河黄绵土立地类型,茹河蒲河河道黑垆土立地类型,黄绵土、沙土立地类型,葫芦河黄绵土立地类型,葫芦河黏化黑垆土立地类型中水土保持功能相对其他三种生态功能更重要。

六盘山中高山森林暗灰褐土立地类型,六盘山中高山森林石灰性灰褐土立地类型,六盘山低山草原暗灰褐土立地类型中植被生长较好,水土保持功能和生物多样性保护功能最重要,其次是水源涵养功能,由于森林植被具有较好的防风固沙效果,该地区防风固沙功能重要性一般。六盘山低山草原黏化黑垆土立地类型中生态功能重要性依次为生物多样性保护功能、水土保持功能、水源涵养功能、防风固沙功能。

表 3-22　多功能重要性排序

立地带	立地区	立地组	立地类型	主导功能重要性排序
北部中温带干旱立地带	贺兰山山地立地区	低山草原立地组	低山落叶灌丛立地类型	防风固沙(1) 生物多样性(2) 水土保持(3)
			低山落叶阔叶林立地类型	防风固沙(1) 生物多样性(2) 水土保持(3)
		中高山森林立地组	高海拔平原温带落叶灌丛立地类型	生物多样性(1) 水源涵养(2) 水土保持(3)
			小起伏中山温带落叶灌丛立地类型	水土保持(1) 防风固沙(1) 生物多样性(2)

续表

立地带	立地区	立地组	立地类型	主导功能重要性排序
北部中温带干旱立地带	宁夏平原立地	黄河冲积平原立地组	农渠、沟堤灌淤土、草甸土立地类型	防风固沙(1) 水土保持(2)
			江、河水系立地类型	防风固沙(1)
			黄河冲积平原灌淤土立地类型	防风固沙(1)
			黄河冲积平原潮土、盐碱土立地类型	防风固沙(1)
		缓坡丘陵立地组	中盖度草地立地类型	防风固沙(1) 生物多样性(2) 水土保持(3)
			低盖度草地立地类型	防风固沙(1) 生物多样性(2) 水土保持(3)
		盐碱地滩地立地组	盐渍化灌淤土立地类型	防风固沙(1) 生物多样性(2) 水土保持(3)
			盐碱地、旱地、低盖度草地立地类型	防风固沙(1) 生物多样性(2)
			碱化盐土立地类型	防风固沙(1) 水土保持(2)
		清水河川道、扬黄灌溉区立地组	清水河川道、扬黄灌区旱地立地类型	防风固沙(1)
			清水河川道、扬黄灌区水田立地类型	防风固沙(1)
			清水河川道、扬黄灌区戈壁立地类型	防风固沙(1)
		河滩、湖泊洼地立地组	水库坑塘、水田立地类型	防风固沙(1)
	台地-风沙区立地区	台地立地组	台地丛生禾草立地类型	防风固沙(1) 水源涵养(2) 生物多样性(3)
			台地草原化立地类型	防风固沙(1) 生物多样性(2) 水土保持(3)

立地带	立地区	立地组	立地类型	主导功能重要性排序
北部中温带干旱立地带	台地-风沙区立地区	台地立地组	台地落叶阔叶林立地类型	防风固沙(1) 水源涵养(2) 生物多样性(3)
			农作物立地类型	防风固沙(1)
		腾格里沙漠南缘流动沙地立组	沙地荒漠风沙土立地类型	防风固沙(1) 水土保持(2)
			钙质灰漠土立地类型	防风固沙(1) 水土保持(2)
		毛乌素沙地南缘流动半流动沙地立地组	荒漠风沙土立地类型	防风固沙(1) 生物多样性(2) 水土保持(3)
			草原风沙土立地类型	防风固沙(1) 生物多样性(2) 水土保持(3)
		山地立地组	中海拔半灌木、矮灌木荒漠立地类型	防风固沙(1) 生物多样性(2) 水土保持(3)
			中起伏中山针叶林立地类型	生物多样性(1) 水土保持(2)
			中海拔落叶阔叶林立地类型	防风固沙(1) 生物多样性(2) 水土保持(3)
		罗山立地组	中海拔台地半灌木、矮灌木荒漠立地类型	防风固沙(1) 生物多样性(2) 水土保持(3)
			小起伏中山半灌木、矮灌木荒漠立地类型	防风固沙(1) 生物多样性(2) 水土保持(3)
南部中温带干旱立地带		黄土丘陵立地组	中海拔丘陵山地暗灰褐土立地类型	防风固沙(3) 生物多样性(3) 水土保持(3) 水源涵养(3)

续表

立地带	立地区	立地组	立地类型	主导功能重要性排序
南部中温带干旱立地带		黄土丘陵立地组	中海拔丘陵山地黄绵土立地类型	水土保持(1)
			中海拔丘陵山地黏化黑垆土立地类型	防风固沙(1) 生物多样性(2) 水土保持(3)
		葫芦河周边黄土丘陵河谷川道立地组	葫芦河黄绵土立地类型	水土保持(1)
			黄绵土、沙土立地类型	水土保持(1)
			葫芦河黏化黑垆土立地类型	水土保持(1)
		清水河上游黄土丘陵河谷川道立地组	清水河沙土立地类型	防风固沙(3) 生物多样性(3) 水土保持(3) 水源涵养(3)
		茹河蒲河周边黄土丘陵河谷川道立地组	清水河黄绵土立地类型	水土保持(1) 生物多样性(2) 防风固沙(3)
			茹河蒲河河道黑垆土立地类型	水土保持(1)
			茹河蒲河黄绵土立地类型	水土保持(1)
	六盘山山地立地区	低山草原立地组	六盘山低山草原暗灰褐土立地类型	水土保持(1) 生物多样性(2) 水源涵养(3)
			六盘山低山草原黏化黑垆土立地类型	生物多样性(1) 水土保持(2) 水源涵养(3)
		中高山森林立地组	六盘山中高山森林石灰性灰褐土立地类型	水土保持(1) 生物多样性(2) 水源涵养(3)
			六盘山中高山森林暗灰褐土立地类型	水土保持(1) 生物多样性(2) 水源涵养(3)

注:多功能重要性 1>2>3。

3.4 宁夏多功能林业发展规划

3.4.1 基于水分承载力的多功能林业发展规划

3.4.1.1 降水

宁夏多年平均年降水量为 183.4~677.0 mm,由南向北递减,六盘山地区 600 mm 以上,黄土丘陵区 300~400 mm,盐池、同心、红寺堡等中部干旱带 200~300 mm,银川平原和卫宁平原 200 mm 左右。六盘山和贺兰山年降水分别为 766 mm 和 430 mm,是宁夏南、北多雨中心。宁夏降水季节分配很不均匀,夏秋多、冬春少、降水相对集中。春季降水仅占年降水量的 12%~21%,夏季占年降水总量的 51%~65%,秋季占年降水量的 20%~28%,冬季最少占 1%~2%,大多占数地区不超过年降水量的 3%。

3.4.1.2 植被

宁夏自然植被有森林、灌丛、草甸、草原、沼泽等类型,其中以草原为主体。受水热条件尤其是水分因素的制约,宁夏植被的地带性差异由南向北非常明显,自然植被呈现森林草原—干草原—荒漠草原—草原化荒漠的水平分布规律。在贺兰山、六盘山、罗山等山地植被呈垂直变化,分布着一定的针叶林、阔叶林;南部降水充沛,气候条件较好,植被类型以林地为主,生物多样性丰富;中部丘陵和风沙区,处于草原向荒漠过渡地带,多为荒漠草原植被;北部的黄河冲积平原天然植被类型主要以草甸、沼泽、水生植被为主。

3.4.1.3 降水对植被盖度的影响

在宁夏各地,春季的降水对植被覆盖起着重要的作用,宁夏各地春季普遍降水量少,经常出现干旱,贺兰山、贺兰山东麓和中部干旱带夏季降水仅有 200~400 mm,不能完全满足植被生长发育对水分的需要,降水仍是限制植被生长的重要因素。

3.4.1.4 规划内容

宁夏深居西北内陆,降水稀少且分布不均匀,年际间变幅大,降水分布以及土壤有效储水量的时空特征决定了植物的水分来源和水分利用策略,进而影响整个生态系统的结构、组成和功能。因此须突出水这个关键因素,遵循降雨线分布和不同区域水资源分布规律进行造林绿化。

在降水量 400 mm 以上区域林业生态建设以种植乔木为主,降水量 300~400 mm 的地区乔灌混交以灌木为主,降水量 300 mm 以下的地区、无灌溉条件的,以灌草混交草原植被修复为主。针对不同生态功能区的地理特点,选择适宜造林的地块,进行精准小班布设,依据不同小班立地类型,精准配置不同的树种、栽植模式、整地模式,形成以小班为基本单元配置、从造林开始到成林转化的科学、精确管理体系,做到精细化选择、精细化栽植、精细化管理,确保小班造林精准度。树种选用精准,针对不同地区的实际情况,选用适合本地的良种壮苗、乡土树种开展造林绿化,做到宜乔则乔、宜灌则灌、宜草则草、宜荒则荒、宜封则封。

选用乡土树种造林,营造乔木林树种可选择华山松、桦木类、栎类、落叶松、杨类、云杉、元宝枫、油松、侧柏等,种植灌木类植物有中间锦鸡儿、沙棘、黄刺玫、月季、卫矛和叉子圆柏等。大力营造针阔混交、乔灌交等不同模式的混交林。

在不同的区域体现多功能生态分区的基础上选择相应的造林模式,在六盘山土石质山区重点营造水源涵养林,水源涵养林适宜树种有青海云杉、白桦、油松、落叶松等;在黄土丘陵沟壑区重点营造水土保持林,水土保持林适宜树种有沙棘、中间锦鸡儿、核桃、杏、刺槐、臭椿、河北杨、紫穗槐等;在河谷川道区重点营造农田防护林网和地方特色的生态经济林,防风固沙林的适宜树种有臭椿、紫穗槐、杨柴、梭梭、新疆杨、中间锦鸡儿、北沙柳(沙柳)等,特色经济林有枸杞、葡萄、红枣、苹果等,可形成枸杞、葡萄、红枣、杏等特色果品产业带。

表 3-23　不同降水量适宜种植植物分类

降水量/mm	植物分类	种类
400 以上	乔木	椴树、华山松、桦木类、栎类、落叶松、杨类、云杉、元宝枫、油松等
300~400	灌木	沙棘、山桃、珍珠梅、黄刺玫、月季、卫矛、大叶黄杨和叉子圆柏等
300 以下	草本	以禾本科草种为主

表 3-24　不同地区的造林模式

地区	重点营造	主要树种
六盘山土石质山区	水源涵养林	青海云杉、落叶松、白桦、油松等
黄土丘陵沟壑区	水土保持林	沙棘、中间锦鸡儿、杏、刺槐、臭椿、河北杨、紫穗槐等
干旱风沙区	防风固沙林	臭椿、紫穗槐、杨柴、梭梭、新疆杨、中间锦鸡儿、沙拐枣、北沙柳(沙柳)等
宁夏黄灌区	农田防护林网和地方特色的生态经济林	柽柳、新疆杨、刺槐、国槐、白蜡、紫穗槐等枸杞、葡萄、红枣、苹果等

3.4.2　主要乔木树种的合理种植密度及规划设计

3.4.2.1　乔木林状况

宁夏乔木林按权属分,国有、集体、个人各约占 1/3;森林蓄积以国有最多,国有森林蓄积 590.51 万 m³,占 70.71%。按林种分,宁夏森林资源以防护林最多,防护林面积 47.75 万 hm²,占 72.79%,蓄积 344.36 万 m³,占 41.23%。按起源分,宁夏人工林比重较大,人工林面积 43.55 万 hm²,占 66.39%,蓄积 450.76 万 m²,占 53.97%。宁夏乔木林中,中幼林面积 12.99 万 hm²,占 75.05%,蓄积 544.63 万 m³,占 65.21%。宁夏乔木林按优势树种(组)统计,杨树林、落叶松林和榆树林较多。杨树林面积 2.84 万 hm²、占乔木林面积的 16.41%,蓄积 257.61 万 m³、占乔木林蓄积的 30.84%;落叶松林面积 2.17 万 hm²、占乔木林面积的 12.54%,蓄积 77.55 万 m³、占乔木林蓄积的 9.29%;榆树林面积 1.64 万 hm²、占乔木林面积的 9.47%,蓄积 36.79 万 m³、占乔木林蓄积的 4.41%。

3.4.2.2　基于水分承载力与林分密度模型

以水定林,基于水分承载力的区域多功能林业发展规划,实际上就是基于当地降水量情况设计林分的合理种植密度,对林分的经营管理必要遵循。

林分内降雨存在明显差距,而林分冠层对降雨截留也存在差距,主要是造林配置株行距引起,林内降雨对林下植被、土壤含水量、低效林密度改造具有重要意义。森林一定环境下最大密度是综合、系统、复杂的问题,与地理(B,L,H)、气象气候(降水量、气温)、土壤、地形地势等密切关联。林分密度太小会造成土地利用率低、生产力低下;林分密度过大导致通风透光差,地理环境承载力不足,生产力低。在我国温带地区,植被受降水量变化影响自沿海向西到内陆就发生了"森林—草原—荒漠"植被型的变化。北方造林密度的关键影响因子是降水量(水分承载力)相关的水文因素。根据当地水分承载力与林分理想密度之间的关系,建立拟合水分承载力与林分密度模型,得出林分的理想密度,并考虑了经纬度、气温、地形地位等多因素影响因子,依据当地降水量来预测林分理想密度,建立了基于水分承载力与林分密度模型,模型公式如下所示。

$$10R = a_1 V + a_2 \Delta V + \sum b_i x_i + c$$

$$N \leqslant \frac{10R - \sum b_i x_i - c}{a_1 V + a_2 \Delta V}$$

式中,R 是每个样地的水分承载力(降水量),mm;N 是林分密度;a_1 是

与树种材积 V 相关的影响参数; a_2 是与树种生长量 ΔV 相关的影响参数; b_i 是除降水量之外的其他环境因子相关的影响参数; c 是综合影响常数。

表 3-25 优势乔木树种降水量-密度模型拟合结果

树种	a_1	显著性	a_2	显著性
侧柏	29.954	0	1 258.864	0
椴树	24.927	0	224.889	0
华山松	23.332	0	863.131	0
桦木类	32.625	0	547.360	0
栎类	47.311	0	641.826	0
落叶松	13.634	0	463.865	0
其他软阔类	46.775	0	519.981	0
其他硬阔类	51.213	0	668.791	0
杨类	32.081	0	317.396	0
油松	29.067	0	628.225	0
云杉	11.085	0	215.885	0

通过对宁夏森林资源一类连清 837 号样地、6471 号样地、12681 号样地和 12784 号样地共计四个样地作为四个案例进行重点研究，基于每个样地的水分承载力对林分的理想密度进行预测，给出了每个样地在未来应该达到的理想林分密度，以及未来对林分的抚育措施给予指导。

表 3-26 宁夏 837 号固定样地现实密度分布 　　单位:株/hm²

树种	Ⅰ	Ⅱ	Ⅲ	Ⅳ	总和
油松	795	510	75	0	1 380
侧柏	60	0	0	0	60
杨类	150	0	0	0	150
总和	1 005	510	75	0	1 590

表 3-27　宁夏 837 号固定样地理想密度分布　　单位:株/hm²

树种	面积比	I	II	III	IV	总和
油松	87	760	425	105	30	1 320
侧柏	4	60	30	30	15	135
杨类	9	150	75	15	15	255
总和	100	970	530	150	60	1 710

表 3-28　宁夏 6471 号固定样地现实密度分布　　单位:株/hm²

树种	I	II	III	IV	总和
云杉	405	195	105	30	735
油松	75	90	15	0	180
桦木类	135	15	0	0	150
杨类	195	90	0	0	285
其他软阔类	495	165	15	0	675
总和	1 305	555	135	30	2 025

表 3-29　宁夏 6471 号固定样地理想密度分布　　单位:株/hm²

树种	面积比	I	II	III	IV	总和
云杉	36	542	265	135	30	972
油松	9	105	75	30	15	225
桦木类	7	175	65	15	15	270
杨类	14	230	115	15	15	375
其他软阔类	33	625	215	30	15	885
总和	100	1677	735	225	90	2 727

表 3-30　宁夏 12681 号固定样地现实密度分布　　单位:株/hm²

树种	I	II	III	IV	总和
栎类	390	465	0	0	855
其他桦木类	15	120	0	0	135

树种	I	II	III	IV	总和
白桦	30	0	0	0	30
杨类	270	75	0	0	345
总和	855	510	0	0	1 365

表 3-31　宁夏 12681 号固定样地理想密度分布　　单位：株/hm²

树种	面积比	I	II	III	IV	总和
栎类	63	535	450	75	30	1 090
其他桦木类	10	115	75	15	15	220
白桦	2	135	15	15	15	180
杨类	25	420	225	30	15	690
总和	100	1 205	765	135	75	2 180

表 3-32　宁夏 12784 号固定样地现实密度分布　　单位：株/hm²

树种	I	II	III	IV	总和
桦木类	480	15	0	0	495
其他硬阔类	30	0	0	0	30
杨类	150	45	0	0	195
柳类	810	120	0	0	930
总和	1 470	180	0	0	1 650

表 3-33　宁夏 12784 号固定样地理想密度分布　　单位：株/hm²

树种	面积比	I	II	III	IV	总和
桦木类	30	760	75	30	15	880
其他硬阔类	2	95	60	15	15	185
杨类	12	275	90	30	15	410
柳类	56	1 195	215	45	15	1 470
总和	100	2 325	440	120	60	2 945

通过比对,837 号样地现实密度总和为 1 590 株/hm²,基于水分承载力的理想密度为 1 710 株/hm²,两者相差 7.5%;6471 号样地现实密度总和为 2 025 株/hm²,基于水分承载力的理想密度为 2 727 株/hm²,两者相差 34.7%;12681 号样地现实密度总和为 1 365 株/hm²,基于水分承载力的理想密度为 2 180 株/hm²,两者相差 59.7%;12784 号样地现实密度总和为 1 650 株/hm²,基于水分承载力的理想密度为 2 495 株/hm²,两者相差 51.2%。

以上四个乔木林样地的现实密度与基于水分承载力的理想密度相差最小的为 7.5%,最大的为 59.7%,反映的是代表乔木林样地区域的森林经营管理水平,宁夏属干旱半干旱区,单位面积的乔木林保存株数与区域水分承载力相比,与上限值还有一定的差距,因此,从以水定林和多功能林业经营管理的角度上讲,宁夏乔木林多功能管理还有一定差距。

3.4.2.3　规划内容

表 3-34　基于立地类型划分的树种规划

立地带	立地区	立地组	立地类型	主导功能重要性排序	优势树种
北部中温带干旱立地带	贺兰山山地立地区	低山草原立地组	低山落叶灌丛立地类型	防风固沙(1)生物多样性(2)水土保持(3)	杜松、灰榆、蒙古扁桃
			低山落叶阔叶林立地类型	防风固沙(1)生物多样性(2)水土保持(3)	灰榆、蒙古扁桃
		中高山森林立地组	高海拔平原温带落叶灌丛立地类型	生物多样性(1)水源涵养(2)水土保持(3)	青海云杉带、青海云杉-山杨混交林
			小起伏中山温带落叶灌丛立地类型	水土保持(1)防风固沙(1)生物多样性(2)	油松-山杨混交林

立地带	立地区	立地组	立地类型	主导功能 重要性排序	优势树种
北部中温带干旱立地带	宁夏平原立地区	黄河冲积平原立地组	农渠、沟堤灌淤土、草甸土立地类型	防风固沙(1) 水土保持(2)	杨、柳、槐、臭椿、樟子松、侧柏、中间锦鸡儿、杨柴
			河湖水系立地类型	防风固沙(1)	
			黄河冲积平原灌淤土立地类型	防风固沙(1)	
			黄河冲积平原潮土、灌淤土、盐水土立地类型	防风固沙(1)	
		缓坡丘陵立地组	中盖度草地立地类型	防风固沙(1) 生物多样性(2) 水土保持(3)	猫头刺、红砂、沙蒿、针茅
			低盖度草地立地类型	防风固沙(1) 生物多样性(2) 水土保持(3)	
		盐碱地滩地立地组	盐化灌淤土立地类型	防风固沙(1) 生物多样性(2) 水土保持(3)	旱柳、北沙柳（沙柳）、中间锦鸡儿
			盐碱地、旱地、低盖度草地立地类型	防风固沙(1) 生物多样性(2)	
			碱化盐土立地类型	防风固沙(1) 水土保持(2)	
		清水河川道、扬黄灌溉区立地组	清水河川道、扬黄灌区旱地立地类型	防风固沙(1)	油松、侧柏、桧柏、国槐
			清水河川道、扬黄灌区水田立地类型	防风固沙(1)	
			清水河川道、扬黄灌区戈壁立地类型	防风固沙(1)	怪柳、中间锦鸡儿
		河滩、湖泊洼地立地组	水库坑塘、水田立地类型	防风固沙(1)	北沙柳(沙柳)、中间锦鸡儿
	台地-风沙区立地区	台地立地组	台地丛生禾草立地类型	防风固沙(1) 水源涵养(2) 生物多样性(3)	刺槐、新疆杨、沙棘、红砂、白刺、沙蒿、沙冬青

续表

立地带	立地区	立地组	立地类型	主导功能重要性排序	优势树种
北部中温带干旱立地带	台地-风沙区立地区	台地立地组	台地草原化立地类型	防风固沙(1) 生物多样性(2) 水土保持(3)	刺槐、新疆杨、沙棘、红砂、白刺、沙蒿、沙冬青
			台地落叶阔叶林立地类型	防风固沙(1) 水源涵养(2) 生物多样性(3)	
			一年一熟农作物立地类型	防风固沙(1)	
		腾格里沙漠南缘流动沙立地组	沙地荒漠风沙土立地类型	防风固沙(1) 水土保持(2)	沙棘、杨柴、沙蒿
			钙质灰漠土立地类型	防风固沙(1) 水土保持(2)	
		毛乌素沙地南缘流动半流动沙地立地组	荒漠风沙土立地类型	防风固沙(1) 生物多样性(2) 水土保持(3)	北沙柳(沙柳)、中间锦鸡儿、黄柳、杨柴
			草原风沙土立地类型	防风固沙(1) 生物多样性(2) 水土保持(3)	
		山地立地组	中海拔半灌木、矮灌木荒漠立地类型	防风固沙(1) 生物多样性(2) 水土保持(3)	刺槐、新疆杨、沙棘
			中起伏中山针叶林立地类型	生物多样性(1) 水土保持(2)	
			中海拔落叶阔叶林立地类型	防风固沙(1) 生物多样性(2) 水土保持(3)	
		罗山立地组	中海拔台地半灌木、矮灌木荒漠立地类型	防风固沙(1) 生物多样性(2) 水土保持(3)	青海云杉、油松、白桦、山杨
			小起伏中山半灌木、矮灌木荒漠立地类型	防风固沙(1) 生物多样性(2) 水土保持(3)	

续表

立地带	立地区	立地组	立地类型	主导功能重要性排序	优势树种
南部中温带干旱立地带		黄土丘陵立地组	中海拔丘陵山地暗灰褐土立地类型	防风固沙(3)生物多样性(3)水土保持(3)水源涵养(3)	山李、山桃、刺槐、油松、侧柏、栎类、针茅
			中海拔丘陵山地黄绵土立地类型	水土保持(1)	
			中海拔丘陵山地黏化黑垆土立地类型	防风固沙(1)生物多样性(2)水土保持(3)	
		葫芦河周边黄土丘陵河谷川道立地组	葫芦河黄绵土立地类型	水土保持(1)	山杏、核桃、青海云杉、油松、刺槐
			黄绵土、沙土立地类型	水土保持(1)	
			葫芦河黏化黑垆土立地类型	水土保持(1)	
		清水河上游黄土丘陵河谷川道立地组	清水河沙土立地类型	防风固沙(3)生物多样性(3)水土保持(3)水源涵养(3)	新疆杨、油松、硬阔类
		茹河蒲河周边黄土丘陵河谷川道立地组	清水河黄绵土立地类型	水土保持(1)生物多样性(2)防风固沙(3)	沙棘、中间锦鸡儿、硬阔类(刺槐、臭椿)
			茹河蒲河河道黑垆土立地类型	水土保持(1)	
			茹河蒲河黄绵土立地类型	水土保持(1)	
	六盘山山地立地区	低山草原立地组	六盘山低山草原暗灰褐土立地类型	水土保持(1)生物多样性(2)水源涵养(3)	华山松、油松、华北落叶松、白桦、软阔类
			六盘山低山草原粘化黑垆土立地类型	生物多样性(1)水土保持(2)水源涵养(3)	
		中高山森林立地组	六盘山中高山森林石灰性灰褐土立地类型	水土保持(1)生物多样性(2)水源涵养(3)	华山松、油松、华北落叶松、硬阔类
			六盘山中高山森林暗灰褐土立地类型	水土保持(1)生物多样性(2)水源涵养(3)	

3.4.3 不同区域主要造林模式

3.4.3.1 六盘山山地立地区

1. 低山阳坡半阳坡乔灌混交林

该模式主要针对区域内山地阳坡、半阳坡造林,六盘山土石山区阳坡和半阳坡土层薄、立地条件较差、造林难度大,根据造林实践经验,宜采取乔灌混交模式,选择油松、云杉、山桃等抗逆性强的树种进行造林。

(1)整地 该模式整地方式可根据小地形特征采用鱼鳞坑整地或水平沟整地,鱼鳞坑规格 80 cm×80 cm×80 cm;水平沟规格 80 cm×80cm,长不限。

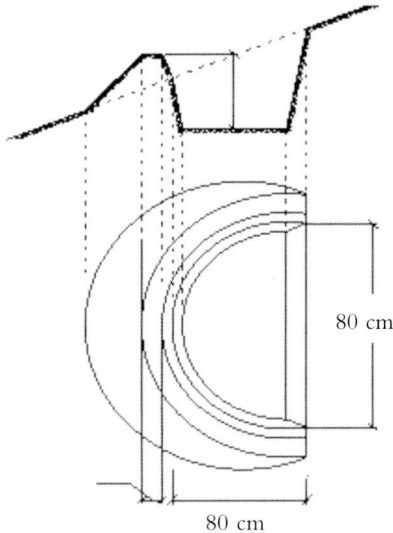

图 3-25 鱼鳞坑整

(2)树种选择 乔木树种主要采用云杉、樟子松、油松,灌木主要采用沙棘、山桃等。

(3)造林密度 株行距 2~3 m×3~4 m,每亩栽植 56~111 株;乔灌混交比例为 3:7 或 4:6。

(4)栽植 造林时间分春秋两季,春季造林应于土壤解冻树苗萌动前进行,一般造林在 3 月下旬到 5 月上旬为宜,秋季造林要在树木停止生长后和土壤结冻前进行,一般造林在 10 月中旬到 11 月下旬为宜。

起苗时要保持根系完整,最好是当天起苗,当天造林,随起苗随造林,如当天不能造林,要及时假植。

苗木运输中要做好包装措施,不使苗根外露失水。

油松、云杉等针叶树起苗时要求带直径为 45 cm 左右的土球,不带土球苗木栽植时要带水桶浸根,栽植时要做到根系舒展,培土踏实,严防苗木窝根、露根。在带水有困难的地块,造林时要将苗木提前蘸好泥浆,保证苗木不露根,不脱水。

(5)补植补造　苗木当年成活率低于 85%时,于当年秋季或翌年春季用同龄大苗补植,成活率<40%时应重新造林。

造林次年以后每年对缺损、死亡林木采用同龄大苗补植。

(6)抚育管理　造林后雨季及时松土除草,做到里浅外深,坡地应浅,平地应深,一般以 5~20 cm 为宜。造林后,第一年要求抚育两次,时间为 5~6 月、9~10 月,主要进行松土除草,保持树穴完好无损,及时扶正苗木,逐年进行补植。第二年及以后每年抚育一次,及时防治各类病虫鼠害,加强护林防火,有效巩固造林成果。

2. 低山阴坡半阴坡针阔混交林

该模式主要针对区域内阴坡半阴坡的中、下坡,阴坡半阴坡水分条件较好,造林成活率高,因此该模式是六盘山土石山区造林的主要模式。

(1)整地　该模式整地方式主要采用漏斗式整地。整地时间根据造林时间确定,春季造林的在上一年夏季或秋季进行整地,夏季造林的当年春季进行整地,秋季造林的当年夏季进行整地。

(2)树种选择　针叶树主要采用落叶松、云杉,阔叶树主要采用桦类、辽东栎。

图 3-26　针阔混交栽植模式

（3）造林密度　株行距 2~3 m×3~4 m，每亩栽植 56~111 株；针阔混交比例为 4:6 或 5:5。

（4）栽植　起栽过程中，裸根苗栽植前用水浸根 24~36 h，使苗木充分吸水，并对苗木作必要修剪，剪掉腐烂或过长的根系、病虫枝、折断枝和稠密的细弱小枝，起苗时尽量保全根系，栽时直立穴中，保持根系舒展，回填湿土，填到一半时稍提一下树苗并分层踏实。容器苗先全部浇透水，使培养基充分吸水，以增强苗木的抗旱能力，将长出容器底部的根全部剪掉，并将弱、小、坏苗清除，确保苗木质量，栽植时拆开营养袋，将苗木连同土球扶正放入植苗坑中央，保证土球底部与坑底接合紧密，回填土要压实，没过土球 1 cm 为宜。

（5）补植补造　对造林成活率达不到要求的要进行补植补造。全部采用人工补植、大苗造林方法，造林时间安排在立春至雨水节气之间，造林时严把造林苗木关、造林质量关和造林验收关，当天造不完的苗木要及时进行假植。为保证成活率，要求裸根苗采取根部蘸泥浆的措施。容器苗或带土球的苗木在栽植时,将苗木扶正,适当填土并剪断、抽掉包扎的草绳、容器,使土球根系与土壤充分接触,边填土边踏实。

(6)抚育管理 在补植补造的基础上,进行幼林抚育管理及病虫鼠害综合防治,具体措施以除草和鼠兔防治为主,为幼树提供良好的生长环境,巩固造林成果。

3. 中高山山顶梁峁灌木林

该模式主要针对区域内山顶梁峁区域,宜营造灌木林。

(1)整地 整地采用反坡鱼鳞坑方式,规格 80 cm×80 cm×80 cm,沿等高线整地,整地时间以秋季为主,春季为辅,夏季作为补充。秋季一般在 9 月中旬开始至土壤封冻前结束,劳力充足的也可适时边整边栽。春季在 3 月中旬土壤解冻至 4 月上旬。

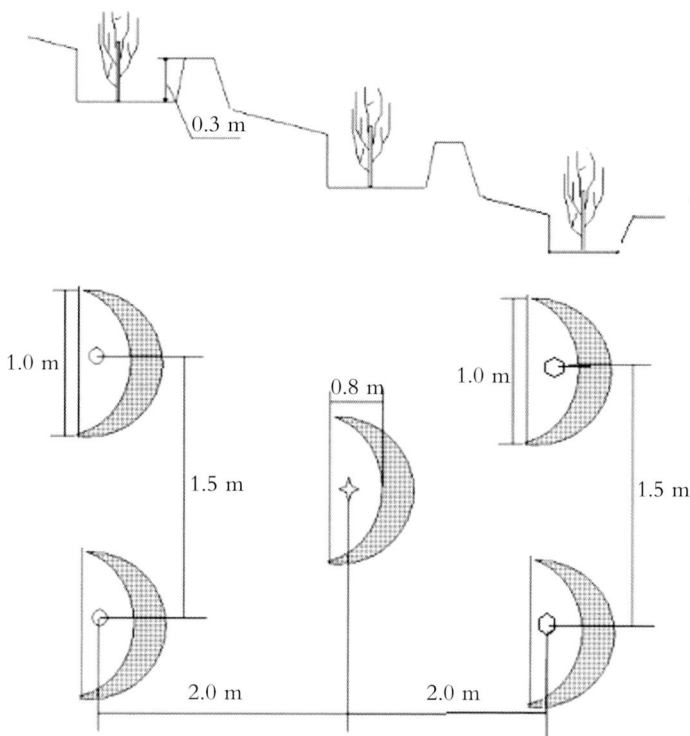

图 3-27 反坡鱼鳞坑整地模式

(2)树种选择　主要采用沙棘、山桃、白桦、辽东栎等。

(3)造林密度　株行距 2~3 m×3 m,每亩栽植 75~111 株。

(4)栽植　采用植苗造林方式,造林时间以秋、春季为宜,栽植以春季为主,秋季进行补植。春季造林宁早勿迟,有利于苗木成活。

(5)补植补造　结合当年抚育进行全面的成活率检查,凡成活率在 41%~84%之间,或虽达到 85%以上,但有局部或成片死亡者,均需进行补植。补植应在造林后第二年春进行补植工作, 补植苗木采用与造林小班的同树种同龄Ⅰ、Ⅱ级大苗。

(6)抚育管理　造林后五年内,必须加强林木管护,严禁放牧,及时进行有害生物防治,适时松土除草。幼林抚育主要是松土、除草、培土、修枝、灌溉等,促进幼林生长。一般连续抚育 3 年,每年 1~2 次,直至林分郁闭。

3.4.3.2　南部黄土丘陵立地区

1. 河谷川道阔叶林

该模式主要针对区域内降水量大于 350 mm 的地势平缓、丘陵间的河川谷地造林。

(1)整地　主要采用漏斗式或"回"字形整地,定植穴 80 cm×80 cm×80 cm,整地时间根据造林时间确定,春季造林的在上一年夏季或秋季进行整地;夏季造林的当年春季进行整地;秋季造林的当年夏季进行整地。

(2)树种选择　树种主要选择杨、柳、刺槐、榆、臭椿等。

(3)造林密度　株行距 3~4 m×4 m,每亩栽植 56~67 株。

(4)栽植　采用植苗造林方式,造林时间以秋、春季为宜,栽植以春季为主,秋季进行补植。春季造林宁早勿迟,有利于苗木成活。

(5)补植补造　结合当年抚育进行全面的成活率检查,凡成活率在 41%~84%之间,或虽达到 85%以上,但有局部或成片死亡者,均需进行补植。补植应在造林后第二年春进行补植工作，补植苗木采用与造林小班的同树种同龄Ⅰ、Ⅱ级大苗。

（6）抚育管理 造林后五年内,必须加强林木管护,严禁放牧,及时进行有害生物防治,适时松土除草。幼林抚育主要是松土、除草、培土、修枝、灌溉等,促进幼林生长。一般连续抚育 3 年,每年1~2次,直至林分郁闭。

2. 台塬坡地生态经济林

该模式主要应用于降水量大于 350 mm 黄土丘陵坡地造林，主要营造以山杏、山桃等为主的生态经济林。

（1）整地 雨季前采用"88542"水平沟整地或大鱼鳞整地。"88542"水平沟整地即在坡地上沿等高线挖深 0.8 m、宽 0.8 m 的沟槽,以沟槽内原土筑成埂高 0.5 m、埂顶宽 0.4 m,沟槽内侧坡面表土回填,形成 2 m 宽、0.5 m 深的水平沟,拍实外埂。大鱼鳞整地整地的方式,坑穴规格不低于 60 cm× 60 cm×60 cm。坑穴挖好后,有条件的可施底肥,每穴施入优质有机肥 2 kg,与土混匀,分层施入。

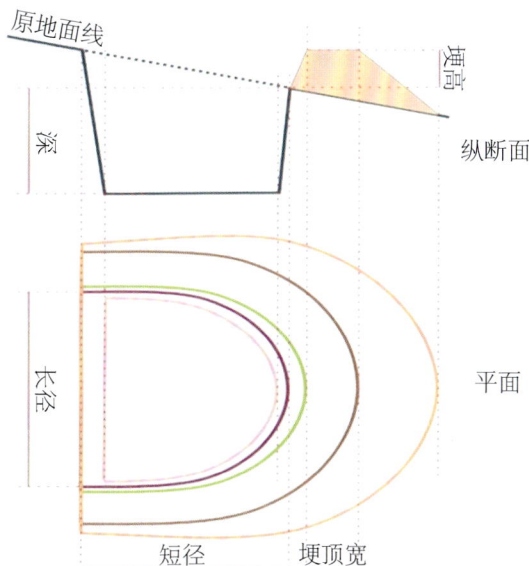

图 3-28 "88542"水平沟整地模式

(2)树种选择　树种主要选择山桃、山杏、文冠果、樟子松等。

(3)造林密度　株行距 3~4 m×4 m,每亩栽植 56~67 株。

(4)栽植　选择春季栽植为主,春季 4 月上旬至下旬进行栽植。秋季栽植为 9~10 月份。植苗时要保证苗木位正干直、根系舒展,先回填坑底湿土,阔叶树栽植要符合"三埋两踩一提苗"的规范要求,使苗木根系舒展,与土壤紧密接触,覆土深度在根系土痕线以下 2 cm 处。苗木定干高度 60~70 cm。栽植后立即浇透水,水渗干后要扶正苗木,培土封穴。修成直径略大于栽植穴的树盘,上覆塑料薄膜,以保墒增温,提高成活率。

(5)补植补造　结合当年抚育进行全面的成活率检查,凡成活率在 41%~84%之间,或虽达到 85%以上,但有局部或成片死亡者,均需进行补植或重新造林。补植苗木一般在雨季,用同龄容器苗,以使林相整齐。

(6)抚育管理　造林后五年内,必须加强林木管护,严禁放牧,及时进行有害生物防治,适时松土除草。幼林抚育主要是松土、除草、培土、修枝、灌溉等,促进幼林生长。一般连续抚育 3 年,每年 1~2 次,直至林分郁闭。

3. 梁峁顶部灌木林

该模式主要用于降水量大于 350 mm 黄土丘陵坡地顶部的灌木林营造。

(1)整地　主要采用鱼鳞坑整地,规格为 60 cm×60 cm×60 cm,整地时间根据造林时间确定,春季造林的在上一年夏季或秋季进行整地;夏季造林的当年春季进行整地;秋季造林的当年夏季进行整地。

(2)树种选择　树种主要选择中间锦鸡儿、沙棘、山桃等。

(3)造林密度　株行距 3 m×3~4 m,每亩栽植 56~67 株。

(4)栽植　选择春季栽植为主,春季 4 月上旬至下旬进行栽植。秋季栽植为 9~10 月份。植苗时要保证苗木位正干直、根系舒展,先回填坑底湿土,栽植要符合"三埋两踩一提苗"的规范要求,使苗木根系舒展,与土壤紧密接触,覆土深度在根系土痕线以下 2 cm 处。苗木定干高度 60~70 cm。栽植后立即浇透水,水渗干后要扶正苗木,培土封穴。修成直径略大于栽植穴的树盘,上覆塑料薄膜,以保墒增温,提高成活率。

(5)补植补造 结合当年抚育进行全面的成活率检查,凡成活率在 41%~84% 之间,或虽达到 85% 以上,但有局部或成片死亡者,均需进行补植或重新造林。补植苗木一般在雨季,用同龄营养钵苗,以使林相整齐。

(6)抚育管理 造林后五年内,必须加强林木管护,严禁放牧,及时进行有害生物防治,适时松土除草。幼林抚育主要是松土、除草、培土、修枝、灌溉等,促进幼林生长。一般连续抚育 3 年,每年 1~2 次,直至林分郁闭。

4. 干旱区黄土台地灌木林

该模式主要应用于降水量小于 350 mm 黄土台地区域,营造以中间锦鸡儿为主的灌木林。

(1)整地 根据立地条件整地方式确定为两种,即穴状整地和带状整地。

适时整地是提高造林成活率的关键,该模式整地时间可选择在造林前一年的秋季或雨季进行,秋季造林应在当年的 6~8 月进行,也可在造林前一季整地或当季整地。

穴状整地:在坡度≥25°的陡坡的地区进行穴状鱼鳞坑整地,坑穴规格为 80 cm×80 cm×30 cm。挖穴时工人用铁锹深挖 30 cm,拍碎土块,表土抹光,边整地边穴播,以利保墒,提高出芽率。

带状整地:在坡度≤25°的缓坡或斜坡区域进行带状整地,方式为三行带状,带间距 4 m,种植带宽 1 m。

(2)树种选择 树种以中间锦鸡儿容器苗山桃、沙棘等为主。

(3)造林密度 株行距 3 m×4 m,每亩栽植 67 株。

（4）栽植　在造林季节,将苗木连同容器一起深栽,如采用不能降解的塑料容器,需要及时剔除容器外壳,栽植深度要超过原土印 3~5 cm,边埋土,边从四周向土陀挤压,防止原土陀破碎。

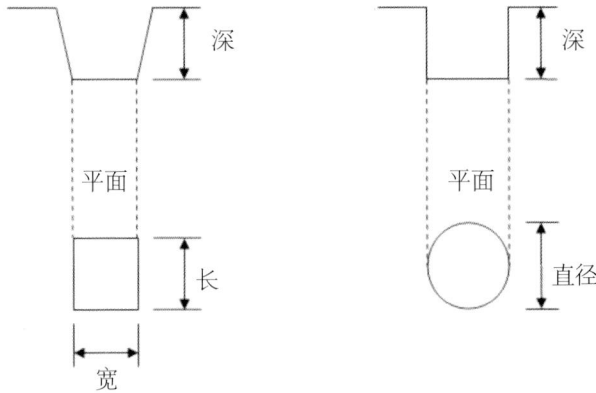

图 3-29　穴状整地模式

（5）补植补造　造林后当年或第 2 年、第 3 年,对造林成活率不合格的造林地,应及时进行补植。补植苗木一般在雨季,用同龄容器苗,以使林相整齐。

（6）抚育管理　中间锦鸡儿种植后第一年到第三年为幼林抚育管理期。主要包括管护、除草和病虫害防治。要看护好林地,禁止人畜危害,保证幼苗生长。要对 3 年内的小苗每年要进行一次除草。

中间锦鸡儿栽植后的第五年开始就进入中龄林抚育管理期。采取的主要措施是平茬。中间锦鸡儿定植后第五年,萌芽更新能力增强,如果不及时进行更新,就会出现植株衰老,生长缓慢的现象。需要采用平茬的方法来进行更新复壮,平茬后的中间锦鸡儿生长更为茂盛。平茬最好在每年种子采收后的秋末、初冬进行。从第一次平茬开始算起,以后每隔 5 年要平茬一次,这样既能促进植株复壮,又能延长中间锦鸡儿寿命。

3.4.3.3 中部台地–风沙区立地区

1. 平铺沙地中间锦鸡儿灌木林

该模式主要应用于地势平缓的固定、半固定沙地造林。

（1）整地　整地在造林前一个月进行。采取带状整地，即：整地深 30 cm，3 m 种植带、3 m 保护带，在栽植带内种植两行间距为 2 m 的中间锦鸡儿。

（2）树种选择　树种采用中间锦鸡儿、花棒、沙打旺等。

（3）造林密度　株行距 2 m×4 m 或 2 m×3 m，每亩栽植不少于 84 株。

（4）栽植　采用容器苗造林，一般在中等强度降雨后抢墒营造。

先挖好植苗坑，规格为直径 20 cm，深 45 cm 以上。无底容器杯直接置入定植坑，有底容器杯先将其剪开再放入植苗坑，苗木置入植苗坑后填土踏实，苗木地上部分留 5 cm，秋季植苗造林有风蚀可能的沙地要随栽植随用土覆盖苗木，覆土厚度一般为 5 cm。

（5）补植补造　造林后当年或第 2 年、第 3 年，对造林成活率不合格的造林地，应及时进行补植、补播或重新造林。补植苗木一般在雨季，用同龄容器苗，以使林相整齐。

（6）抚育管理　中间锦鸡儿栽植后的第一年到第三年的抚育管理为幼林抚育管理期。主要包括管护、除草和病虫害防治。要看护好林地，禁止人畜危害，保证幼苗生长。要对 3 年内的小苗每年要进行一次除草。

中间锦鸡儿栽植后的第五年开始就进入中龄林抚育管理期。采取的主要措施是平茬。中间锦鸡儿定植后第五年，萌芽更新能力增强，如果不及时进行更新，就会出现植株衰老，生长缓慢的现象。需要采用平茬的方法来进行更新复壮，平茬后的中间锦鸡儿生长更为茂盛。平茬最好在每年种子采收后的秋末、初冬进行。从第一次平茬开始算起，以后每隔 5 年要平茬一次，这样既能促进植株复壮，又能延长中间锦鸡儿寿命。

2. 干燥半流动沙地草方格固沙林

主要针对区域内半流动沙地固沙造林,这些区域造林难度大,宜采用工程措施和生物措施相结合的治沙造林方式。

(1)整地 采用草方格固沙+灌木造林。草方格沙障扎设率为100%,草方格扎设规格为 1 m×1 m,草量为 0.75 kg/m²。草方格中间利用天然降水栽植适宜灌木。

(2)树种选择 树种主要为中间锦鸡儿、花棒、沙蒿等。

(3)造林密度 株行距 2 m×4 m,每亩栽植 84 株。

(4)栽植 利用雨季栽植中间锦鸡儿、花棒、沙蒿等耐旱灌草容器苗;在丘间低地等适宜地段雨后趁墒补植中间锦鸡儿、花棒等灌木容器苗。

(5)补植补造 造林后当年或第 2 年、第 3 年,对造林成活率不合格的造林地,应充分利用天然降雨及时进行补植、补播或重新造林。

(6)抚育管理 中间锦鸡儿植苗造林后的第一年到第三年的抚育管理为幼林抚育管理期。主要包括管护、除草和病虫害防治。要看护好林地,禁止人畜危害,保证幼苗生长。要对 3 年内的小苗每年要进行一次除草。

3.4.3.4 宁夏平原立地区

1. 农田道路防护林带

主要在农田、铁路、高速公路、国省道等主要道路两侧及干渠两侧营造单侧宽度在 3 行以上的防护林带。

(1)整地 整地方式采用穴状整地,种植穴规格不低于 80 cm×80 cm×80 cm,一般在造林前一周内整地。

(2)树种选择 树种主要为杨、柳、槐、白蜡等。

(3)造林密度 株行距 2 m×3 m,每亩栽植 111 株。

(4)栽植 采用植苗造林,阔叶苗木根据"三埋二踏一提苗"的技术要求,保持根系顺畅,与土壤紧密接触,无"掉根"或露缝。栽植前对树木主干进行截干、修枝、缠膜,根系蘸生根粉溶液,栽植后及时灌水、穴坑覆膜。

(5)补植补造　对造林成活率达不到85%的要求进行补植补造。全部采用人工补植、大苗造林方法,造林时严把造林苗木关、造林质量关和造林验收关,当天造不完的苗木要及时进行假植。为保证成活率,要求裸根苗采取根部蘸泥浆措施。容器苗或带土球的苗木在栽植时,将苗木扶正,适当填土并剪断、抽掉包扎的草绳、容器,使土球根系与土壤充分接触,边填土边踏实。

(6)抚育管理　造林后,第一年要求抚育两次,时间为5~6月、9~10月,主要进行松土除草,保持树穴完好无损,及时扶正苗木,逐年补植。第二年及以后每年抚育一次,及时防治各类病虫鼠害,加强护林防火,有效巩固造林成果。

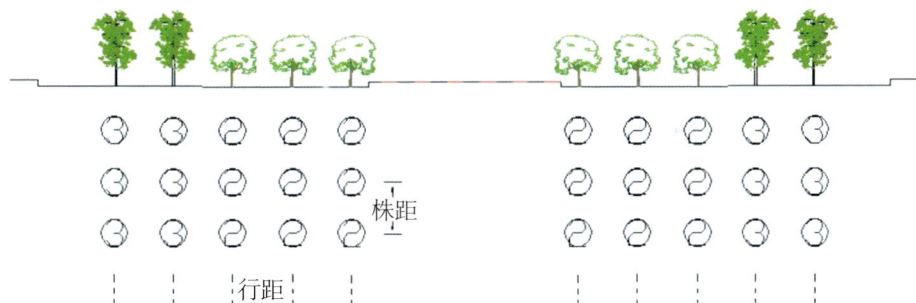

图 3-30　宽幅防护林带栽植模式

2. 城乡绿化美化景观林

主要在各城市规划区、风景名胜区、湿地公园及农村庄点等。这些区域在尊重自然条件的基础上,以园林景观设计的理念进行规划设计,通过科学合理的树种配置和先进的技术手段根据需要营造不同的景观效果,同时也兼具一定的生态效益。

(1)整地　一般采取穴状、带状或片状整地,土质较差的地区根据需要可换填种植土。种植穴规格一般乔木 80 cm×80 cm×80 cm,常青树 100 cm× 100 cm×100 cm,花灌木 50 cm×50 cm×50 cm,或根据实际苗木规格确定。

(2)树种选择

乔灌木:柳、龙爪槐、云杉、杏树、国槐、侧柏、丝绵木、垂柳、沙枣、金叶榆、紫叶矮樱、丁香、龙柏、云杉等。

色带及地被植物:紫叶小檗(俗称红叶小檗)、金叶莸、连翘、月季、马兰、草坪草等。

(3)栽植密度 栽植密度一般乔木株行距为 3 m×3 m,针叶树株行距为 3 m×3 m,花灌木株行距为 1.5 m×1.5 m。部分大规格乔木、针叶树和花灌木栽植密度应根据实际景观设计要求而定。

(4)栽植 栽植时间一般为春季,3 月下旬至 4 月底。外植的时间为 10 月,容器苗、带土球苗可延时栽植。

栽植前应根据不同苗木特点,对乔木苗木采取截干、主干缠膜、修根、剪枝、浸水等措施进行处理,栽植时用 50 mg·kg^{-1} 生根粉液蘸根。

种植时先施基肥,填入种植土,扶正苗木分层填土,轻踩使之紧实,注意带土球苗木种植时不能踩破土球。最后将底土填平至坑口,填土一般应比原来土痕线略低 3~5 cm。包装土球的难腐烂材料要去除。

植苗时要保证苗木位正干直,符合"三埋两踩一提苗"的规范要求,使苗木根系舒展,与土壤紧密接触。针叶树应将树形好的一面朝向主要观赏面。群植、丛植时,植株间树干或树冠的形态要互相协调。

(5)补植补造 苗木当年成活率低于85%时,于当年秋季或翌年春季用同龄大苗补植,成活率<41%时应重新造林。

(6)抚育管理

①幼林抚育:每年 2~3 次。穴内人工除草。

②灌溉与施肥:防护林采用滴灌,根据苗木需水情况及天气状况适时灌溉。为了促进苗木生长,使其尽快成林发挥生态效益,应结合灌溉适时施肥。防护林可适当追施尿素等速效肥料,每株每年施肥一次,株施肥量 25~50 g。

③管护:加强巡护管护,防止牲畜、羊只啃食树木及人为破坏,防止火灾发生。此外应加强病虫、鼠害的防治工作。

④整形修枝:剪去病虫危害枝、风折枝、倒伏枝等。

灌木种植后应做整形修剪,有主干灌木,除保留主干外,保留 3~5 个主枝,并对主枝进行重短截;对无主干灌木,可选留 12 个以上分布均匀的分枝,并进行重短截。

种植后做围堰,其半径比树坑半径大 20%~30%。栽后立即浇定根水,浇足浇透,待水全部渗下后在树坑上覆盖塑料薄膜,或及时覆土、封堰。根据土壤墒情,及时浇水。

3. 灌区经济林

主要指灌区在农地上营造的枸杞等经济林。

(1)整地　穴状整地,枸杞定植穴 30 cm×30 cm×30 cm,苹果等乔木定植穴 80 cm×80 cm×80 cm。

(2)树种选择　树种主要有枸杞、苹果、梨、红枣等。

(3)造林密度　枸杞株行距以 1 m×2 m~2 m×2 m 为宜,亩栽 167~330 株。苹果、红枣等以 2 m×3 m~2 m×4 m 为宜,亩栽 84~110 株。

(4)栽植　一般春季栽植,3 月下旬至 4 月底。秋季栽植时间为 10 月,栽植前应进行修根、剪枝、浸水等技术处理,栽植时用 50 mg·kg^{-1} 生根粉液蘸根。

植苗时要保证苗木位正干直,符合"三埋两踩一提苗"的规范要求,使苗木根系舒展,与土壤紧密接触。

(5)补植补造　苗木当年成活率低于 85%时,于当年秋季或翌年春季用同龄大苗补植,成活率<41%时应重新造林。

(6)抚育管理　栽后必须及时灌水,苹果、红枣等当年定杆,第二年以后根据需要逐年整形修剪,培养丰产树型。每年至少人工灌水6次,灌水时间及次数以保证树木正常生长发育为原则。

4. 黄河护岸林

黄河护岸林主要是营造于黄河两岸的河滩地、低洼地,保护黄河岸堤减少坍塌的防护林。

(1)整地　穴状整地,灌木定植穴40 cm×40 cm×40 cm,乔木定植穴80 cm×80 cm×80 cm。

(2)树种选择　树种主要有新疆杨、臭椿、刺槐、柽柳、沙枣、柳等。

(3)造林密度　林木株行距以3 m×3 m为宜,亩栽74株,可多树种行间混交,也可株间混交或块状混交。

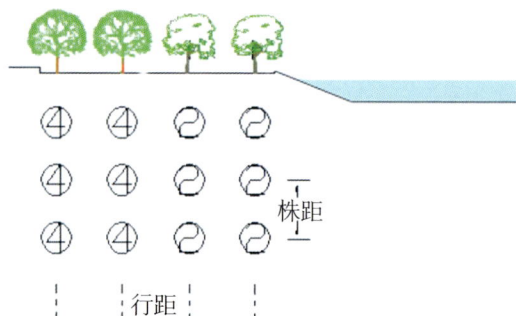

图3-31　护岸林栽植模式示意图

(4)栽植　栽植时间一般为春季,3月下旬至4月底。秋季栽植时间为10~11月。

栽植前应根据不同苗木特点,对乔木苗木采取截干、主干缠膜、修根、剪枝、浸水等措施进行处理,栽植时用50 mg/kg生根粉液蘸根。

植苗时要保证苗木位正干直,符合"三埋两踩一提苗"的规范要求,使苗木根系舒展,与土壤紧密接触。针叶树应将树形好的一面朝向主要观赏面。群植、丛植时,植株间树干或树冠的形态要互相协调。

(5)补植补造 苗木当年成活率低于85%时,于当年秋季或翌年春季用同龄大苗补植,成活率<41%时应重新造林。

(6)抚育管理 适时修枝,剪去枯枝;造林后及时灌水,当年至少灌水8次,灌水时间及次数以保证树木正常生长发育为原则,造林2年后,可减少灌水次数。

5. 盐碱地防护林

盐碱地造林主要是营造于银北的平罗和惠农等县(区),有中度盐碱土立地类型和低度盐碱土立地类型的防护林。

(1)整地 穴状整地,灌木定植穴40 cm×40 cm×40 cm,乔木定植穴80 cm×80 cm×80 cm。开沟整地开50 cm深、40 cm宽的沟;在有些地区地表下有钙积层,可用人工或机械方式打破钙积层,穴状或沟状整地均可,填入表土进行造林。

(2)树种选择 树种主要有刺槐、旱柳、垂柳、毛白杨、怪柳、紫穗槐、白蜡、沙枣等。

(3)造林密度 林木株行距以1 m×2 m~3 m×3 m为宜,亩栽74株以上。可多树种行间混交、也可株间混交、或块状混交。

(4)栽植 栽植时间一般为春季,3月下旬至4月底。秋季栽植时间为10~11月。

栽植前应根据不同苗木特点,对乔木苗木采取截干、修根、剪枝、浸水等措施进行处理。

植苗时要保证苗木位正干直,符合"三埋两踩一提苗"的规范要求,使苗木根系舒展,与土壤紧密接触。

(5)补植补造　苗木当年成活率低于85%时,于当年秋季或翌年春季用同龄大苗补植,成活率<41%时应重新造林。

(6)抚育管理　适时修枝,剪去枯枝;造林后必须及时灌水,灌水时间及次数以保证树木正常生长发育为原则,造林第2年后,可减少灌水次数。

3.4.4 造林关键技术

1. 集雨整地技术

(1)穴状集雨整地　破土面圆形或方形,栽植坑周围围成一个汇水区。适用于地形破碎、土层较薄的平地整地(图3-32)。

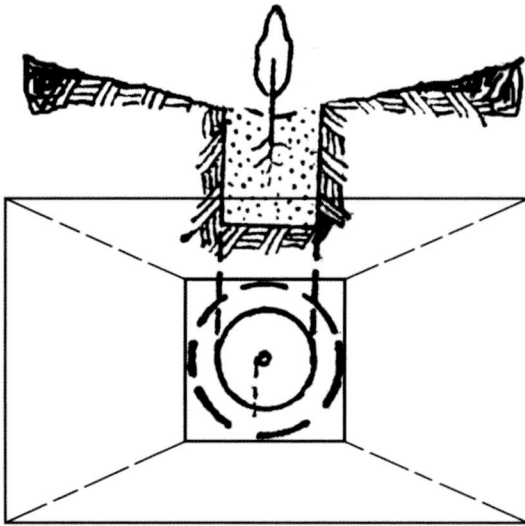

图3-32　穴状集雨整地示意

规格和方法:采用穴状整地,大穴的口径0.5~1.0 m,深度0.4~0.6 m;小穴的口径0.3~0.5 m,深0.3~0.5 m。挖坑后,以坑为中心,将坑周围修成120°~160°的边坡,形成一个面积4~6 m²的漏斗状方形坡面(或圆形)集水区,并将坡面做硬化化理(拍实)或铺膜。

(2)鱼鳞坑集雨整地　随自然坡形,沿等高线,按一定的株距挖近似半月形的坑,坑底低于原坡面30 cm,保持水平或向内倾斜凹入。适用于地形破碎,土层较薄的坡地整地,呈品字形排列(图 3-33)。

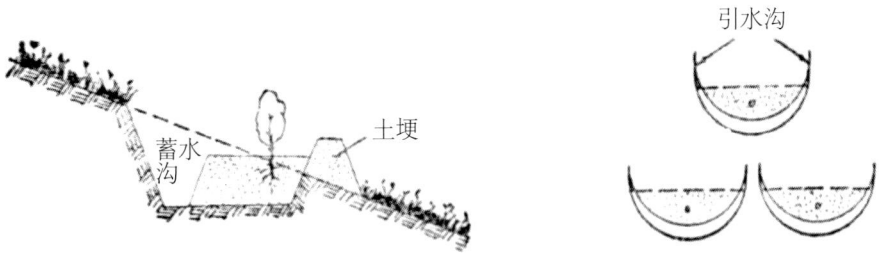

图 3-33 鱼鳞坑整地示意

规格和方法:坑长径 0.8~1.0 m,短径 0.6~0.8 m;坑下沿深度不小于 0.4 m,外缘半环型土埂高不小于 0.5 m。沿等高线自上而下开挖,先将表土堆放在两侧,底土做埂,表土回填坑内,在下坡面加筑成坡度为 30°~40° 的反坡(图 3-34)。

(3)反坡水平阶集雨整地 根据地形,自上而下,里切外垫,沿等高线开挖宽 1.0~1.5 m 的田面,田面坡向与山坡坡向相反,田面向内倾斜形成 8°~10° 的反坡梯田。适用于坡面完整、坡度在 10°~20° 的坡面整地(图 3-34)。

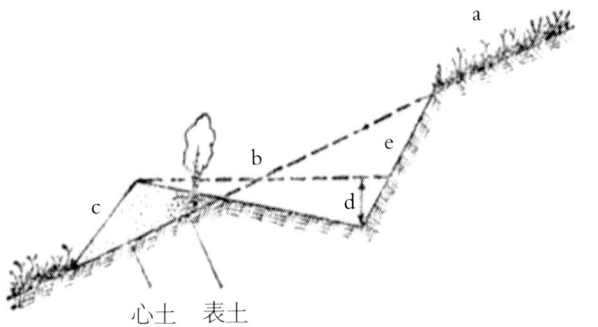

a. 自然坡面 b. 田面宽 c. 埂外坡 d. 沟深 e. 内侧坡

图 3-34 反坡梯田整地示意

(4)反坡水平沟集雨整地 反坡水平沟整地技术用于坡面较整齐,坡度小于 30°,土层深厚的坡地,采取人工或机械沿等高线连续开挖出长度不限的沟槽。

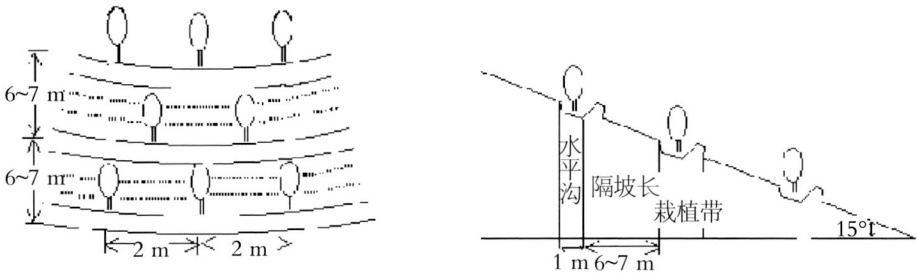

图 3-35 反坡水平沟整地示意

规格和方法：带间宽度视降水和坡度大小而定,一般 5~7 m,根据地形沿等高线人工或机械开挖沟槽,沟宽 60~80 cm,沟深 60~80 cm,长不限,每隔 5 m 留 50 cm 挡埂,表土活土回填,用生土在沟外侧下坡筑成高 50 cm、埂宽 60 cm 的地埂。

2. 贮水灌溉造林技术

建立贮水窖,将秋闲水、洪水、雪水就地拦蓄、贮存起来,通过人为重新分配,进行灌溉造林。

3. 覆盖造林技术

造林后在苗木周围铺设地膜、覆盖秸秆、平铺石块、喷洒生化抗蒸发剂等,抑制土壤水分蒸发,保持土壤水分。

4. 保水剂造林技术

苗木定植时,施用 10~50 g 的保水剂洒埋于树苗根部,在一次浇水或降雨后便可将水分吸附于土壤中,供林木长期吸收。也可用 50~100 g 抗旱保水剂兑 50 kg 水,充分搅拌溶解成糊状,栽植时每株苗木浇该溶液 0.5 kg 后迅速盖土,其后可视干旱情况进行灌水。

5. 流动、半固定沙地(丘)造林技术

流动、半固定沙地(丘)造林,首先采用机械沙障等工程措施固定沙丘,然后实施直播造林或植苗造林。主要用于沙漠、沙地中的道路两侧、绿洲外围的防风固沙林的营造。

6. 沙地集雨造林技术

在降水量大于 100 mm 的沙漠、沙地丘间低地,按 4~5 m 行间距开沟,沟深 30 cm,向沟两边翻土,再将沟两旁修成 120°~160° 的边坡,然后在沟内按 4~5 m 间距打一条高约 25 cm 的横埂, 两边坡与两横埂之间围成一个面积 20~25 m² 的双坡面集水区,再在沟内栽植梭梭、怪柳等灌木,可使两边坡上所产生的径流水补给到林木根部。

7. 秋季截干无灌溉造林技术

造林时一般采用 2 年生易萌生树种苗木(柳、山杏、山桃、沙棘、刺槐等),截去主干,根上部留杆 20 cm,秋季土壤封冻前进行栽植,栽植时地上留 2 cm,栽植后用表土将地上部分完全覆盖,形成一个小土堆,来年发芽时再剖开,无需灌溉。

附录

宁夏空间规划试点中林地分类标准的
应用及其实用意义

魏耀锋[1],张晓娟[2],李怀珠[1],岳　鹏[1],郭佳琪[3],冯仲科[3]

(1. 宁夏回族自治区林业调查规划院,宁夏 银川 750001;

2. 宁夏回族自治区金沙林场,宁夏 银川 750001;

3. 北京林业大学精准林业北京市重点实验室,北京 100083)

摘要:统一地类标准是编制空间规划的核心工作,宁夏回族自治区在承担中央空间规划改革试点过程中,针对现行体制下林业与国土部门林地标准不一及两部门矢量数据差异较大的现实问题,在参照林业、国土等多个部门地类标准和浙江开化等县(区)空间规划试点的基础上,结合宁夏实际,制定了包括林地在内的新地类标准,最终在空间编制规划工作中实现了林地的唯一属性,文中对空间规划新林地分类标准的建立及意义展开陈述。

关键词:空间规划;林地分类标准;唯一属性;生态红线;宁夏回族自治区

中图分类号:S718.53;S758.57　　文献标识码:A

收稿日期:2019-05-09.

基金项目:宁夏空间规划财政专项基金.

第一作者:魏耀锋(1969—),男,宁夏固原人,高级工程师. 主要从事森林经理方面的研究.

Email:550422311@qq.com

文章编号:1671-3168(2019) 05-0015-03

引文格式: 魏耀锋,张晓娟,李怀珠,等. 宁夏空间规划试点中林地分类标准的应用及其实用意义[J]. 林业调查规划,2019,44(5):15-17,21.

WEI Yaofeng,ZHANG Xiaojuan,LI Huaizhu,et al. Application and Practical Significance of Forest Land Classification Standard in Ningxia Spatial Planning Pilot [J]. Forest Inventory and Planning,2019,44(5):15-17,21.

Application and Practical Significance of Forest Land Classification Standard in Ningxia Spatial Planning Pilot

WEI Yaofeng[1],ZHANG Xiaojuan[2],LI Huaizhu[1],YUE Peng[1],GUO Jiaqi[3], FENG Zhongke[3]

(1. *Ningxia Institute of Forestry Investigation and Planning*,Yinchuan 750001, *China*;2. *Jinsha Forest Farm in Ningxia*,Yinchuan 750001, *China*;3. *Beijing Key Laboratory of Precision Forestry*, *Beijing Forestry University*,Beijing 100083, *China*)

Abstract: The unification of land classification standards was the core work of compiling spatial plan-ning. In the process of carrying out the pilot reform of central spatial planning in Ningxia,the new land classification standards including forest land were formulated by referring to the land classification stand-ards of forestry,land and other departments in the light of the actual problems of the difference of forest land standards and vector data between the two departments based on the pilot projects of spatial planning in counties (districts) such as Kaihua of Zhejiang,and the actual situation of

Ningxia, which realized the unique attribute of forest land in the work of spatial planning. This paper also presented the establish −ment and significance of the new classification standard of forest land in spatial planning.

Key words: spatial planning; forest land classification standards; unique attribute; ecological red line; Ningxia Hui Autonomous Region

1 导言

林地是重要的自然资源，是森林赖以生存与发展的根基，在维护国土生态安全、保障木材及林产品供给中具核心地位。林地地类划分是科学利用林地以及林业调查规划设计的基础性工作，林地地类划分标准是否科学合理，对林地合理利用、林业调查规划设计工作的影响极大[1]。

2016 年，宁夏回族自治区(以下简称"宁夏区")承担了中央深改领导小组部署的空间规划(多规合一)改革试点工作，核心任务是在全自治区国土空间内整合住建、国土、环保、交通、林业、农牧、水利等规划，划定统一的"三区三线"，"三区"即生态、农业和城镇空间，"三线"即生态保护红线、永久基本农田保护红线和城镇开发边界，编制《宁夏空间规划(2016—2035 年)》，形成管控全域的"一本规划"和"一张蓝图"。空间规划(多规合一)试点前，宁夏区各部门都有行业规划，部门之间存在规划衔接不够、相互扯皮等问题，特别是国土空间中林业与国土部门的林地矢量数据存在不一致问题，难以形成全区空间统一的"一本规划"，合成统一管控的"一张蓝图"。对标问题，宁夏空间规划试点在 参照《土地利用现状分类》[2]、《城市用地分类与规划建用地标准》[3]等"国标"地类、《林地分类》[4]等"行标"地类、《土地规划用途分类》等"推标"地类的基础上，借鉴浙江省、海南省、深圳市、德清县等省市县的空间用地分类标准,结合宁夏实际,制定了《宁夏回族自治区空间规划用地分类标准》,最终实现了在宁夏全区国土空间规划中新的林地标准。

国土空间林地等地类唯一属性实现后,宁夏划定了自治区全域空间的"三区三线",按照生态文明建设的要求,制定了切实可行的生态红线管控措施。通过编制空间规划,对实现党的十八大提出的"生产空间集约高效、生活空间宜居适度、生态空间山清水秀"的建设目标具有重要的现实意义,同时推动了宁夏空间规划改革试点任务的顺利完成。

2　新林地分类标准及应用

2.1　新林地分类标准

我国目前现行的林地标准主要有林业部门的《林地分类》(LY/T1812—2009)标准,国土部的《土地利用现状分类》(GB/T21010—2007)标准前者将林地划分为有林地、灌木林地等 8 个二级地类,13 个三级地类;后者将林地划分为有林地、灌木林地和其他林地等 3 个二级地类。而新的宁夏空间规将林地划分为有林地等 4 个二级地类。

宁夏空间规划对"林地"的定义是:"指生长乔木、灌木的土地,以及林业、规划部门认定的适宜种 植林木、用于造林的土地。包括迹地(不包括铁路、公路征地范围内的林木),河流、沟渠的护堤林以及为林业生产提供服务的工程设施用地"。

宁夏空间规划的林地标准从分类体系上比对,"林地"被定位为"农用地"(二级地类)下的三级地类,"有林地"等为"林地"下的四级地类,分类标准及含义如表 1 所示。

从概念上比对,宁夏空间规划(多规合一)确定的有林地、灌木林地、宜林地与林业部门的有林地、灌木林地、宜林地概念一致,空间规划(多规合

表 1 《宁夏空间规划土地利用现状分类》中林地分类

Tab.1 Forest land classification by *Classification of Current Land Use in Ningxia Spatial Planning*

一级类	二级类	含义
林地（2130）	有林地（2131）	乔木郁闭度≥0.2 的林地
	灌木林地（2132）	灌木覆盖度≥30%的林地
	其他林地（2133）	包括疏林地（树木郁闭度≥0.1、<0.2 的林地）未成林、苗圃、无立木林地林业辅助生产用地等林地
	宜林地（2134）	县级以上人民政府规划的适合种植林木的荒山、荒地、荒坡、荒滩、荒沙地和其他用于发展林业的土地,是提高森林覆盖率的重要保障用地

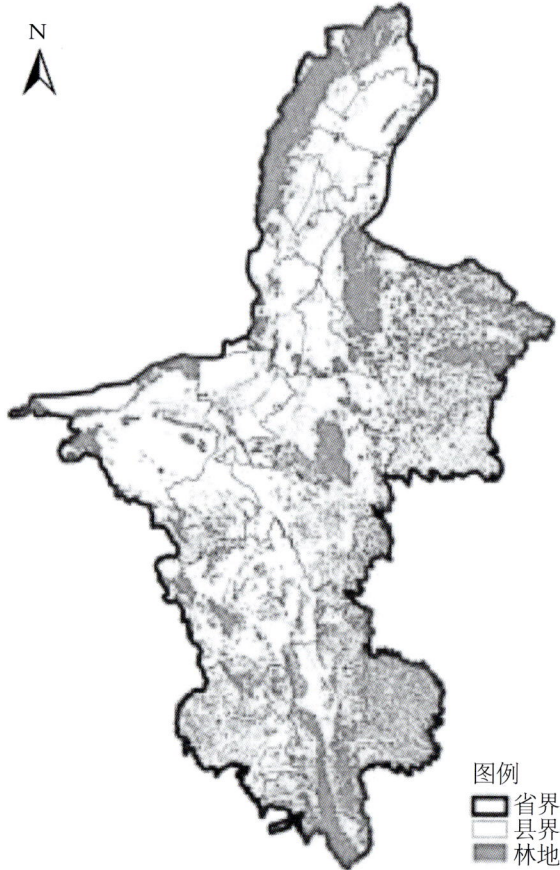

图 1 宁夏回族自治区空间规划（多规合一）林地分布

Fig.1 Distribution of forest land in spatial planning（multi－planning）of Ningxia

一)将疏林地、未成林地、苗圃、无立木林地、林业辅助生 产用地合并统称为其他林地,与林业部门"林地"二 级林地中的"疏林地、未成林地、苗圃、无立木林地、林业辅助生产用地"等 5 类林地完全对应,并全部采用了《林地分类》(LY/T1812—2009)标准中"疏林地"等 5 个地类的标准定义。空间规划(多规合一)细分的四大类的二级林地,虽然从分类体系上与国土部门对林地的分类比较接近(空间规划有宜林地,国土部门无宜林地),但从概念和技术标准上讲,空间规划的四大类林地与《林地分类》(LY/T1812—2009)标准中的八大类林地基本一致,只是空间规划(多规合一)没有特殊灌木林地(灌木林地的下一级地类)。空间规划完成后的林地总面积为 156.14 万 hm²。

从图 1 中可以看出,空间规划(多规合一) 确定的林地主要分布在贺兰山、白芨滩、哈巴湖、香山、罗山、南华山、西华山、六盘山等自然保护区,以及盐池、海原、原西吉、原州、彭阳、隆德、泾源等县区的丘陵山区。

2.2　新林地分类标准的应用

1. 实现包括林地在内的所有空间地类唯一属 性后,编制完成了《宁夏空间规划(2016—2035 年》。

2. 包括林地在内的宁夏空间规划(多规合一)用地分类标准等一系列的标准体系通过了习近平总书记主持中央深化改革领导小组办公室的审定,并肯定了"宁夏经验"和做法。

3. 新的用地分类标准等技术体系及编制的空间规划通过自治区人大常委会立法。2017 年 5 月 25 日,自治区第十一届人民代表大会常务委员会第31 次会议审议通过了《宁夏回族自治区空间发展战略规划条例》,自 2017年 7 月 1 日起施行。

4. 宁夏林业厅在 2018 年全区森林资源二类调查中将全面推广应用空间规划(多规合一)的林地落界成果。

5. 自治区划定生态红线应用了空间规划成果。按自治区空间规划划定的林地边界,由自治区环保厅牵头,按有关要求已将生态脆弱区、敏感区、自然保护区核心区及缓冲区林地纳入宁夏生态红线范围, 宁夏生态保护红线已报国务院获批,成为全国第一批完成生态红线划定的 15 个省区之一。

3 新林地分类标准的实用意义

宁夏空间规划试点中,林地等地类唯一属性的 确定及空间规划(多规合一)的完成,在地类划分、"三区三线"划定及管控等多个方面打破了现有的 国家标准、行业标准、地方标准等各项技术规程,突破了现有的法律法规及政策规定,从空间规划(多规合一)的角度,对国土、住建、农牧、林业、水利、交通等部门的行业法律和政策进行了高度整合, 形成了具有空间规划(多规合一)特色的、创新性的管理国土空间的技术规程和管控要求。

(1)统一了满足所有行业规划需要的《宁夏空间规划土地利用现状分类》标准。充分考虑了包括林 地在内的各地类标准,结合宁夏实际及浙江开化等 县的试点经验,制定了宁夏空间规划用地分类标准, 对林地、牧草地和荒草地等地类的概念重新进行了 界定。

(2)宜林地由林业行业地类列入空间规划(多规合一) 用地分类标准。宜林地是林业部门确定的林地的下一级地类, 在国土部门制定的林地的二级地 类中没有宜林地这个地类。通过多轮协商,广泛征求社会各界意见及建议后,将宜林地确定为宁夏空间规划(多规合一)林地的子地类,即由林业部门管理的行业地类变成空间规划的社会治理公用地类, 为宁夏生态林业建设预留了空间。

(3)30% 及以上的灌木覆盖度列入空间规划(多规合一) 森林覆盖率统计标准。林业部门认定的森林覆盖率对灌木林的认定标准是:在 400 mm

降雨线之下区域、覆盖度大于等于 30% 以上的灌木林为特殊灌木林，计入森林覆盖率；400 mm 降雨线之上区域、覆盖度大于等于 30% 以上的灌木林不计入森林覆盖率(计入绿化率)；国土部门认定的森林覆盖率对灌木林的认定标准：覆盖度大于等于 40% 以上的灌木林计入森林覆盖率。本次空间规划在充分借鉴 2 部门标准的基础上，结合宁夏区实际，确定覆盖度大于等于 30% 的灌木林计入森林覆盖率，这样，宁夏泾源县、隆德县和六盘山保护区范围内大于等于 30% 的灌木林均将计入森林覆盖率，对提升宁夏区生态文明建设水平具有重要现实意义。

(4)首次实现开门搞规划。包括空间规划用地分类等标准体系的制定、"三区三线"的划定及相应管控措施的制定、空间规划的编制等过程中，"四上四下"征求宁夏回族自治区和市县党委、人大、政府、政协及社会民众对规划体系及文本的意见建议，并多次与中央深化改革领导小组办公室、国家发改委、住建部、国土部、国家林业局等部委沟通，在许多技术难点和瓶颈问题上达成共识，取得支持。

4　结论

林地等地类唯一属性的实现，是空间规划(多规合一)过程中具有转折意义的重要进程，解决了多年来政府各部门对地类界限不统一（一地多证等，如同一块地有耕地证、林权证，还有草原证）、事权界限不清、管理责任不明等一系列难点和热点问题，也是多年来国家各部委想解决而未解决的难题，是政出多门、数出多门、规划不协调、项目落实难等一系列影响可持续发展的症结和根本原因所在。

林地唯一属性实现后，实现了真正意义上的全自治区各部门均认可的、没有界限争议的林地和其他地类，也是宁夏回族自治区成立以来第一次摸清了"家底",厘清了政府各部门的事权界限。

　　林地唯一属性的落实,厘清了空间上一致的林地底数,对自治区划定"三区三线",贯彻落实中央生态文明建设的各项要求,各部门有针对性地贯彻宁夏生态立区战略的各项措施,对国土、林业、农牧部门进一步划定部门事权范围,挖掘部门工作潜力、制定部门发展战略、确定部门发展目标、量化部门工 作职责等均具有重要的现实意义。

参考文献

[1] 辛奠勇.对林地地类划分问题的探讨[J].林业调查规划,2017,42(3):4-8.

[2] 陈百明,周小萍.《土地利用现状分类》国家标准的解读[J].自然资源学报,2007,22(6):994-1003.

[3] 中华人民共和国住房和城乡建设部.城市用地分类与规划建设用地标准:GB50137—2011[S].北京:中国建筑工业出版社,2011.

[4] 国家林业局.中华人民共和国林业行业标准:林地分类（LY/T 1812—2009）[S].2009.

宁夏空间规划试点中林地精细分类标准的构建

马孝仓[1],雷学武[1],李怀珠[2],岳　鹏[2],魏耀锋[2],李玉冬[3],冯仲科[3]

(1. 西吉县林业局,宁夏 西吉 756200;2. 宁夏林业调查规划院,宁夏 银川 750001;
3. 北京林业大学 精准林业北京市重点实验室,北京 100083)

摘要:以宁夏承担中央部署的空间规划改革试点为契机,比较了宁夏回族自治区林业和国土部门在林地面积数量统计和空间矢量叠加上存在的差异,分析产生差异的具体原因。在此基础上,综合考虑林业和国土部门的林地分类体系和概念内涵,制定出满足各部门规划需求的国土空间规划林地地类标准,通过多重属性图斑的比对,在空间地域上形成界线清晰的、属性唯一的林地及其他地类,落实了林地在空间上的唯一属性,解决了多年来政府各部门地类不统一、事权界限不清、管理责任不明、规划不协调、项目落实难等诸多问题,对科学划定"三区三线",实现国土空间用途管制、"一本规划"管控和"一张蓝图"具有现实意义。

关键词:空间规划(多规合一);林地分类标准;唯一属性;宁夏回族自治区

收稿日期:2018-11-30.

基金项目:宁夏空间规划财政专项资金.

第一作者:马孝仓(1973—),男,宁夏西吉人,高级工程师.研究方向为国有林场管理.
Email:782671259@qq.com

责任作者:魏耀锋(1969—),男,宁夏固原人,正高职高级工程师.研究方向为林业调查与规划设计.
Email:550422311@qq.com

中图分类号：S757.4 文献标识码：A

文章编号：1671-3168(2019)03-0008-05

引文格式：马孝仓,雷学武,李怀珠,等. 宁夏空间规划试点中林地精细分
类标准的构建[J]. 林业调查规划,2019,44(3):8-12.

MA Xiaocang,LEI Xuewu,LI Huaizhu,et al. Construction of Fine
Classification Standards for Forest Land in Spatial Plan-ning Pilot of Ningxia
[J]. Forest Inventory and Planning,2019,44(3):8-12.

Construction of Fine Classification Standards for Forest Land in Spatial Planning Pilot of Ningxia

MA Xiaocang[1],LEI Xuewu[1],LI Huaizhu[2],YUE Peng[2],WEI Yaofeng[2],
LI Yudong[3],FENG Zhongke[3]

(1. Xiji Forestry Bureau,Xiji,Ningxia 756200,China; 2. Ningxia Institute of
Forestry Inventory and Planning, Yinchuan 750001,China; 3. Beijing Key
Laboratory of Precision Forestry,Beijing Forestry University,Beijing 100083,China)

Abstract：This paper compared the differences on the statistics of forest land area and the spatial vector superposition between the forestry and the land departments in Ningxia Hui Autonomous Region,and an - alyzed the specific reasons for the differences based on the spatial planning reform pilot project deployed by the central government. The classification standard of forest land in spatial planning meeting the de-mand of both departments was developed considering the system and connotation of forest land classifica- tion of the forestry and the land departments,and the forest land and other land types with clear boundaries and unique attributes were formed by the comparison for parcels of multiple attributes, which clarified the unique attribute of forest land in the space, and solved the problems such as the inconsistency of land types among various government departments, unclear boundaries of powers, confused management respon－ sibilities, uncoordinated planning and difficulty in project implementation, which was of practical signifi－ cance for the scientific delimitation of "three zones and three lines" and the realization of land use con－ trol, "one plan" control and "one blueprint".

Key words: spatial planning; classification standard of forest land; unique attribute; Ningxia Hui Auton－ omous Region

宁夏空间规划改革试点是自治区成立以来首次承担由中央部署的重点改革工作。试点的核心任务 是以主体功能区规划为基础,整合住建、国土、环保、交通、林业、农牧、水利等规划,在开展《宁夏环境承载能力评价》和《宁夏国土开发适应性评价》的基础 上,科学划定"三区三线",制定空间发展战略,统筹 安排基础设施、产业发展、城乡发展、公共服务、资源 利用、生态环境保护等布局,编制《宁夏空间规划(2016—2030 年）》,形成管控全域的"一本规划"和"一张蓝图",提高全区空间治理体系和治理能力现代化水平,为全国空间规划探索可复制、可推广的 "宁夏经验"。

在空间规划(多规合一) 试点前,因各部门规划在技术方法、标准规范、管理体制等问题上不一致, 难以形成全区空间统一的"一本规划"。如若无法确定林地的唯一属性,与林地不一致的其他地类也就实现不了唯一属性,地类不一致就会造成编制全区空间规划没有统一的基础数据, 制定的空间管控措施无法落实到具体的空间领域。因此只有将林业与国土部门间不一致的地类由多重属性变单一属性后,才能在此基础上编制全区空间规划。在国土空间林地唯一属性实现后,才能科学划定自治区全域空间的"三区三线",并按照生态文明建设的要求,制定切实可行的生态红线管控措施。

林业部门和国土部门的林地在矢量图叠加分析后出现较大面积的不一致,而造成其不一致的最主要原因是两部门的林地地类标准不一致。因此,制定统一的林地地类标准是解决林地不一致实现二者唯一属性的根本措施。统一林地地类标准也是编制空间规划的重要工作之一。

1 林业与国土不一致林地的分析

通过对部门统计的林地面积数量差异比较以及叠合矢量图斑比对来对林业和国土部门不一致林地进行分析。

1.1 林业和国土部门林地不一致的表现

2015 年底,林业部门确定宁夏林地总面积为 188.82 万 hm²,占国土面积的 36.3%;国土部门确定的林地总面积为 76.79 万 hm²,占国土面积的 14.8%。两部门林地总面积及二级林地面积对比如表 1 和图 1 所示。

从表 1 及图 1 比对可以看出:

(1)有林地面积差异小:宁夏有林地仅指乔木林,是指郁闭度在 0.2 以上,连片面积达 0.067 hm²(1 亩)的成片林地,主要分布在六盘山、贺兰山、罗山及宁夏南部 400 mm 降雨线以上的黄土丘陵区和土石山区,以及沿黄灌区的宽幅防护林带,林业部门统计全区有林地面积为 16.84 万 hm²,国土部门则统计为 16.52 万 hm²,林业部门较国土部门高 1.9%,两部门有林地面积差异较小。

(2)灌木林面积差异大:总体上讲,全区大部分地区的年降水量都在 200 mm 以下,灌木林是宁夏最重要的森林资源,主要分布在六盘山、贺兰山

表 1　各部门林地及二级地类面积比对

Tab.1　Area comparison of forest land and second－level land among government departments

单位：万 hm²

	林业二级地类		国土二级地类	
林地	林地总面积	188.82	林地总面积	76.79
	有林地	16.84	有林地	16.52
	灌木林地	50.05	灌木林地	31.60
	疏林地	1.82	其他林地	28.67
	未成林造林地	38.61		
	苗圃地	0.23		
	无立木林地	23.63		
	辅助生产用地	0.01		
	宜林地	57.60		

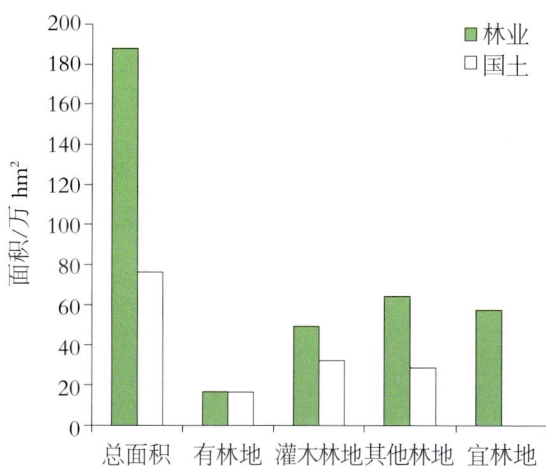

注：为便于比对，将林业的疏林地、未成林造林地、苗圃地、无立木林地、辅助生产用地统一合并为其他林地。

图 1　林业与国土部门林地二级地类面积比对

Fig.1　Area comparison of second－level forest land between forestry department and land department

和罗山的山脊线及保护区外围、白芨滩保护区、哈巴湖保护区、南华山保护区,盐池、同心、红寺堡、海原等县区,林业部门按覆盖度≥30% 统计灌木林,国土部门按覆盖度≥40% 统计灌木林,林业部门统计全区灌木林地面积为 50.08 万 hm²,国土部门则为 31.60 万 hm²,林业部门灌木林地面积较国土部门高出 36.9% ,两者差异较大。

(3)其他林地面积差异大:林业部门将二级林地分为 8 类,国土部门将林地分为 3 类,但国土将疏林地、未成林地、迹地、苗圃地等合称为其他林地,国土的迹地与林业的无立木林地内涵接近,因此,为提高可比性,将林业的疏林地、未成林造林地、苗圃地、无立木林地合在一起与国土的其他林地比较,林业部门的其他林地面积为 64.29 万 hm²,国土部门的其他林地面积为 28.67 万 hm²,林业部门的疏林地、未成林造林地等合计的其他林地是国土其他林地的 2.24 倍,二者差异很大。

1.2 林地矢量图斑不一致分析

林业、国土两部门矢量图斑叠合后,有双方一致的图斑,也有双方不一致的图斑,具体数值和原因如下。

1.2.1 双方一致的图斑

同一块图斑,林业部门确定是林地,国土部门同样确定是林地,两部门林地图斑完全一致的地块总面积为 68.1 万 hm²,占林业部门林地面积的 36.1%,占国土部门林地面积的 85.7%;如图 2 所示。

1.2.2 双方不一致的图斑

国土和林业不一致的图斑有 2 种类型:①同一块图斑,林业部门确定是林地,而国土部门确定是牧草地等其他地类;②国土部门确定是林地,而林业部门确定是非林地。2 种类型不一致图斑的总面积为 138.28 万 hm²,占国土面积的 26.62%。其中:第一种类型的面积为 127.28 万 hm²,第二种类型的

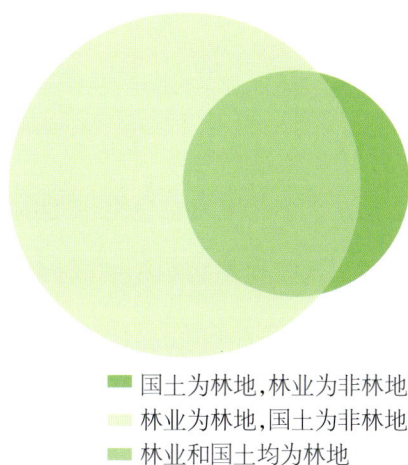

■ 国土为林地,林业为非林地
■ 林业为林地,国土为非林地
■ 林业和国土均为林地

图 2　林业部门与国土部门林地重合示意图

Fig.2　Superposition of forest land between forestry department and land department

面积为 11 万 hm², 如图 3 所示。

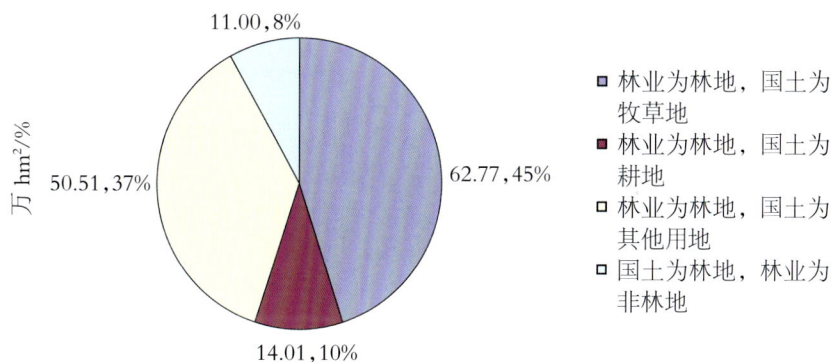

■ 林业为林地，国土为牧草地
■ 林业为林地，国土为耕地
□ 林业为林地，国土为其他用地
□ 国土为林地，林业为非林地

图 3　国土和林业不一致林地示意图

Fig.3　Inconsistency of forest land between forestry department and land department

1.2.3　图斑不一致的根源分析

1. 国土是林地,林业是非林地

经调研与核查,国土部门是林地、林业部门是非林地有 3 个方面的原因:①林业部门未将引黄灌区农田中的窄行林带列入林地;②林业部门将集中连片林地中不适宜种植林木的空间已抠除,而国土部门是整片计入林地;③林业部门的最小统计面积是 1 亩(666.67 m²),国土部门的最小上图面积是 0.6 亩(400 m²),最小统计图斑差异导致统计结果的不一致。

2. 林业是林地,国土是非林地(耕地、牧草地和其他用地)

林业是林地,国土是耕地的原因是,宁夏实施第一轮退耕还林工程中,两个部门的工作对接不畅,部分相对零散的退耕地没有从国土的耕地数据库中调出;林业是林地,国土是牧草地有两种情况:① 高度低于 40 cm 的小叶锦鸡儿、红砂等天然灌木丛;②林业部门的灌木未成林地,这 2 部分林地国土部门将其纳入牧草地统计。这 2 部分林地从卫星影像图上判断,与草地很难区分,深入现地调查,也需要相应的专业知识才能确认得准确。林业是林地,国土是其他用地,主要是林业确定的宜林地。

2 制定林地分类标准

2.1 制定林地分类标准的依据

通过对不一致林地矢量图叠加分析发现,造成林业部门和国土部门林地出现较大面积差异的最主要原因是两部门的林地标准不一致。制定统一的林地标准,是解决林地范围不一致的根本措施。《宁夏回族自治区空间规划(多规合一)改革试点工作实施方案》(宁党办发〔2016〕53 号文件)是宁夏开展空间规划试点的主要政策依据,文件中提出了"统一空间规划技术标准,梳理城乡规划、土地利用、林业用地等现行用地标准,以第二次土地调查连续变更到 2015 年的用地现状为基础,综合考虑各行业管理需求,制定衔接统一的空间规划用地分类标准。"的总体要求,制定空间规划用地分类标准,出台不一致地类解决的意见及细则,是解决林地范围不一致的有效途径。

2.2 林地分类标准的制定

空间规划(多规合一)在参照(GB/T21010—2007)《土地利用现状分

类》、(GB50137—2011)《城市用地分类与规划建设用地标准》、(GB50188—2011)《镇规划标准》、(GB50298—1999)《风景名胜区规划》等"国标"地类、(LY/T1812—2009)《林地分类》等"行标"地类、(TB/T10213—2010)《土地规划用途分类》等"推标"地类的基础上,借鉴浙江省、南省、深圳市、德清县等省市县的空间用地分类标准,结合宁夏实际,制定了《宁夏回族自治区空间规划用地分类标准》,该标准按照土地实际使用或规划引导的主要用途进行划分和归类,形成服务于空间规划编制的用地分类体系。该标准制定了建设用地与非建用地 2 个一级地类,城镇建设用地、村庄建设用地、农用地、湿地等 11 个二级地类,耕地、园林、林地、牧草地等 39 个三级地类,有林地、灌木林地等 63 个四级地类。

从宁夏空间规划用地分类体系上讲,"林地"被 定位为"农用地"(二级地类)下的三级地类,"有林地"等为"林地"下的四级地类,空间规划对"林地"的定义是:"指生长乔木、灌木的土地,以及林业、规 划部门认定的适宜种植林木、用于造林的土地。包 括迹地,不包括铁路、公路征地范围内的林木,河流、沟渠的护堤林,以及为林业生产提供服务的工程设施用地"。分类标准及含义如表 2 所示。

表 2 "宁夏空间规划土地利用现状分类"林地等级分类

Tab.2 Classification of forest land in *Classification of Land Use Status in Ningxia Spatial Planning*

三级地类	四级地类	含义
林地 (2130)	有林地(2131)	指乔木郁闭度≥0.2 的林地
	灌木林地(2132)	指灌木覆盖度≥30%的林地
	其他林地(2133)	包括疏林地(指树木郁闭度≥0.1、<0.2 的林地)、未成林地、苗圃、无立木林地、林业辅助生产用地等林地
	宜林地(2134)	县级以上人民政府规划的适合种植林木的荒山、荒地、荒坡、荒滩、荒沙地和其他用于发展林业的土地,是提高森林覆盖率的重要保障用地

从表2可知,空间规划(多规合一)确定的有林地、灌木林地、宜林地与林业部门的有林地、灌木林地、宜林地内涵一致,空间规划(多规合一)将疏林地、未成林地、苗圃、无立木林地、林业辅助生产用地合并统称为其他林地,与林业部门"林地"四级林地中的"疏林地、未成林地、苗圃、无立木林地、林业辅生产用地"等5类林地完全对应,并全部采用了(LY/T1812—2009)《林地分类》中"疏林地"等5个地类的标准定义。因此空间规划(多规合一)细分的4类四级林地,虽然从分类体系上与国土对林地的分类比较接近(空间规划有宜林地,国土无宜林地),但从概念内涵上和技术标准上讲,空间规划的4类林地与(LY/T1812—2009)《林地分类》中8类的林地是基本一致的,只是空间规划(多规合一)没有特殊灌木林地(灌木林地的下一级地类)。

3 成果创新点

3.1 统一满足了所有行业规划需要的《宁夏空间规划土地利用现状分类》标准。充分考虑林业部门的林地和国土部门的林地内涵,结合宁夏实际及浙江开化等县的试点经验,制定了宁夏空间规划用地分类标准,对林地、牧草地和荒草地等地类内涵进行了重新界定。

3.2 首次实现开门搞规划。包括空间规划用地分类等标准体系的制定等,"四上四下"征求自治区和市县党委、人大、政府、政协及社会民众对规划体系及文本的意见建议,多次与中央深改小组办公室、国家发改委、住建部、国土部、国家林业局等部委沟通,在许多技术难点和瓶颈问题上达成共识,取得支持。

4 结语

4.1 通过结合宁夏的实际情况及在选择地的试点实验,综合考虑了林业部门和国土部门的林地分类体系和概念标准内涵，制定了宁夏空间规划用地分类标准，对林地、牧草地和荒草地等地类内涵进行了重新界定，可满足各行业规划的需要。

4.2　林地等地类唯一属性的实现，是空间规划（多规合一）过程中具有转折意义的重要进程，解决了多年来政府各部门地类打架（一地多证等，如同一块地有耕地证、林权证，还有草原证）、事权界限不清、管理责任不明等一系列难点和热点问题，这些问题也是多年来国家各部委想解决而没有解决的难题，消除了政出多门、数出多门、规划不协调、项目落实难等一系列影响可持续发展的症结和根本原因。

4.3　林地唯一属性的落实，厘清了空间上一致的林地底数，对自治区划定"三区三线"，对宁夏贯彻 落实中央生态文明建设的各项要求，对自治区各部门有针对性地贯彻宁夏生态立区战略的各项措施，对自治区国土、林业、农牧部门进一步划定部门事权 范围，挖掘部门工作潜力、制定部门发展规划、确定部门发展目标、量化部门工作职责等都具有重要的现实意义。

参考文献

［1］　崔许锋，王珍珍."多规合一"的历史演进与优化路径[J].城市规划与设计，2018,34(6):34-39.

［2］　徐豪."多规合一"的宁夏改革经验[J].中国经济周刊,2017(1):42-43.

［3］　宁夏回族自治区党委办公厅,人民政府办公厅.关于印发《宁夏回族自治区空间规划(多规合一)改革试点工作实施方案》的通知[J].宁夏回族自治区人民政府公报,2016(16):33-36.

［4］　李宏志,陈文广,刘文凤.从被动协调走向主动统筹:宁夏原州区空间规划编制创新实践与探讨[C].2017城市发展与规划论文集,2018,34(6):1-8.

［5］ 金龙新,朱红梅,刘英.空间规划的"多规合一"实践与研究进展[J].湖南农业科学,2016(3):100-103.

［6］ 宁夏回族自治区人民政府.宁夏回族自治区空间规划条例[J].宁夏回族自治区人民政府公报,2017(12):16-18.

基于无人机倾斜航空影像的树冠体积测算方法

于东海[1,2],冯仲科[3※]

（1. 甘肃省测绘工程院,兰州 730000;

2. 甘肃省应急测绘工程研究中心,兰州 730000;

3. 北京林业大学精准林业北京市重点实验室,北京 100083）

摘要:树冠是结构复杂的不规则体,对树冠体积的精确测定一直是树木测量研究中的难点问题。该文以消费级多旋翼无人机对目标树木进行倾斜摄影获取的多角度航空影像为基础,通过空三加密处理生成目标树木的三维点云模型;用等高线法分割树冠点云,并确定树冠最优分割层数;用投影法对点云数据进行转化,并选取测算点计算树高和树冠任意横截面积;对分割后各规则体的体积进行累加获得树冠体积。结果表明:8 棵目标树木的树高测算值相对误差为 1.46%~4.10%,平均相对误差为 2.88%;树冠体积测算值的相对误差为 6.95%~12.39%,平均相对误差为 9.42%;精度均可满足林业调查中对于树高和树冠体积测量结果的要求。利用无人机倾斜航空影

收稿日期:2018-07-17　　修订日期:2018-11-19

基金项目:国家自然科学基金(U1710123)

作者简介:于东海,甘肃平凉人,主要研究方向测绘与 3S 技术应用。

Email:yudh1006@163.com

※通信作者:冯仲科,教授,博士生导师,主要研究方向为精准林业、测绘与 3S 集成研究。

Email:fengzhongke@126.com

像建立单木的三维点云模型并进行树冠体积测算的方法是可行且有效的，

该方法可为研究单木树冠几何参数的提取提供参考。

关键词：无人机；图像处理；林业；倾斜摄影；点云数据；单木参数提取；树

冠体积

doi：10.11975/j.issn.1002-6819.2019.01.011

中图分类号：TP79；S771　　**文献标志码**：A

文章编号：1002-6819(2019)-01-0090-08

引文格式：于东海，冯仲科. 基于无人机倾斜航空影像的树冠体积测算方

法 [J]. 农业工程学报,2019,35 (1):90-97. doi: 10.11975/j.issn.1002-

6819.2019.01.011 http://www.tcsae.org

Yu Donghai, Feng Zhongke. Tree crown volume measurement method
based on oblique aerial images of UAV [J]. Transactions of the Chinese
Society of Agricultural Engineering (Transactions of the CSAE), 2019, 35
(1): 90-97. (in Chinese with English abstract) doi:10.11975/j.issn.1002-
6819.2019.01.011 http://www.tcsae.org

Tree crown volume measurement method based on oblique aerial images of UAV

Yu Donghai[1,2], Feng Zhongke[3※]

(1. *Surveying and Mapping Engineering Institute of Gansu Province*，*Lanzhou*
730000，*China*；2. *Emergency Mapping Engineering Research Center of Gansu*
Province，*Lanzhou* 730000，*China*；3. *Precision Forestry Key Laboratory of*
Beijing，*Beijing Forestry University*，*Beijing* 100083，*China*)

Abstract：Tree crown volume is an important basis for monitoring tree

growth and estimating tree biomass. Accurate measurement of tree crown volume has always been a difficult issue in forest measurement research. Traditional method of estimating tree crown volume is to bring crown breadth and tree height measurements to inherent empirical models, but it's faced with problems such as rough operation mode and no precision guarantee of measurement results. In recent years, the emergence of the modern equipments and technologies lay the foundation to achieve high precision tree crown volume measurements. Unmanned aerial vehicle (UAV) oblique aerial photography technology with high−resolution images changes traditional measurement ways, which can use oblique aerial images to generate point cloud data and extract different types of tree geometry parameters by point cloud information. In this paper, a consumer−level multi−rotor UAV named DJI Inspire −1 was used as data acquisition platform, which was equipped with RGB band of ordinary digital camera named Zenmuse−X3. In the Beijing Jiufeng Forest Farm, comprehensively considering the flight operating conditions of the UAV and tree size specifications, we selected eight target trees with different types and sizes. Using the UAV in the manner of spiral flying, we obtained multi−angle oblique aerial images of these target trees. During operation, the main remote controllor controlled the flight status of the UAV and the auxiliary remote controllor controlled the status of the camera haeundae. These two were operated at the same time to collect the oblique aerial images. The following points were the schemes for collecting UAV data:a) In the case of ensuring a safe distance, taking the trunk of the target tree as the center for low−speed flight photography. b) Adjusting the camera pose in real−time during the hovering process so that making sure obtain images of the target tree at different positions and angles. c）Ensuring the overlapping rate of adjacent images collected at the same height exceeded 90％, and the overlapping rate of images collected at different height exceeded 60%. The acquired images were processed through the principle of aerial triangulation for generating three-dimensional point cloud models of target trees. Based on three-dimensional point cloud models, the research segmented the tree crown point cloud by contour lines method and determined the optimal segment number of tree crown point cloud. To extract tree measurement factors, projection method was used to reduce the dimension of the point cloud data. And the measured values of tree height and the arbitrary cross-sectional area of tree crown were calculated by using the key points. According to the established algorithm, the measured volume of the entire tree crown was calculated by accumulating the volume of each rule body after segmentation. Taking actual values by total station as reference, the accuracy of the tree height and tree crown volume measurement results was examined. The results showed that it was a feasible and effective method that the oblique aerial images of UAV were used to establish the three-dimensional point cloud models of single trees and to calculate the tree crown volume. In addition, the average relative error of tree height and tree crown volume of eight target trees was 2.88% and 9.42%, respectively. The accuracy met the standard for tree height and tree crown volume measurement resulted in forestry surveys. In conclusion, three-dimensional point cloud models generated by oblique aerial images of multi-rotor UAV can realize the extraction of measurement factors of single trees, which could be applied to the investigation and protection of ancient and famous trees. This method provides a new approach for the extraction of single trees geometry parameters.

Keywords：unmanned aerial vehicle；image processing；forestry；oblique photography；point cloud data；parameters extraction of single trees；tree crown volume

0　引言

树冠指树木在地面以上连同其生枝叶的部分，是树木形态的重要组成部分。树冠体积指树冠轮廓以内所占的体积,是表征树冠三维空间大小的一项复合指标[1],也是监测树木生长状况以及估算树木生物量的重要依据。由于树冠具有结构复杂和形态不规则的特点，而树冠体积又是一个无法通过直接测量获取的复合因子,因此对于其值的精准测定较为困难[2]。

为了能准确高效地获取测量数据，研究人员尝试将测绘仪器和设备应用于树木测量中[3],通过建立相应的算法[4-6],获取树木的多种几何参数信息。现有的树冠体积测量方法,按作业方式不同可分为传统手工量测法、全站仪测量法和三维激光扫描法 3 种。传统手工量测法将冠幅和树高等数据带入已有经验模型中估算[7]而获得树冠体积,虽然工作效率较高,但作业方式粗犷且结果无精度保证。三维激光扫法获取的树冠体积虽然精度较高,但设备价格昂贵体积庞大不便于野外作业[8-10],且扫描获取的大量点云数据[11-13]处理难度较大、耗时费力[14-15]。全站仪测量法获取的树冠体积精度远高于传统手工量测法,逊于三维激光扫描法,但对野外工作条件的要求和成本造价[16]都远低于三维激光扫描法。

近年来,无人机(unmanned aerial vehicle，UAV)航空摄影测量[17]作为一项测绘新技术,在森林调查中的应用也越来越广泛。通过对无人机获取的高分辨率数字正射影像（digital orthophoto map，DOM）和数字表面模型（digital surface model，DSM）进行处理[18-19]，提取冠幅、树高和株数密度等参数[20-22]，再建立实地调查数据与影像提取数据之间的反演模型[23-25]，实现对森林蓄积量、生物量和碳储量的估测[26-28]。可见，无人机航空摄影测量技术能够提取不同尺度的森林参数信息，将该技术应用于树冠体积测量中，与现有 3 种方法相比具有以下优势：①能够快速获取树木的全方位、多角度影像，使树木的细节纹理得以清晰呈现；②影像经过同名点匹配生成的点云数据量远小于三维激光扫描法获取的数据量，使得数据处理、分析更加易于操作；③点云数据带有空间坐标信息，且能够清晰的展现树木的真实形态特征，克服了全站仪测量法不具备数据可视化的缺陷，使得各参数的提取计算更加直观快捷高效。

本文以消费级多旋翼无人机对目标树木进行倾斜摄影获取的多角度航空影像为基础，通过空三加密处理生成目标树木的三维点云模型，并对树冠点云进行投影和分割处理，提取树高和树冠任意横截面积，再累加求和获得树冠体积。旨在为利用无人机倾斜航空影像研究单木树冠几何信息的提取提供参考。

1 材料与方法

1.1 试验区概况

试验区位于北京市海淀区西北部的鹫峰林场。地理坐标为东经116°28′00″，北纬39°54′00″，总面积 832 hm²，海拔 100~1 153 m。四季分明且温差较大，全年温度在−21.7~41.6℃范围内，年平均降水量 628 mm。林场内植被丰富茂盛、林木种类较多，主要树种为油松（*Pinus tabulaeformis*）、侧柏（*Platycladus orientalis*）、毛白杨（*Populus tomentosa*）、白蜡（*Fraxinus chinensis*）、榆树（*Ulmus pumila*）等。

1.2　数据获取

1.2.1　目标树木选取

通过实地踏勘,综合考虑无人机飞行作业条件及树木的大小规格,按照不同径阶分布[20](中径阶 13.0~24.9 cm、大径阶 25.0~36.9 cm、特大径阶 ≥ 37.0 cm,由于小径阶树木生长茂密,因而未能找到合适飞行作业的树木),选取试验区内 8 棵不同树种、树冠形状具有代表性的孤立单木作为目标树木(表 1)。所选的目标树木须生长状况良好且与周边树木树冠无交叉和重叠,以确保无人机具有足够充足的飞行作业空间。

表 1　目标树木的基本信息

Table 1　Basic information of target trees

树木编号 Tree No.	树种 Tree species	胸径 Diameter at breast height/cm	树高 Tree height/m
1	白蜡	23.4	10.61
2	榆树	34.6	13.76
3	榆树	29.1	12.34
4	侧柏	20.2	9.03
5	侧柏	16.9	9.65
6	毛白杨	43.5	15.46
7	毛白杨	39.8	14.02
8	白蜡	26.8	12.27

1.2.2　无人机数据获取

数据获取时间为 2017 年 2 月至 4 月间天气晴好、风力较小的时段。数据获取平台为大疆 Inspire-1 型消费级多旋翼无人机,该机型将 Zenmuse-X3 型普通数码相机与云台集成为一体,配有主、副 2 个遥控器,飞行时会自动记录摄影瞬间相片的 POS(position and orientation system)数据。无人机及相机的基本参数如表 2 所示。

使用该无人机采用围绕目标树木盘旋上升的飞行方式采集多角度倾斜航空影像(图 1)。作业时,主遥控器控制无人机飞行状态,实现爬升、下降、悬停旋转及前后左右移动;副遥控器控制云台状态,实现相机在水平及垂直方位的多角度转动,并设置自动曝光间隔为 2 s;主、幅遥控器同时协同配合,实现对目标树木的倾斜航空影像采集。

1. 在保证安全距离的情况下,以目标树木的树干为中心进行近距离低速飞行摄影;

2. 在盘旋上升的过程中实时调整相机姿态,以确保获取目标树木不同位置和不同角度的影像;

3. 确保在同一高度采集的相邻影像重叠率超过 90%,不同高度采集的影像重叠率超过 60%。

表 2 无人机及相机的基本参数

Table 2 Basic parameters of UAV and camera

大疆 Inspire-1 无人机 DJI Inspire-1 UAV		Zenmuse-X3 相机 Zenmuse-X3 Camera	
参数 Prameters	取值 Value	参数 Prameters	取值 Value
整机质量/kg	3.06	像主点 x_0 /pixel	1 999.498 2
轴距/mm	599	像主点 y_0 /pixel	1 510.097 5
续航时间/min	18	焦距 f /pixel	2 328.374 3
最大承受风速/(m·s⁻¹)	10	像素大小/μm	1.58
GPS 悬停精度/m	H:±0.5 V:±2.5	像幅宽度/pixel	4 000×3 000
最大俯仰角度/°	35	径向畸变系数 R_1	−0.133 08
最大垂直飞行速度/(m·s⁻¹)	5	径向畸变系数 R_2	0.115 97
最大水平飞行速度/(km·h⁻¹)	79	径向畸变系数 R_3	−0.017 45
云台转动范围/°	H: ±320 V:−90~+30	切向畸变系数 T_1 切向畸变系数 T_2	−1.435 56×10⁻⁵ 3.632 31×10⁻⁴

依照此方案,手控操纵无人机分别对 8 棵目标树木进行倾斜摄影,共获取 2 083 张有效航空影像及对应的 POS 数据。

图 1　无人机倾斜摄影示意图

Fig.1　Diagram of UAV oblique photography

1.2.3　地面实测数据获取

依据冯仲科等[20]提出的方法,利用南方 NTS−372R 型免棱镜全站仪获取目标树木的实测数据。实测数据为树木不同位置处特征点的三维坐标。如图 2 所示,测量的关键步骤如下:

1. 控制点布设

在目标树木周围采用独立坐标系布设控制点:以目标树木为中心,在其周围选择相互通视且大致等距的某 3 点 A、B 和 C 作为控制点;设定某 O 点的三维坐标为已知,在 O 点架设全站仪并后视 A 点,测量两点间的距离和坐标方位角以获取 A 点的三维坐标;用支导线的方式,依次获取 B 点和 C 点的三维坐标。

2. 树冠表面特征点获取

根据树冠的大致形态,从东、南、西、北、东南、东北、西南、西北 8 个方向上选取树冠特征点；特征点的位置需根据树冠的伸展情况和弯曲的趋势进行选取,一般取外凸和内凹相交处,即形态变化的转折点;将全站仪依次架设在 3 个控制点上,以碎部测量的方式分别测量获取这些特征点的三维坐标。

依照此方法,分别获取 8 棵目标树木的地面实测数据。

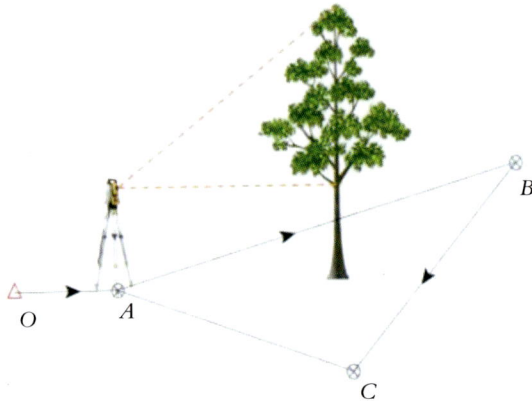

注：O 为已知点;A、B、C 为控制点。

Note：O is a known point; A, B and C are control points.

图 2　全站仪测量示意图

Fig.2　Diagram of total station measurement

1.3　研究方法

如图 3 所示,本文对无人机获取的数据进行空三加密处理,生成目标树木的三维点云模型;运用等高线法将树冠点云进行分割,并确定树冠最优分割层数;采用投影法将点云数据进行转化,并利用测算点分别获得树高和树冠任意横截面积的测算值;通过对分割后各规则体的体积进行累加,获得整个树冠体积的测算值;以全站仪实测值作为参考值,对树高和树冠体积的测算结果进行精度检验。

1.3.1　无人机数据处理

以 Pix4D-mapper 摄影测量软件为工具，分别对 8 棵目标树木的倾斜

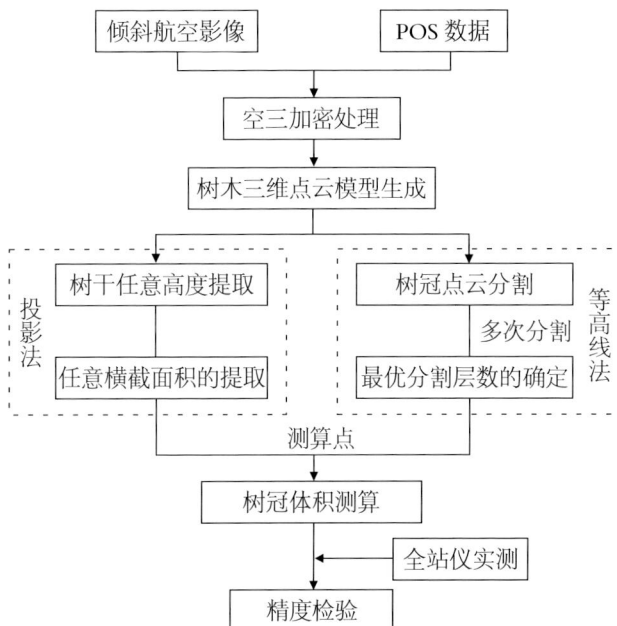

图 3　无人机数据测算树冠体积技术路线

Fig.3　Technical route of measuring tree crown volume by UAV data

航空影像进行处理。以其中的 6 号目标树木为例对主要处理步骤进行如下说明：

1. 空三加密

导入影像数据和 POS 数据，将参考系设置为 WGS-84/UTM zone 50N 坐标系，再导入相机检校参数文件，完成影像属性设置。通过空三加密处理后，软件自动恢复摄影瞬间每张影像的方位姿态。

2. 点云生成

为了能在准确恢复目标树木三维形态的同时，又能避免因数据量过大而导致结果难以处理的问题，经过反复试验，最终确定将点云生成的"图像比例"参数设置为"1/2"，"匹配最低数值"设置为"3"，"点密度"设置为"中等"。

3. 点云编辑与输出

利用人工手动框选的方式将生成的点云数据中地面、天空等多余噪声点删除,并输出目标树木的三维点云模型,其多角度视图如图 4 所示。以 LAS 和 XYZ 两种格式对包含坐标和颜色信息的点云成果进行输出,LAS 格式的数据用于树冠点云的分割处理,XYZ 格式的数据用于树冠点云的投影和筛选等处理。统计结果显示,6 号目标树木三维点云模型成果的点云平均密度为 482.67 个/m³,共生成 355 350 个三维点。

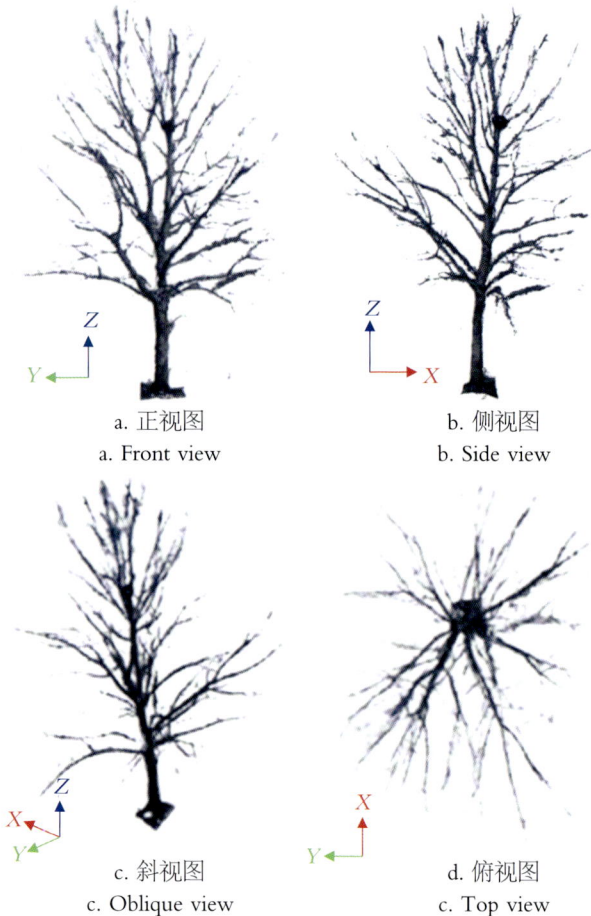

a. 正视图
a. Front view

b. 侧视图
b. Side view

c. 斜视图
c. Oblique view

d. 俯视图
c. Top view

图 4　树木三维点云模型
Fig.4　3D point cloud model of tree

1.3.2　树冠体积测算方法

利用三维点云模型对树冠体积进行测算的基本思想是,将树冠分割为多层规则体来模拟树冠形态，然后求得树干任意高度和树冠任意横截面积两项几何参数，再按照规则体的体积公式分别计算各层的体积，最后进行累加求和获得树冠体积的测算值。

1. 树干任意高度的计算

树干任意高度指树干上任意两点间的长度，实际上是解算这两点间的空间距离。树冠的三维点云记录了每个点的物方空间坐标，通过获取不同位置处的空间坐标信息，就能实现树干任意高度的计算。

在目标树木的三维点云模型上，设树干上某点 i 的空间坐标为 $X_i, Y_i,$ Z_i，另一点 $i+1$ 的空间坐标为 $(X_{i+1}, Y_{i+1}, Z_{i+1})$，当 i 与 $i+1$ 分别为树干一维竖直线上的上下两个点时，此段树干高度为

$$H_{i,i+1} = \sqrt{\left(Z_i - Z_{i+1}\right)^2} \tag{1}$$

式中，H 表示高度，m；i 表示点号，取值为 1，2，$\cdots$，n。

2. 树冠任意横截面积的计算

树冠任意横截面积的计算实际上是解算平面上各边界点的连线所形成闭合图形的面积。将树冠任一特定高度值的三维点云展绘到 X 轴和 Y 轴构成的平面上，通过获取各边界点的平面坐标信息，就能实现树冠任意横截面积的计算。

设某一横截面上（此时所有点的 Z 值均相等）第 i 个边界点的平面坐标为 (X_i, Y_i)，第 $i+1$ 个边界点的平面坐标为 (X_{i+1}, Y_{i+1})，则此横截面的面积为

$$S = \frac{1}{2} \sum_{i=2}^{n} \left[X_i \left(Y_{i+1} - Y_i\right) - Y_i \left(X_{i+1} - X_i\right) \right] \tag{2}$$

式中，S 表示面积，m²；i 表示点号，取值为 2，3，$\cdots$，n。

3. 树冠体积的计算

树冠体积的计算实际上是解算树冠分割后各层规则体的体积，进而累

加求和得到树冠的体积。首先利用式(1)计算分割后各层的高度;其次利用
式(2)计算分割后各层的横截面积;利用分层高度和横截面积计算各层规则
体的体积:最后将各层规则体的体积累加求和获得树冠体积 V。

将分割后的树冠近似为由中间若干个台体和顶部及底部两个锥体构
成,台体和锥体的计算公式分别为

$$台体:V_j=\frac{1}{3}\left(S_j+\sqrt{S_j S_{j+1}}+S_{j+1}\right)H_j \tag{3}$$

$$锥体:V_j=\frac{1}{3}S_j H_j \tag{4}$$

$$V=\sum_{j=1}^{m}V_j \tag{5}$$

式中, j 表示截面号,取值为 $1,\cdots,m$;其中,当表示台体截面时取值为
$2,\cdots,m-1$,当表示锥体时取值为 1 或 m;S_j、S_{j+1} 分别表示第 j 层和第 $j+1$ 层
的横截面积,m²;H_j表示分割后相邻两层间的高度,m。

2 试验与结果分析

2.1 树干高度的提取

要从目标树木的三维点云模型上提取树干任意位置的高度,就要运用
投影法将三维空间的点云数据转化至一维直线上。以 XYZ 格式的目标树
木点云数据为基础,将 X 轴和 Z 轴所构成的平面作为投影面,通过投影的
方式转化至二维平面上;然后以树木根部点和顶点所在的直线为基准,绘制
出树干的一维中心线;再在中心线上任意获取两个测算点的高程值,根据式
(1)计算得到此段树干的高度。

如图 5 所示,以 6 号目标树木为例,在树干中心线上,提取出树木根部
测算点所在直线的高程值为 184.551 m,顶部测算点所在的直线的高程值为

200.322 m,树干第一枝处测算点所在直线的高程值为 188.500 m,由此可得到树高的值为 15.77 m,树干第一枝下高的值为 3.95 m,树冠(树干第一枝至树干顶部)高度的值为 11.82 m。

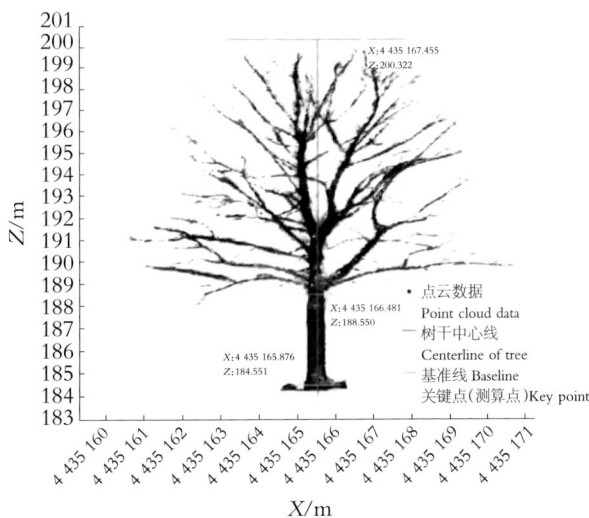

图 5　树干高度的提取

Fig.5　Extraction of tree height

2.2　树冠体积的计算

1. 分割方法

运用等高线法对树冠进行分割。等高线是对高程相等的相邻各点所连成的闭合曲线,而目标树木的三维点云模型存储了所有点的空间坐标,因此对树冠分割的过程实际上是筛选出点云中高程值相等的点的过程。

将 LAS 格式的目标树木点云数据导入到 EPS 软件(北京山维科技股份有限公司)中,选取树冠点云作为分割对象,将树干第一枝处测算点的高程值作为等高线的起算基准,通过"点云生成等高线"模块设置相应的等高距,生成树冠点云的等高线。等高距即为树冠的分层高度,等高线即为树冠的分割线。

2. 树冠横截面积的提取

树冠点云被等高线分割后，落在同一等高线上的点都有相同的高程值，筛选出点云中有此高程值的所有点，并投影到以 X 轴和 Y 轴所构成的平面上。

如图 6 所示，在投影后的图形上，采用人机交互的方式，人为选取最外围的边界点作为测算点，选取原则为：①必须是投影后外围的轮廓点；②要忽略树冠离散点的影响；③依次连接后所形成的图形必须包含投影后的大部分点(离散点除外)。

对测算点进行依次连接后所构成的闭合平面就是此等高线所形成的横截面，再根据式(3)计算得到此横截面的面积。

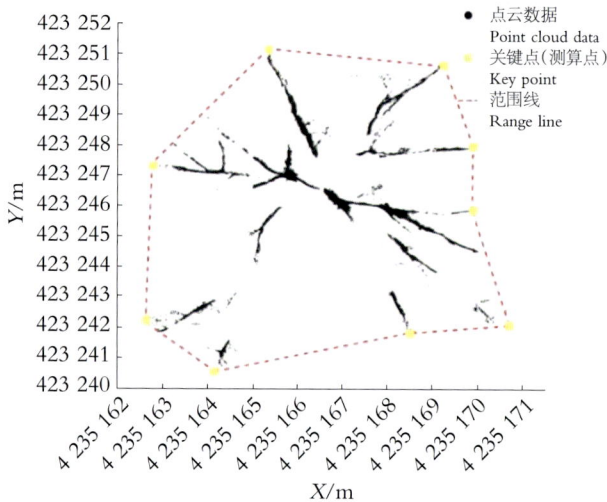

图 6 树冠横截面积的提取

Fig.6 Extraction of tree crown cross-sectional area

3. 树冠最优分割层数的确定

在对树冠分割时，分割层数的不同会影响树冠体积的测算精度，因此需要寻找一个最优的分割层数，使得在分割层数较少时体积测算值又相对准确。

微积分求体积的思想[31]指出,当随着物体被分割的单元由大变小直至无穷小时,其求得的体积值会稳定在一个常数附近,即有极限;此时的分割单元就是最优分割尺寸,该常数就是物体的体积。依据此原理,对树冠进行不同层数的多次分割,分别计算各次树冠体积的测算值,并进行分析对比,确定最优分割层数。

以 6 号目标树木为例,将树干第一枝处测算点的高程值作为起点,将树冠点云依次分割为 2、3、4、5、6、7、8、9、10、11、12 层,其对应的等高距依次为 6.00、4.00、3.00、2.50、2.00、1.70、1.50、1.40、1.30、1.10、1.00 m, 分别计算不同分割层数时的树冠体积测算值,结果如图 7 所示。

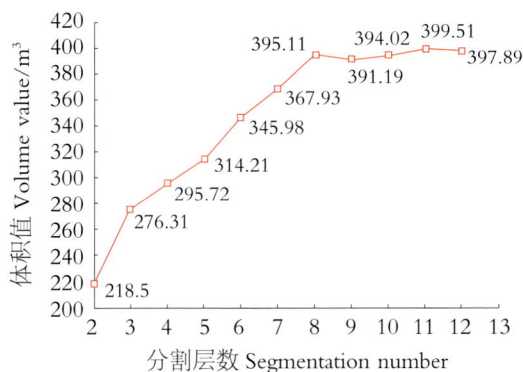

图 7　不同分割层数下的树冠体积测算结果

Fig.7　Tree crown volume measurement results under different segmentation numbers

由图 7 得出,随着树冠分割层数的增加,体积测算值逐渐增加,当达到某一临界值后基本趋于稳定。当分割层数<8 层时,随着分割层数的增加,树冠体积测算值也相应增大, 且波动较大, 方差为 3 020.63 m^6;当分割层数≥8 层时,随着分割层数的增加,树冠体积测算值基本趋于稳定,方差为 8.53 m^6,且分层等高距由 1.50 m 递减至 1.00 m,变化范围较小。综上,将树冠的分割层数确定为 8 层为最优。如图 8 所示,6 号目标树木的树冠点云被 7 条等高线分割为 8 层。

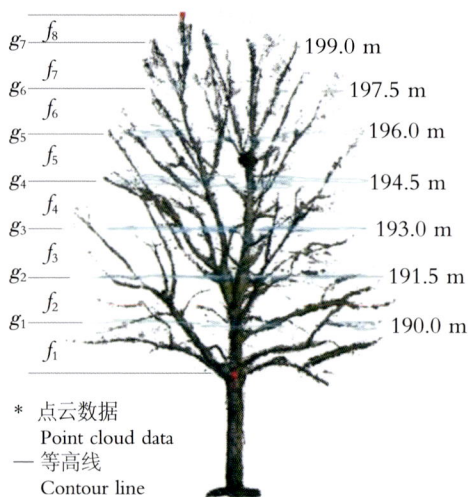

注:$f_1,f_2,\cdots,f_7,f_8$ 表示树冠分层;$g_1,g_2,\cdots,g_6,g_7$ 表示树冠横截面。Note:$f_1,f_2,\cdots,f_7$ and f_8 indicate tree crown segmentations;g_1, $g_2,\cdots,g_6$ and g_7 indicate tree crown cross sections.

图 8   6 号目标树木的树冠分层结果图

Fig.8   Diagram of tree crown segmentation results for the No. 6 target tree

2.3   测算结果精度检验

以全站仪实测获取的树木特征点的三维坐标为基础,根据文献[12]的方法,分别求得 8 棵目标树木的树高和树冠体积的实测值,并以此为参考值,对本文方法测算树高和树冠体积的结果进行精度检验,结果如表 3 所示。

由表 3 知,8 棵不同规格目标树木的树冠最优分割层数具有差异性。在确定树冠最优分割层数时,均以树冠点云为对象,根据冠高进行多次分割,并计算不同分割层数下的树冠体积值;树冠体积值与分层后每层的横截面积和分层高度有关,而横截面积与树冠形状有关,分层高度又与冠高和分层数有关;且对于特定的单棵树木而言,冠高一定,分层高度越小,分层数也就越多。由于目标树木的树冠形状和冠高都各不相同,因而在同样的分析方法下确定的最优分割层数也就不同。

树高测算值与参考值之间相差较小,绝对误差在 0.18~0.52 m 范围内,

表 3　目标树木测算值的精度检验结果

Table 3　Accuracy test results of measured values for target trees

树木编号 Tree No.	最优分割层数 Optimal segmentation number	树高 Tree height				树冠体积 Tree crown volume			
		测算值 Measured value /m	参考值 Reference value /m	绝对误差 Absolute error /m	相对误差 Relative error /%	测算值 Measured value /m³	参考值 Reference value /m³	绝对误差 Absolute error /m³	相对误差 Relative error /%
1	6	10.83	10.61	0.22	2.07	241.27	263.89	22.62	8.57
2	7	13.31	13.76	0.45	3.27	356.11	394.74	38.63	9.79
3	7	12.52	12.34	0.18	1.46	295.57	268.32	27.25	10.16
4	5	8.66	9.03	0.37	4.10	189.32	203.46	14.14	6.95
5	5	9.37	9.65	0.28	2.90	133.23	152.08	18.85	12.39
6	8	15.78	15.46	0.32	2.07	395.11	425.23	30.12	7.10
7	8	14.54	14.02	0.52	3.71	447.65	403.88	43.77	10.84
8	7	12.69	12.27	0.42	3.42	306.94	280.22	26.72	9.54
平均					2.88				9.42

相对误差在 1.46%~4.10% 范围内，8 棵目标树木树高的平均相对误差为 2.88%；这说明选取的树高测算点与全站仪实测获取的树木顶、底两端点位置基本一致，能够准确计算出树高。5 号目标树木的树冠体积测算值最小，为 133.23 m³，7 号目标树木的树冠体积测算值最大，为 447.65 m³；树冠体积测算值的绝对误差在 14.14~43.77 m³ 范围内，相对误差在 6.95%~ 12.39% 范围内，8 棵目标树木树冠体积的平均相对误差为 9.42%；测算树冠体积的误差相对较大，这是由于树冠体积是一个复合因子，需要多种参数同时参与计算才能获得，且各参数本身具有误差，在运算时误差进行传播积累而造成的。结果表明，树高和树冠体积的测算精度均满足林业调查中对于二者测量

结果的要求。

3 讨论

针对树冠是不规则体的特点，本文在利用生成的三维点云模型测算树冠体积时运用等高线法将其分割为若干个规则体。分割树冠点云所形成的平面就是规则体的上、下两个横截面,等高距就是规则体的高度;横截面积和高度是通过在分割后的点云数据上人工选取测算点，根据其坐标进行计算得到的。无人机倾斜航空影像和 POS 数据经过空三加密处理生成的点云数据密度较高,且各点均带有空间坐标信息,在选取计算横截面积和高度的测算点时又采用投影法进行转化，能有效降低选点误差对计算结果造成的影响,保证了人工选点的可靠性。

本文提出的利用无人机倾斜航空影像测算树冠体积的方法可以直接通过获取的影像重建出三维点云模型并进行参数提取，且消费级无人机相比三维激光扫描仪和地基激光雷达等设备成本更低、数据获取速度更快、应用前景更为广阔,将其应用到古树名木调查保护工作中,最能体现实际使用价值。然而,由于受到无人机对飞行条件要求较高等因素的制约,目前只以孤立单木作为对象进行分析，如何实现结构复杂林分内多株树木的三维点云模型重建并提高树冠体积测算精度,有待进一步研究。

4 结论

本文提出了一种基于无人机倾斜航空影像建立单木三维点云模型测算树冠体积的方法。该方法以消费级多旋翼无人机搭载普通数码相机获取目标树木的多角度倾斜航空影像为基础，根据倾斜摄影测量原理对影像进行空三加密处理,生成目标树木的三维点云模型,运用等高线法对树冠点云进行分割，确定树冠最优分割层数，采用投影法提取树高和树冠任意横截面积，通过计算获得树冠体积的测算值，并对结果进行精度检验。

8棵目标树木树高测算值的平均相对误差为2.88%，在最优分割层数下计算的树冠体积测算值的平均相对误差为9.42%。利用生成的三维点云模型测算树高和树冠体积的精度均能满足林业调查的要求。利用无人机倾斜航空影像进行树冠体积测算是可行且有效的。

参考文献

[1]　闫飞.森林资源调查技术与方法研究[D].北京:北京林业大学,2014.

　　Yan Fei. Research of Technology and Methord of Forest Resource Inventory [D]. Beijing: Beijing Forestry University, 2014. （in Chinese with English abstract）

[2]　何诚,冯仲科,袁进军,等.基于数字高程模型的树木三维体积测量[J].农业工程学报,2012,28(8):195-199.

　　He Cheng, Feng Zhongke, Yuan Jinjun, et al. Three－dimensional volume measurement of trees based on digital elevation model [J]. Transactions of the Chinese Society of Agricultural Engineering（Transactions of the CSAE）, 2012, 28(8): 195-199. (in Chinese with English abstract)

[3]　冯仲科,黄晓东,刘芳.森林调查装备与信息化技术发展分析[J].农业机械学报,2015,46(9):257-265.

　　Feng Zhongke, Huang Xiaodong, Liu Fang. Forest survey equipment and development of information technology [J]. Transactions of the Chinese Society for Agricultural Machinery, 2015, 46（9）: 257-265. （in Chinese with English abstract）

[4]　赵芳,冯仲科,高祥,等.树冠遮挡条件下全站仪测量树高及材积方法[J].农业

工程学报,2014,30(2):182-190.

Zhao Fang, Feng Zhongke, Gao Xiang, et al. Measure method of tree height and volume using total station under canopy cover condition [J]. Transactions of the Chinese Society of Agricultural Engineering (Transactionsof the CSAE), 2014, 30(2): 182-190. (in Chinese with English abstract)

[5] 焦有权,冯仲科,赵礼曦,等. PSO 嵌入 SVM 算法的活立木材积预报研究[J]. 光谱学与光谱分析,2014,34(1):175-179.

Jiao Youquan, Feng Zhongke, Zhao Lixi, et al. Research on living tree volume forecast based on PSO embedding SVM [J]. Spectroscopy and Spectral Analysis, 2014, 34(1): 175-179. (in Chinese with English abstract)

[6] 于东海,冯仲科,曹忠,等. 全站仪测量立木胸径树高及材积的误差分析[J]. 农业工程学报,2016,32(17):160-167.

Yu Donghai, Feng Zhongke, Cao Zhong, et al. Error analysis of measuring diameter at breast height and tree height and volume of standing tree by total station [J]. Transactions of the Chinese Society of Agricultural Engineering (Transactions of the CSAE), 2016, 32(17): 160-167. (in Chinese with English abstract)

[7] 吴明钦,孙玉军,郭孝玉,等. 长白落叶松树冠体积和表面积模型[J]. 东北林业大学学报,2014,42(5):1-5.

Wu Mingqin, Sun Yujun, Guo Xiaoyu, et al. Predictive models of crown volume and crown surface area for Korean Larch [J]. Journal of Northeast Forestry University, 2014, 42(5): 1-5. (in Chinese with English abstract)

[8] Hildebrandt R, Iost A. From points to numbers: A database-driven approach to convert terrestrial LiDAR point clouds to tree volumes [J]. European Journal of Forest Research, 2012,131(6):1857-1867.

[9] 刘鲁霞,庞勇,李增元,等. 用地基激光雷达提取单木结构参数:以白皮松为例

[J]. 遥感学报,2014,18(2):365-377.

Liu Luxia, Pang Yong, Li Zengyuan, et al. Retrieving structural parameters of individual tree through terrestrial laser scanning data [J]. Journal of Remote Sensing, 2014, 18(2): 365-377. (in Chinese with English abstract)

[10] Asner G P, Knapp D E, Boardman J, et al. Carnegie Airborne Observatory-2: Increasing science data dimensionality via high-fidelity multi-sensor fusion[J]. Remote Sensing of Environment, 2012, 124: 454-465. doi:10.1016/j.rse.2012.06.012

[11] Zhen Z, Quackenbush L, Zhang L. Trends in automatic individual tree crown detection and delineation-evolution of LiDAR data[J]. Remote Sensing, 2016, 8(4): 333. doi:10. 3390/rs8040333

[12] 徐伟恒,冯仲科,苏志芳,等. 一种基于三维激光点云数据的单木树冠投影面积和树冠体积自动提取算法[J]. 光谱学与光谱分析,2014,34(2):465-471.

Xu Weiheng, Feng Zhongke, Su Zhifang, et al. An automactic extraction algorithm for indvidual tree crown projection area and volume based on 3D point cloud data [J]. Spectroscopy and Spectral Analysis, 2014, 34 (2): 465-471. (in Chinese with English abstract)

[13] 李增元, 刘清旺, 庞勇. 激光雷达森林参数反演研究进展 [J]. 遥感学报, 2016,20(5):1138-1150.

Li Zengyuan, Liu Qingwang, Pang Yong. Review on forest parameters inversion using LiDAR [J]. Journal of Remote Sensing, 2016, 20 (5): 1138-1150. (in Chinese with English abstract)

[14] 郭彩玲,宗泽,张雪,等.基于三维点云数据的苹果树冠层几何参数获取[J].农业工程学报,2017,33(3):175-181.

Guo Cailing, Zong Ze, Zhang Xue, et al. Apple tree canopy geometric parameters acquirement based on 3D point clouds[J]. Transactions of the Chinese Society of Agricultural Engineering（Transactions of the CSAE）,2017,33（3）: 175-181.（in Chinese with English abstract）

[15] 王佳,张芳菲,高赫,等.地基激光雷达提取单木冠层结构因子研究[J].农业机械学报,2018,49(2):199-206.

Wang Jia, Zhang Fangfei, Gao He, et al. Extracting crown structure parameters of individual tree by using Ground- based Laser Scanner [J]. Transactions of the Chinese Society for Agricultural Machinery,2018,49（2）:199-206.（in Chinese with English abstract）

[16] 谢鸿宇,赵耀龙,杨木壮,等.基于无棱镜全站仪的树冠体积算法[J].中南林业科技大学学报,2014,34(1):12-17.

Xie Hongyu, Zhao Yaolong, Yang Muzhuang, et al. Tree crown volume algorithm based on non -prism total station [J]. Journal of Central South University of Forestry & Technology,2014,34 (1):12-17.（in Chinese with English abstract）

[17] 李德仁,李明.无人机遥感系统的研究进展与应用前景[J]. 武汉大学学报:信息科学版,2014,39(5):505-513,540.

Li Deren, Li Ming. Research advance and application prospect of unmanned aerial vehicle remote sensing system [J]. Geomatics and Information Science of Wuhan University,2014,39 (5):505 -513,540.(in Chinese with English abstract)

[18] Zarco-Tejada P J, Diaz-Varela R, Angileri V, et al. Tree height quantification using very high resolution imagery acquired from an unmanned aerial vehicle (UAV) and automatic 3D photo-reconstruction methods [J]. European Journal of Agronomy, 2014, 55: 89 - 99. doi:10.1016/ j.eja.2014.01.004.

［19］刘清旺,李世明,李增元,等.无人机激光雷达与摄影测量林业应用研究进展［J］.林业科学,2017,53(7):134-148.

Liu Qingwang, Li Shiming, Li Zengyuan, et al. Review on the applications of UAV-based LiDAR and Photogrammetry in forestry ［J］. Scientia Silvae Sinicae, 2017, 53(7):134-148. (in Chinese with English abstract)

［20］Gatziolis D, Lienard J, Vogs A, et al. 3D tree dimensionality assessment using photogrammetry and small unmanned aerial vehicles ［J］. PLOS ONE, 2015, 10 (9). doi:10.1371/journal. pone.0137765

［21］Gaetano R, Masi G, Poggi G, et al. Marker-controlled watershed-based segmentation of multiresolution remote sensing images［J］. IEEE Transactions on Geoscience & Remote Sensing, 2015,53(6):2987-3004.

［22］陈崇成,李旭,黄洪宇. 基于无人机影像匹配点云的苗圃单木冠层三维分割［J］.农业机械学报,2018,49(2):149-155,206.

Chen Chongcheng, Li Xu, Huang Hongyu. 3D segmentation of individual tree canopy in forest nursery based on drone image-matching point cloud ［J］. Transactions of the Chinese Society for Agricultural Machinery,2018,49(2): 149-155,206. (in Chinesewith English abstract)

［23］Zahawi R A, Dandois J P, Holl K D, et al. Using lightweight unmanned aerial vehicles to monitor tropical forest recovery ［J］. Biological Conservation, 2015, 186: 287-295. doi:10.1016/j.biocon.2015.03.031

［24］史洁青,冯仲科,刘金成. 基于无人机遥感影像的高精度森林资源调查系统设计与试验［J］. 农业工程学报,2017, 33(11):82-90.

Shi Jieqing, Feng Zhongke, Liu Jincheng. Design and experiment of high precision forest resource investigation system based on UAV remote sensing images ［J］. Transactions of the Chinese Society of Agricultural Engineering

(Transactions of the CSAE), 2017, 33(11): 82 – 90. (in Chinese with English abstract)

[25] 刘文萍,仲亭玉,宋以宁.基于无人机图像分析的树木胸径预测[J].农业工程学报,2017,33(21):99-104.

Liu Wenping, Zhong Tingyu, Song Yining. Prediction of trees diameter at breast height based on unmanned aerial vehicle image analysis [J]. Transactions of the Chinese Society of Agricultural Engineering (Transactions of the CSAE), 2017, 33(21): 99-104.(in Chinese with English abstract)

[26] Puliti S, Orka H O, Gobakken T, et al. Inventory of small forest areas using an unmanned aerial system[J]. Remote Sensing, 2015,7(8):9632-9654.

[27] Kachamba D, Orka H O, Gobakken T, et al. Biomass estimation using 3D data from unmanned aerial vehicle imagery in a tropical woodland [J]. Remote Sensing, 2016, 8(11): 968. doi:10.3390/rs8110968

[28] 何游云,张玉波,李俊清,等.利用无人机遥感测定岷江冷杉单木树干生物量[J].北京林业大学学报,2016,38(5):42-49.

He Youyun, Zhang Yubo, Li Junqing, et al. Estimation of stem biomass of individual Abies faxoniana through unmanned aerial vehicle remote sensing[J]. Journal of Beijing Forestry University, 2016, 38 (5): 42-49. (in Chinese with English abstract)

[29] 国家林业局.国家森林资源连续清查技术规定[S/OL]. 2014: 40-41. https://wenku.baidu.com/view/e0b332884bfe 04a1b0717fd5360cba1aa9118c35.html

[30] 冯仲科,何诚,姚山,等.一种基于高程等值线法量测树冠体积的方法:201110164615.4[P]. 2011-11-23.

[31] 同济大学数学系.高等数学（下册)[M].第六版.北京:高等教育出版社, 2007:132-135.

聚乙二醇模拟干旱胁迫对国槐种子萌发和幼苗生理特征的影响

郭米山[1]，高广磊[1,2]，丁国栋[1,2]，赵媛媛[1,2]，于明含[1,2]，张佳楠[1]

（1. 北京林业大学水土保持学院/北京市水土保持工程技术研究中心，北京 100083；
2. 宁夏盐池毛乌素沙地生态系统国家定位观测研究站，宁夏盐池 751500）

摘要： 国槐（*Sophora japonica* L.）是我国北方常见的造林绿化树种，在园林绿化植物的人工栽植环境中，了解其抗逆生理响应与抗逆能力强弱，以期为国槐人工栽植幼苗保育工作提供参考依据。本试验以国槐种子和 3 月龄国槐幼苗为研究对象，采用聚乙二醇（PEG6000）模拟干旱胁迫环境，分析在不同质量浓度 PEG6000 溶液（0, 100, 200, 300 g/L）条件下，国槐种子萌发生长情况与幼苗生理指标。结果表明：（1）种子的萌发和生长随着 PEG6000 溶液浓度的增加而受到明显的抑制，但 100 g/L 浓度下，胚根长度及芽苗鲜重均有一定的增加；（2）国槐叶片相对电导率为 16.75%~59.44%，且随 PEG6000 溶液浓度的增大呈先下降后上升的趋势，PEG6000

收稿日期：2018-01-22
基金项目：宁夏回族自治区"十三五"重大科研项目（QCYL-2018-12）；国家重点研发计划项目（2016YFC0500802、2016YFC0500905）；中国博士后科学基金项目（2015M580999）。
作者简介：郭米山（1992—），女，天津人，在读博士生，研究方向：荒漠生态学研究。
通讯作者：高广磊（1986—），男，吉林省延边人，博士，副教授。研究方向：荒漠生态学研究。

溶液浓度为 300 g/L 时,其相对电导率最高,并与其余各组存在显著差异($P<0.05$);(3)国槐叶片游离脯氨酸含量为 0.17~3.85 μg/gFw,且随着 PEG6000 溶液浓度的增加显著升高($P<0.05$),溶液浓度为 300 g/L 时,游离脯氨酸含量为对照组的 23.25 倍;(4)叶片丙二醛浓度为 0.83~0.95 μmol/L,且随着 PEG6000 溶液浓度的增加而增大,各组与对照组之间均有显著差异($P<0.05$);(5)植株体温随着PEG6000 溶液浓度的增加而升高,植株平均温度变化范围为 25.54~29.81℃,且叶片状态从饱满至萎蔫。综上,0~300 g/L 的 PEG 模拟干旱胁迫范围内,高于 100 g/L 浓度胁迫时国槐种子萌发生长受到明显的抑制,300 g/L 的干旱胁迫使得植株幼苗生理状态受损严重。

关键词:干旱胁迫;聚乙二醇;国槐;生理特征;种子萌发

中图分类号:S792.26　　　**文献标识码**:A

Effects of Drought Stress Simulated by PEG6000 on Seed Germination and Physiological Characteristics of *Sophora japonica* Seedling

GUO Mi-shan[1],GAO Guang-lei[1,2],DING Guo-dong[1,2],
ZHAO Yuan-yuan[1,2],YU Ming-han[1,2],ZHANG Jia-nan[1]

(1. *School of Soil and Water Conservation/ Beijing Engineering Research Center of Soil and Water Conservation*,*Beijing Forestry University*,*Beijing*,100083,*China*;
2. *Yanchi Ecology Research Station of the Mu Us Desert*,*Yanchi* 751500,*China*)

Abstract:*Sophora japonica* L. is a common afforestation tree species in northern China. In the artificial planting environment of landscaping plants, to figure out their stress response and stress resistance, will contribute to a firm basis on seedling cultivation and forest management. Seeds and three months old seedlings were targeted with polyethylene glycol（PEG6000）simulated drought stress environment. The germination and physiological characteristics were analyzed under different concentrations of PEG6000 solution（0,100,200,300 g/L）.The results indicated that （1）The seed germination and growth of seeds were inhibited obviously with the increase of PEG6000 concentration, but the radicle length and shoot fresh weight increased at 100 g/L concentration. （2）Relative conductivity in leaves was 16.75%~59.44%; it decreased firstly and then increased with the increase of PEG6000 concentration. Relative conductivity was the highest when PEG6000 concentration was 300 g/L, and it was significant difference with other groups（$P<0.05$）. （3）With the increase of PEG6000 concentration, free proline in leaves significant increased from 0.17 to 3.85 μg/gFw.When the concentration of PEG6000 was 300 g/L, free proline was as high as that in control group by 23.25 times. （4）MDA in leaves was 0.83~0.95 μmol/L, it increased with the increase of PEG6000 concentration. There was significant differences between the control group and others （$P<0.05$）, but no significant difference between the treatments of 100 and 200g/L. （5）Plant temperature increased with the increase of PEG6000 concentration, the average temperature ranged from 25.54℃ to 29.81℃, and the leaves varied from full to wilt. Within the drought stress range of 0~300 g/L PEG6000 solution, Sophora japonica L. seed germination and growth was inhibited under more than 100 g/L PEG6000 solution , 300 g/L drought stress caused serious damage to the physiological state of the seedlings.

Keywords: drought stress; polyethylene glycol; *Sophora japonica* L.; physiological characteristics; seed germination

我国北方大部分地区气候干燥少雨,特别是在早春季节,"春旱"现象时常发生,给越冬种子的顺利出苗及幼苗的正常生长造成严重障碍。种子的萌发情况以及幼苗的生长情况可以表示种子活力以及本身储存营养物质和抗逆能力强弱。植物在干旱缺水的情况下,会出现生长缓慢,体内化学物质含量改变,体温升高,甚至衰退死亡等现象[1]。其中,叶片相对含水量、气孔导度、渗透调节物质含量等植物体内化学物质含量和植物体温对干旱胁迫较为敏感,是反映植物种对干旱胁迫适应性和调节能力的重要指标,常用于植物干旱胁迫响应研究[2-3]。目前,林木树种在干旱胁迫环境下的生理生物学研究已取得很大进展[4],研究热点主要集中在于林木幼苗的抗旱耐受性及生理指标变化趋势[5-6]。

在传统的干旱胁迫研究中,常采用野外定位观测和盆栽控水实验,但此类实验方法存在土壤含水量不均匀、测量不便捷,以及破坏植物根系等诸多缺陷,导致实验研究结果不准确。聚乙二醇(Polyethylene glycol)是一种化学性质稳定的高分子乙醇聚合物,可溶于水和常见有机溶剂。由于其分子量较大不能穿过植物细胞壁,可用于调节植物所处固态或液态环境的水分渗透压,模拟植物在自然环境中受到的干旱胁迫[7]。作为目前研究中常用的渗透胁迫剂,聚乙二醇被较多的应用于植物种子萌发及幼苗生长对干旱胁迫的响应、植物植物的耐旱性评价及耐旱品种的筛选培育的相关研究中[8-9]。

国槐(Sophora japonica L.)树形优美,叶茂花香,是我国北方地区常见的造林绿化树种,同时又是防风固沙,用材及经济林兼用的树种。被广泛种植推广,但由于种植地区的土壤盐渍化以及气候干旱等原因,国槐的生长受到了一定程度的限制。因此了解国槐种子萌发期和幼苗生长过程中的抗逆能力范围,对人工栽植工作和林木经营有着至关重要的作用。本试验采用聚乙二醇(PEG6000,以下简称PEG)模拟研究不同干旱胁迫下对国槐种子萌发情况以及国槐幼苗相对电导率、游离脯氨酸、丙二醛和植物体温等生理特征的影响,以期揭示国槐种子及幼苗的抗旱特征,并为华北地区绿化造林提供科技支撑。

1 材料与方法

1.1 实验设计

2016 年 4 月,在北京林业大学水土保持工程技术研究中心开展室内实验。本试验所用的国槐种子于 2015 年 12 月采收于河北省安国市,千粒重为(158.97±4.37)g。实验共设 PEG 水浓度为 0、100、200 和 300 g/L 4 个胁迫梯度,分别对应 0、−0.20、−0.60 和 −1.20 MPa 溶液水势[10]。国槐实生苗培养阶段土壤采自北京林业大学教学实验苗圃,属于北京地区典型壤土。

将 30 粒种子均匀摆放在铺有两层不同浓度 PEG 溶液湿润的无菌定性滤纸的培养皿(d=90 mm)中,每组各设置 3 个重复。并将培养皿置于光照强度 1 000 lx,湿度 30%,温度 25 ℃恒温智能人工气候箱中,进行 10 h/14 h 光照/黑暗培养。采用质量天平法,每天的同一时间加入少量蒸馏水,保持总质量每日恒定。依照林木种子检验规程,萌发标准定为种子胚根突破种皮,每天观察并记录种子的萌发情况。若种子受霉菌感染,则取出种子用蒸馏水清洗数次后放回培养皿,为防止种子发霉严重,每 3 d 换一次滤纸。30 d 后,测定种子的发芽率、发芽指数、胚根长和鲜重。

发芽率:$G=\dfrac{n}{N}\times100\%$　其中,n 为发芽种子数,N 为测试种子总数。

萌发指数:$G_t=\sum(G_t/D_t)$　其中,G_t 为第 t 日的种子萌发数,D_t 为对应的萌发天数。

在 25℃恒温智能人工气候箱中培养国槐实生苗,箱内培养 1 个月后转至普通室内环境。2016 年 7 月,取样选择生长状况均一、良好的三月龄植株,将幼苗小心的从土壤中移出,保证不破坏其根系,清洗后移至 4 个盛有 10 L Hoagland 营养液的周转箱（内壁尺寸长×宽×高为 62.0 cm×37.5 cm×14.5 cm）。以 2.5 cm 厚塑料泡沫板为载体进行水培,幼苗以 6 行 4 列排列,每 48 h 更换营养液,以控制水势变化并保证营养液中含氧量充足。待水培情况稳定 15 d 后,将箱内营养液替换成为 PEG 水溶液对幼苗根际进行渗透胁迫处理。

渗透胁迫处理 24 h 后,选取长势良好的成熟叶片作为样品测定相关生理指标(每个指标均重复 3 次,取均值)。相对电导率采用电导仪法;脯氨酸含量采用酸性茚三酮比色法;丙二醛含量采用硫代巴比妥酸显色法[11]。植物叶片温度利用 FLIR-E50 红外热像仪测定,可得植株温度红外图像,及植株平均温度(T-ave)和最高温度(T-max)。测定时以在冰箱中冷却的黑色卡纸为背景板,测定时室温为 30℃,空气湿度 46%。

1.2　数据处理

利用 SPSS 软件对实验数据进行 one-way ANOVA 分析和 LSD 检验(P <0.05）。植物体温采用 FLIR Tools 软件及 Photoshop 软件进行数据提取和图像编辑。

2　结果与分析

2.1　不同浓度 PEG 溶液对种子萌发生长情况的影响

在 PEG6000 模拟干旱胁迫下, 国槐种子的萌发率呈现持续下降趋势,且各组之间差异显著。从 200 g/L 处理开始, 种子发芽率下降幅度较大,在 300 g/L 浓度下为最低萌发率 8.89%,仅为对照组的 11.27%。发芽指数加入了天数的因素,更能体现种子的萌发速度和整齐度等。在胁迫范围内,发芽指数同样随着胁迫浓度的增加而呈现下降的趋势,且各组之间差异显著($P<$0.05)。随着胁迫程度的增大,种子发芽越困难,出现发芽的天数越多。

随着 PEG 浓度的升高,胚根长均呈现出先升高后降低的变化趋势(表1)。在 100 g/L 浓度下, 胚根长相比对照组有所升高且二者之间差异显著($P<0.05$)。在 200~300 g/L 浓度下,胚根长低于对照组,300 g/L 浓度下胚根的生长受到的抑制最为严重,为 1.27 cm,仅为对照组的 28.53%。随着 PEG浓度的增加,幼苗鲜重同样呈现出先升高后降低的趋势(表1),且各组之间差异显著($P<0.05$)。幼苗的鲜重在 100 g/L 浓度下出现最大值为 0.475,与胚根长变化趋势一致,随后持续下降,但下降趋势不如胚根长变化幅度大,最高胁迫浓度下鲜重为对照组的 78.52%。

表1　不同浓度 PEG6000 溶液胁迫下国槐种子萌发生长情况

Tab.1　Seed germination and growth of *Sophora japonica* L. under different drought gradient

指标 Indices	PEG 浓度/($g \cdot L^{-1}$) Concentration of PEG			
	0	100	200	300
发芽率/%	78.89±3.85a	68.89±1.92b	34.44±3.85c	8.89±1.92d
发芽指数	2.96±0.15a	1.93±0.11b	1.06±0.03c	0.29±0.08d
胚根长/cm	4.45±0.12a	5.68±0.07b	2.98±0.09c	1.27±0.08d
芽苗鲜重/g	0.447±0.005a	0.475±0.005b	0.417±0.005c	0.351±0.009d

注:同行不同字母表示不同浓度胁迫处理国槐种子萌发生长指标存在显著差异($P<0.05$)。

2.2　不同浓度 PEG 溶液对叶片相对电导率的影响

随着 PEG 溶液浓度的增加, 植物叶片相对电导率呈现上升的趋势 (图1)。其中 100 g/L 处理组的相对电导率与对照组(18.42%)相差不显著。在 200~300 g/L 的组间, 相对电导率有一个较大幅度的提升,300 g/L 处理组的相对电导率高出前一组的 49.20%。在浓度为 300 g/L 的处理下,植物叶片相对电导率显著高于其他组($P<0.05$),高达 66.11%,是对照组(18.42%)的 3.59 倍。

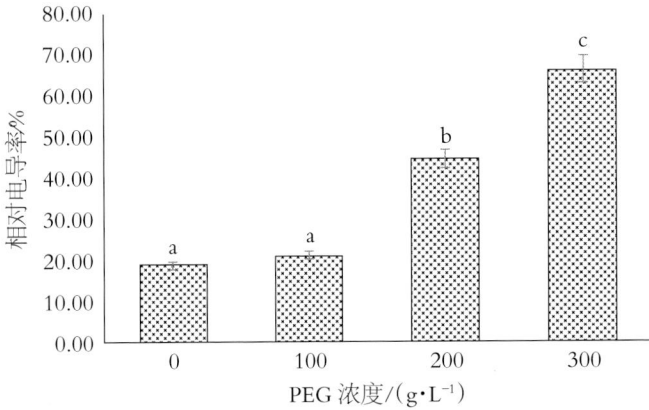

图1 不同浓度PEG6000溶液胁迫下国槐幼苗叶片的相对电导率

Fig.1 Relative electric conductivity of *Sophora japonica* L. seedling under different drought gradient

2.3 不同浓度PEG溶液对叶片脯氨酸含量的影响

由图2可知,植物叶片提取液中游离脯氨酸的浓度随着PEG6000溶液浓度的增加呈现指数形式持续升高的趋势,且各组处理之间的脯氨酸浓度值均差异显著($P<0.05$)。在浓度大于100 g/L后,脯氨酸含量增加的速率明显提升。PEG浓度为200 g/L和300 g/L时,叶片内游离脯氨酸含量上升剧烈,分别为2.01和3.81 μg/gFw,是对照组(0.17 μg/gFw)的11.82倍及22.41倍,说明在此浓度范围内,叶片细胞受到的损伤较大。

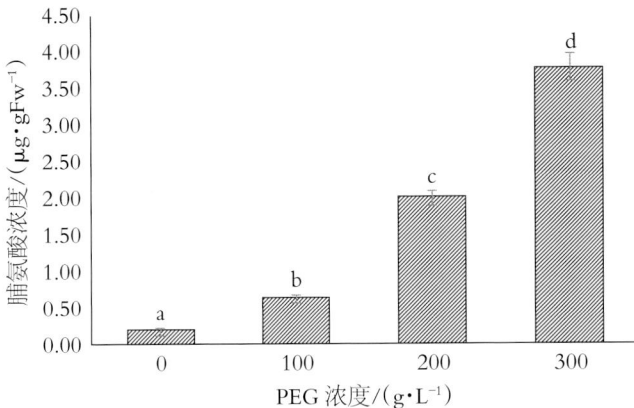

图2 不同浓度PEG溶液胁迫下的国槐幼苗叶片脯氨酸含量

Fig.2 Free proline content of *Sophora japonica* L. seedling under different drought gradient

2.4　不同浓度 PEG6000 溶液对叶片丙二醛浓度的影响

随着 PEG6000 模拟干旱胁迫浓度的增加导致渗透压的不断降低,植物叶片提取液中丙二醛的浓度呈持续增大的趋势(如图3)。各浓度 PEG 溶液处理下,叶片提取液中丙二醛的浓度均显著高于对照组($P<0.05$)。浓度为100 g/L 处理下的提取液中的丙二醛浓度 0.69 μmol/L，比对照组（0.36 μmol/L）高出 75%。浓度为 200 g/L 处理组中丙二醛浓度均为0.73 μmol/L,与100g/L 处理组无显著差异($P>0.05$)。而 300 g/L 浓度处理下,提取液中丙二醛浓度 0.95 μmol/L 高于 200 g/L 处理,且差异显著($P<0.05$)。

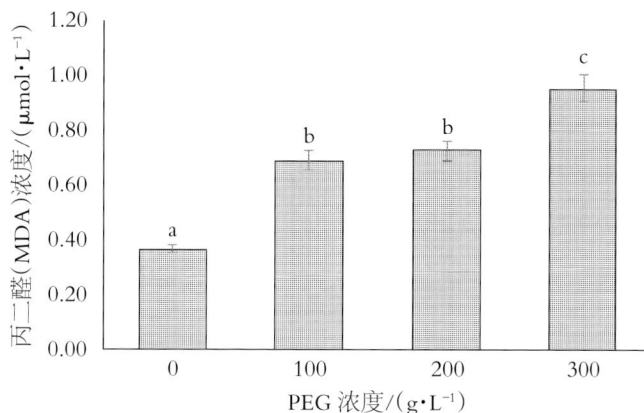

图 3　不同浓度 PEG 溶液胁迫下的国槐幼苗叶片丙二醛浓度

Fig.3　The concentration of malondialdehude of *Sophora japonica* L. seedling under different drought gradient

2.5　不同浓度 PEG6000 溶液对植物体温度的影响

在 PEG6000 浓度变高的过程中，植物的红外热图中所表示的温度也越来越高,并且伴随着叶片从较为舒展饱满逐渐萎蔫变小,而对照组水分条件较为充足的情况下,红外热图表现为红色的比例较小(图4)。同时,国槐植株茎干随着干旱胁迫浓度的增加呈现出较为明显的从蓝色到红色的温度变化。

图4　不同浓度 PEG 溶液胁迫下的国槐幼苗植株温度

Fig.4　Plant temperature of *S. japonica* seedling under different drought gradient

在不同 PEG 浓度的胁迫下，植株的 T-ave 以及 T-max 都呈现出持续上升的趋势(如图5)。不同浓度的干旱胁迫下植株的 T-max 的变化相差并不大,最高浓度下的 T-max 仅比对照组高 2.30℃;但 T-ave 的变化相对比较明显,没有干旱胁迫下,植株的平均温度仅为 25.54℃,而最高浓度干旱胁迫下,植株的平均温度达到了 29.81℃,中间两组浓度的 T-ave 相差不多。

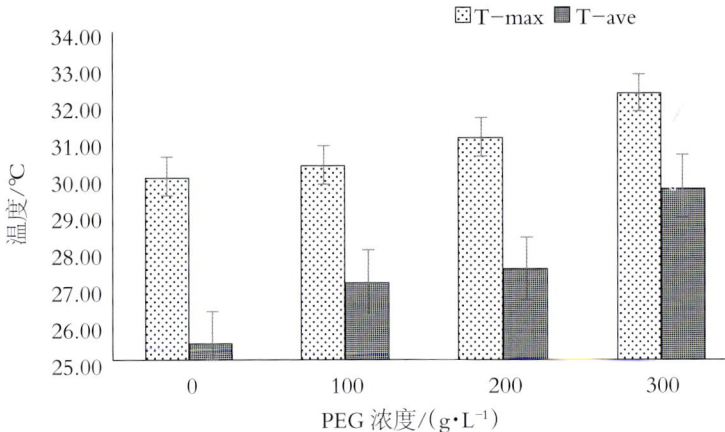

图5　不同浓度 PEG6000 溶液胁迫下的国槐幼苗植株的最高温度和平均温度

Fig.5　Maximum and average temperature of *Sophora japonica* L. seedling under different drought gradient

3　讨论与结论

3.1　讨论

本试验结果表明,PEG6000 模拟干旱胁迫对狗牙根种子萌发和幼苗生长均有显著的抑制作用[12]。本研究中随着 PEG 溶液浓度的增大,国槐萌发率和萌发指数降低,与前人研究结果具有一致性,在 PEG6000 溶液浓度为100 g/L 处理下,种子的胚根长和鲜重出现上升的情况,可能原因是国槐种子胚根在受到轻微干旱胁迫时,产生了引发作用,提高了植物体内生长激素(如赤霉素、植物生长素、细胞分裂素等)以及参与物质代谢过程的酶的活性(乙酸脱氢酶、磷酸酯酶等),促进诱导根系变长,生物量增加[13-14]。而在 200和 300 g/L 浓度下,幼苗生长则会受到抑制,但鲜重的变化不如胚根长的变化幅度大。说明在此浓度下 PEG6000 溶液使环境渗透压过大,胚根细胞受到破坏,从而抑制其发展,但种子中储存有的一部分营养物质仍然可供幼苗生长。不同植物种的种子耐旱性也有明显的差异性[15],试验中国槐种子在较高的 300g/L 浓度下仍有种子发芽,说明国槐种子的耐受性较强。

已有研究表明,相对电导率的变化幅度大小可以反应不同植物抗旱能力的强弱,同一胁迫程度下,细胞膜透性稳定的植物抗性较强,增幅较大的植物抗旱性较弱[16]。同时,为了维持细胞渗透稳定性脯氨酸等渗透调节物质的增加也是相对电导率上升的原因之一[17]。细胞膜是连接细胞与外界环境的重要组成部分,是二者之间的物质交换的通道,同时也是保护细胞抵御外界环境变化伤害的第一道屏障。本研究结果显示,渗透势的增加,导致植物吸水困难,相对电导率的值随着胁迫程度的增加而增大。0~200 g/L 浓度范围内,相对电导率的上升幅度较小,细胞膜受损害加深情况不明显;在浓度为 300 g/L 时,国槐叶片的相对电导率有一个较大幅度的增加,表明其细胞膜生理结构被严重破坏,细胞内电解质大量外泄导致相对电导率大幅升高。

随着胁迫强度的增大,脯氨酸含量成指数趋势上升且差异显著（$P<0.05$）,且在浓度大于 100 g/L 时,脯氨酸含量增加的速率变大,使得脯氨酸含量增加到对照组的 10 倍以上;这与香樟（*Cinnamomum camphora*（L.）Presl.）幼树在持续 10~16 d 的重度干旱胁迫下脯氨酸含量的变化表现出一致性,且积累量与胁迫强度有关[18]。在干旱胁迫下,植物体内游离脯氨酸含量的增加积累是对环境水分亏缺的一种响应,一方面它可以保护蛋白质分子维持其光合活性来清除植物细胞内的产生的自由基[19],另一方面是在干旱胁迫发生时,脯氨酸的增加可以降低细胞渗透势,促使细胞加强吸水维持细胞内外渗透势的平衡以保持植物正常的生理过程,用于抵抗植物在突然受到干旱胁迫受到的伤害,是一种有效的自我保护[20]。本试验结果中 100 g/L 处理组脯氨酸含量远低于 200~300 g/L,可能是由于较低程度的干旱胁迫,不足以刺激脯氨酸的大量合成,随着胁迫程度的加强超过植物的耐旱性范围,因此植物体内游离氨基酸显著增多[21]。

不同浓度的 PEG6000 胁迫下,植株的丙二醛浓度持续增大,这与前人研究结果一致[18]。且对照组与其他各组之间差异显著（$P<0.05$）,在 100 g/L 的浓度处理时,国槐叶片提取液中丙二醛的浓度就表现出很大程度的提升,说明在此渗透压下,国槐的植物叶片细胞组织中的膜质结构已经被损害。200 g/L 处理与 100 g/L 处理组的丙二醛浓度相比并没有显著的提升,说明在干旱胁迫一定范围内的加剧时,植物会通过启动自身的调节系统来降低外界对自己本身的损害,如提高保护酶的活性可以加速分解细胞膜过氧化产物,控制丙二醛含量不会有大幅度的提升[22]。在植物受到干旱胁迫条件下,细胞内的超氧化物自由基的平衡状态被打破,活性氧不能及时被转化导致细胞膜损伤,丙二醛作为此反应下的直接产物[23],其含量表现出植物细胞

质膜的氧化程度，可以作为检测植物在干旱条件下受到伤害程度的重要指标。也有研究表明严重的干旱胁迫下，细胞质膜受损很难在短期内自我修复,丙二醛将会一段时间持续保持在较高的水平[19],而抗旱性差的植物种对于丙二醛的清除能力也相对较弱[24]。

植物体温是衡量植物体正常生命活动的重要参考指标之一，是植物体吸收和释放能量的直接反馈，其可以反映植物体内生理活动的状况和植物在外界环境中的健康状况,它主要受所处环境的空气温湿度、太阳辐射情况以及土壤热量情况的影响[25],以及受到植物自身光合作用、呼吸作用和蒸腾作用的共同协同，其变化可以反映植物体内部能量传递和物质交换的平衡状态。早从 20 世纪 60 年代初开始就有研究利用红外测温仪器测量植物体温度来植物生理活动动态[26],使用红外测温仪器拍摄热辐射图像研究植物在干旱胁迫下的生理变化具有方便直观且避免植物组织被破坏等优点;到 80 年代,首次将植物冠层温度与干旱胁迫的研究相结合[27],后人以此为基础并做深入研究。本研究结果中,国槐植株受到的干旱胁迫越大,植物的叶片平均温度越高,这与已有研究的不同梯度干旱胁迫下梧桐(*Firmiana platanifolia* (L. f.) Marsili)叶片温度变化趋势一致[28]。但是由于室内环境温度本身就基于 30.0℃这一较高水平，所以导致不同梯度下的植株最高温度变化相差不是很大。植物体温与水分的关系主要在于蒸腾作用中,叶片蒸腾是植物体降温的主要驱动因子,而蒸腾作用的加大而引起的水分散失导致叶片萎蔫[29];反之在应对干旱胁迫时，植物叶片气孔关闭而导致蒸腾作用减弱以减少体内水分散失带来的植物体温的升高是植物受到胁迫过程中的首要反应之一[30]。因此,了解植物在应对外界胁迫时体温的变化规律及调节机制,可以在灌溉模式以及抗逆品种选育等研究工作上提供有力的基础依据。

3.2　结论

干旱胁迫会对国槐种子萌发和幼苗生长产生抑制作用。国槐种子具有一定的耐旱性,在大于 200 g/L PEG6000 浓度下,萌发情况开始受到明显的抑制。PEG6000 浓度为 100 g/L 时,−0.20 MPa 的渗透压已经开始影响国槐幼苗的正常生理生化过程。但在低于 300 g/L 浓度的干旱胁迫下,国槐幼苗可以通过自身调节而抵御此范围内干旱胁迫。而 300 g/L 的 PEG6000 溶液对于幼苗植株来讲已经属于重度干旱胁迫水平,各生理指标均呈现出较明显的变化,植物体呈现明显的受损状态。

参考文献

［1］　马惠芳,王进鑫,初江涛,等. 水分和铅胁迫对槐树幼苗渗透调节物质的影响［J］. 西北农林科技大学学报(自然科学版),2011,39(09):101−106.

［2］　Polle A. Physiological responses of forest trees to heat and drought ［J］. Plant Biology,2006,8(5):556−571.

［3］　Gerhards M, Rock G, Schlerff M, et al. Water stress detection in potato plants using leaf temperature, emissivity, and reflectance ［J］. International Journal of Applied Earth Observation & Geoinformation,2016,53:27−39.

［4］　Ryan M G. Tree responses to drought ［J］. Tree Physiology,2011,31(3):237− 239.

［5］　Chen Y, Chen F, Liu L, et al. Physiological Responses of *Leucaena leucocephala* Seedlings to Drought Stress［J］. Procedia Engineering,2012,28(12):110−116.

［6］　Ge Y, He X, Wang J, et al. Physiological and biochemical responses of *Phoebe bournei* seedlings to water stress and recovery ［J］. Acta Physiologiae Plantarum, 2014, 36(5):1241−1250.

［7］　Shukla N, Verma Y, Shukla P K, et al. Effect of polyethylene glycol (PEG)

6000 on seed priming in drought tolerant and sensitive barley（*Hordeum vulgare* L.）seeds[J]. International Journal of Plant Sciences，2016，11(1):75-78.

[8]　马彦军，马瑞，曹致中，等. PEG 胁迫对胡枝子幼苗叶片生理特性的影响[J]. 中国沙漠，2012,32(6):1662-1668.

[9]　齐淑艳，段继鹏，郭婷婷，等. 入侵植物牛膝菊种子萌发对 PEG 模拟干旱胁迫的响应[J]. 生态学杂志,2014,33(5):1190-1194.

[10]　Michael BE，Kaufaman M R. The osmotic potential of polyethylene glycol 6000 [J]. Plant Physiology,1973,51(5):914-916.

[11]　周祖富，黎兆安. 植物生理学实验指导 [M]. 北京：中国农业大学出版社，2014.

[12]　胡红，曹昀，王颖. 水分胁迫对狗牙根种子萌发及幼苗生长的影响 [J]. 草业科学,2013,30(1):63-68.

[13]　Liu M，Li M，Liu K，et al. Effects of Drought Stress on Seed Germination and Seedling Growth of Different Maize Varieties[J]. Journal of Agricultural Science，2015，7(5):231-240.

[14]　赵玥,辛霞,王宗礼,等.种子引发机理研究进展及牧草种子引发研究展望[J]. 中国草地学报,2012,34(3):102-108.

[15]　张艳福、姚卫杰、郭其强，等. 干旱胁迫对砂生槐种子萌发和幼苗生长的影响 [J]. 西北农林科技大学学报自然科学版,2015,43(10):45-56.

[16]　Jones HG. PLANTS AND MICROCLIMATE　[M]. Cambridge：Cambridge University Press,2014.

[17]　王骞春、陆爱君、冯健，等.干旱胁迫对日本落叶松生理指标的影响[J]. 东北林业大学学报,2016,44(8):13-17.

[18]　胡义、胡庭兴、陈洪，等. 干旱胁迫及复水对香樟幼树生理特性及生长的影响 [J]. 西北植物学报,2015,35(2):294-301.

[19] 吴金山,张景欢,李瑞杰,等.植物对干旱胁迫的生理机制及适应性研究进展
[J].山西农业大学学报:自然科学版,2017,37(6):452-456.

[20] 朱虹,祖元刚,王文杰,等.逆境胁迫条件下脯氨酸对植物生长的影响[J].东北
林业大学学报,2009,37(4):86-89.

[21] 黄威龙,李洁,薛立,等.4种绿化幼苗对干旱胁迫的生理响应[J].中南林业科
技大学学报,2016,36(7):36-40.

[22] Sakuma Y, Liu Q, Dubouzet J G, et al. DNA-binding specificity of the ERF/
AP2 domain of Arabidopsis DREBs, transcription factors involved in
dehydration- and cold-inducible gene expression.[J]. Biochemical & Biophysical
Research Communications,2002,290(3):998-1009.

[23] 喻晓丽, 邸雪颖, 宋丽萍. 水分胁迫对火炬树幼苗生长和生理特性的影响[J].
林业科学,2007,43(11):57-61.

[24] Chakhchar A, Wahbi S, Lamaoui M, et al. Physiological and biochemical traits
of drought tolerance in Argania spinosa[J]. Journal of Plant Interactions,2015,10
(1):252-261.

[25] Farouk S F S, Qados A M S A. Osmotic Adjustment and Yield of Cowpea in
Response to Drought Stress and Chitosan [J]. Indian Journal of Applied
Research, 2011,3(10):1-6.

[26] Liu L, Zhu K, Yang Y, et al. Molecular cloning, expression profiling and
trans-activation property studies of a DREB2-like gene from chrysanthemum
(*Dendranthemavestitum*).[J]. Journal of Plant Research,2008,121(2):215-26.

[27] Kim Y, Still C J, Hanson C V, et al. Canopy skin temperature variations in
relation to climate, soil temperature, and carbon flux at a ponderosa pine forest
in central Oregon [J]. Agricultural & Forest Meteorology, 2016, 226-227:
161-173.

［28］Tanner C B. Plant Temperatures［J］. Agronomy Journal，1963，55(2):210-211.

［29］Yu MH，Ding GD，Gao GL，et al. Using Plant Temperature to Evaluate the Response of Stomatal Conductance to Soil Moisture Deficit［J］. Forests,2015,6 (10):3748-3862.

［30］于明含，高广磊，丁国栋，等. 植物体温研究综述［J］. 生态学杂志,2015,34 (12):3533-3541.